Oldenbourg Interpretation
Band 31

Oldenbourg Interpretationen
Herausgegeben von
Klaus-Michael Bogdal und Clemens Kammler

begründet von
Rupert Hirschenauer (†) und Albrecht Weber

Band 31

Bertolt Brecht

# Der gute Mensch von Sezuan

Interpretation von
Wolf-Egmar Schneidewind
und Bernhard Sowinski

Oldenbourg

Die Seitenzahlen in Klammern beziehen sich auf die Einzelausgabe: Bertolt Brecht: Der gute Mensch von Sezuan. Parabelstück. Frankfurt am Main [54]1995 (= edition suhrkamp 73)
Zitate sind halbfett gekennzeichnet.

CIP-Titelaufnahme der Deutschen Bibliothek
**Sowinski, Bernhard:**
Bertolt Brecht, Der gute Mensch von Sezuan:
Interpretation / von Bernhard Sowinski und
Wolf-Egmar Schneidewind. – 2. Aufl. – München: Oldenbourg, 1992
(Oldenbourg-Interpretationen; Bd. 31)
ISBN 3-486-88630-4
NE: GT



Bei Zitaten, Literaturangaben und Materialien im Anhang ist die neue Rechtschreibung noch nicht berücksichtigt.

2., überarb. u. korr. Auflage in der neuen Rechtschreibung 1996
Unveränderter Nachdruck 00 99 98 97 96
Die letzte Zahl bezeichnet das Jahr des Drucks.

Lektorat: Ruth Bornefeld, München
Herstellung: Karina Hack, München
Umschlagskonzeption: Mendell & Oberer, München
Typografisches Gesamtkonzept: Gorbach GmbH, Buchendorf
Gesamtherstellung: Wagner GmbH, Nördlingen

ISBN: 3-486-**88630**-4

# Inhalt

Wolf-Egmar Schneidewind verfasste Kap. 3.1, 4, 5.1–5.4 und 7;
Bernhard Sowinski verfasste Kap. 1, 2, 3.2–3.3, 5.5 und 6.

# Vorwort

Bertolt Brecht (1898–1956) ist seit den Fünfzigerjahren unseres Jahrhunderts als einer der bedeutendsten Dramatiker, Lyriker und Erzähler unserer Sprache allgemein bekannt. Trotz der gegenüber unseren Vorstellungen andersartigen gesellschaftspolitischen Vorstellungen und Zielsetzungen, die er in Leben und Werk kundtat, waren Werke Brechts seit langem auch im Deutschunterricht unserer Schulen vertreten. Auch das 1941 im Exil in Finnland vollendete Parabelstück Brechts *Der gute Mensch von Sezuan* gehört zu diesen Texten.

Bereits 1966 hatte Kurt Bräutigam in der Interpretationen-Reihe des Oldenbourg-Verlages dieses Drama unter didaktischen Aspekten analysiert. Die Brecht-Forschung, insbesondere auch die Forschung zu diesem Parabelstück, hat seitdem große Fortschritte gemacht, sodass schon deshalb eine Neuinterpretation geboten schien. Die unerwarteten politischen und gesellschaftlichen Veränderungen im einstigen Herrschaftsbereich des osteuropäischen Kommunismus in der letzten Zeit, die zum Zusammenbruch der kommunistischen Parteidiktaturen und zur Durchsetzung demokratischer Reformbewegungen führten, lassen aber auch das Werk eines so prominenten kommunistischen Autors wie Brecht in neuer Sicht erscheinen. Auch deshalb war eine neue kritische Deutung erforderlich, die manche traditionellen, inzwischen fragwürdig gewordenen Aussagen und Wertungen zu prüfen hatte.

Wir hoffen, dieser doppelten Zielsetzung gerecht geworden zu sein und Lehrern wie Studenten und Schülern einen neuen Zugang zu Brecht und seinem Parabelstück *Der gute Mensch von Sezuan* erschlossen zu haben.

Köln, im September 1991 — Die Verfasser

# 1 Einleitung: Brecht heute

Die Rezeption literarischer Werke erfolgt nicht unabhängig von der gesellschaftlichen und somit auch der politisch-kulturellen und sozialen Situation der Rezipienten. Die Literaturgeschichte kennt viele Beispiele des literarischen Geschmackswandels wie auch des schulischen Paradigmenwandels; man denke nur an Autoren wie KOTZEBUE, GEIBEL, CAROSSA, WICHERT und viele andere, die zu ihren Lebzeiten und oft noch unmittelbar danach als literarische Größen gefeiert und später völlig vergessen wurden.

Die Rezeption des literarischen Werkes BERTOLT BRECHTS war schon zu seinen Lebzeiten uneinheitlich und so ist es seitdem geblieben. Das lag ganz in der Absicht BRECHTS, der stets als gesellschaftskritischer und politischer Autor schrieb und auch als solcher verstanden sein wollte. Wie sich diese Rezeption seit seinem ersten Auftreten als Autor in den zwanziger Jahren entwickelt hat, wird noch im Einzelnen aufzuzeigen sein. Die Rezeption BRECHTS heute, nach dem Zusammenbruch der kommunistischen Ideologie und Machtdoktrin und der Selbstauflösung der DDR wie auch nach dem Macht- und Systemwandel in anderen sozialistischen Staaten, wird anderer Überlegungen bedürfen als bisher. Es bleibt dabei vor allem zu fragen, ob sein literarisches Werk nur ein zeitgebundenes war, dessen Aktualität mit dem gesellschaftlichen Wandel verschwinden wird, sodass es nur noch literaturgeschichtliches Interesse erwecken kann, oder ob es als literarisches Werk Erkenntnisse und Botschaften vermittelt, die die Wandlungen der Geschichte zumindest für einige Zeit überdauern und somit aktuell bleiben. Was dabei im Allgemeinen für das Gesamtwerk BRECHTS gilt, gilt im Besonderen für sein Parabelstück *DER GUTE MENSCH VON SEZUAN*, mit dem sich die nachfolgenden Darlegungen beschäftigen.

Der nahezu bei allen Autoren zu beobachtende, wenn auch stets unterschiedliche Wechselbezug von Autor, Werk und Wirkung hat im Falle BRECHTS in der Öffentlichkeit eine weitgehende Identifizierung des Autors mit dem früher herrschenden Machtsystem und der vorherrschenden marxistisch-leninistischen Ideologie bewirkt. Dieses Einhergehen begünstigte auch eine Interpretation mancher seiner Dramen (**Stücke**) als literarische Teile des ideologischen Überbaus der dominierenden Doktrin. Die im Zusammenhang mit ideologiekritischen Analysen in den siebziger Jahren aufgekommene Kunstbewertung *affirmativ* oder *nicht-affirmativ* im Sinne einer bestimmten Ideologie und eines bestimmten Gesellschaftssystems konnte dementsprechend auch das Stück *Der gute Mensch von Sezuan* als affirmativ im Sinne der Bestätigung marxistischer Lehren betrachten und prädizieren. Die gewiss strittige Einschätzung Brechts als eines literarischen Ideologen des Kommunismus, die sich aufgrund seines eigenen Bekenntnisses und seiner Haltung zum Kommunismus und seiner Rolle innerhalb der kommunistischen Autoren wie auch aufgrund seiner politischen Ehrungen innerhalb der früheren DDR ergab und sich auf die dortige Einschätzung mancher dafür als repräsentativ geltender Stücke berufen kann, hat bereits in den Fünfziger- und frühen Sechzigerjahren zu einer Distanzierung gegebenüber Brecht in der damaligen Bundesrepublik und der westlichen Welt geführt. Diese bis zur Ablehnung reichende Entwicklung wurde von einer Phase recht lebendiger Brecht-Adaption abgelöst um nun von neuem die Frage nach der Berechtigung Brechts in unserer literarischen Welt aufkommen zu lassen.

Wenn man Brecht in dem vorbezeichneten Sinn als Verkünder und Gestalter der marxistischen Ideologie sieht, so bietet dieses Gedankensystem, das, wie zuvor schon faschistische Ideologien, die Ausübung von staatlicher Macht sowie von Ungerechtigkeit und Verbrechen durch ihre Parteifunktionäre rechtfertigte, heute erheblich mehr Angriffspunkte als zuvor zur Zeit der Anfangsphase des Kalten Krieges zwischen Ost und West. Folgende Grundthesen der marxistischen Ideologie, die seinerzeit von Brecht anerkannt wurden und sich teilweise in seinen Werken spiegeln, haben sich inzwischen als unwahr erwiesen:

1. die von Marx und Lenin prophezeite Weltrevolution der Arbeitermassen im Kapitalismus ist trotz mancherlei kommunistischer Nachhilfeaktionen nicht eingetreten; lediglich in einigen industriell rückständigen, vorwiegend agrarisch bestimmten Staaten hatte das kommunistische System aufgrund von Militärrevolten Erfolg;

die sozialistische Wirtschaftsweise hat sich nicht als technisch fortschrittlich erwiesen und ist inzwischen der kapitalistisch fundierten Marktwirtschaft unterlegen;

3. die prophezeite *Massenverelendung* im Kapitalismus ist nicht eingetreten; der Wohlstand der Arbeitenden in der kapitalistischen Welt ist seit langem weit höher als in den einstigen sozialistischen Staaten;

4. die Teilhabe der Arbeitenden an den vergesellschafteten Produktionsmitteln und dem erwirtschafteten *Mehrwert* blieb aus;

5. die Klassengesellschaft wurde nicht beseitigt, sondern nur durch eine neue (Funktionäre gegen Arbeiter) ersetzt;

6. das moralische Verhalten der Menschen wurde nicht – wie prophezeit – entscheidend verbessert; die egoistische Bereicherung auf Kosten anderer blieb bis in die Spitzen des Staates vorherrschendes Prinzip.

Wesentliche Momente der marxistischen Ideologie, der man sogar den Charakter eines wissenschaftlichen Systems zugesprochen hatte, haben sich somit als unzutreffend oder allenfalls als für die Lebenszeit von Marx und Engels berechtigt erwiesen; der Charakter eines wissenschaftlichen Systems oder daraus abgeleiteter weltanschaulicher Erkenntnisprinzipien (im *dialektisch-historischen Materialismus*) ist damit infrage gestellt. In Umkehrung des Titels einer bekannten Schrift von KARL MARX (*DER SOZIALISMUS VON DER UTOPIE ZUR WISSENSCHAFT*) kann man heute sagen, dass sich der Sozialismus wieder von der (vermeintlichen) Wissenschaft zur Utopie entwickelt hat.

Derartige Reflexionen erscheinen heute für jede BRECHT-Interpretation relevant, zumindest für die Interpretation des Parabelstücks *DER GUTE MENSCH VON SEZUAN*, sofern man darin die Anwendung und Exemplifizierung der marxistischen Doktrin realisiert sieht oder sah, wie dies in bestimmten Bereichen bisher geschehen ist.

Der unvoreingenommenen Rezeption dieses Dramas stehen somit heute die vorgenannten Einwände gegen das marxistische Denkschema entgegen, das sich BRECHT schon seit Ende der Zwanzigerjahre zu Eigen gemacht hatte. Sie lassen dementsprechend dieses Werk mitunter sogar als Auswirkung eines historischen Irrtums erscheinen, eines Irrtums freilich, der aus der persönlichen Zeiterfahrung BRECHTS und seiner Bewusstseinsentwicklung in den Zwanziger- und frühen Dreißigerjahren, der Erlebnisse des Faschismus und der Auswirkung der kommunistischen Machtpolitik nach 1945 zu erklären ist. Immerhin hat die Phase der offenen und kaschierten *Diktatur des Proletariats* in der Sowjetunion rund siebzig Jahre und in den kommunistischen Satellitenstaaten, einschließlich der DDR, rund vierzig Jahre angedauert.

Wollte man BRECHTS *DER GUTE MENSCH VON SEZUAN* nur als marxistisches Exempelstück betrachten, besäße es also nur literarhistorischen Wert. Eine solche Deutung bliebe aber sicher nur oberflächlich und einseitig. Eine sorgfältigere Textanalyse kann wahrscheinlich darin einen relativ zeitüberdauernden Wert dieses Textes als poetische Darstellung inhumaner sozialer Verhältnisse und der Versuche der Menschen zu deren Überwindung erkennen. Dementsprechend besitzt der Text, sofern man sich von der ideologischen Gebundenheit des Autors und der früheren einseitigen Deutung lösen kann, zweifellos so lange literarische Aktualität, wie diese sozialen Probleme in der Welt bestehen bleiben und Brechts Darstellungsform als künstlerisches Experiment akzeptiert wird.

Die Notwendigkeit einer sorgfältigen Textinterpretation erweist sich somit dringender als je zuvor.

# 2 Zur Entstehung des Parabelstücks »Der gute Mensch von Sezuan«

## 2.1 Der biografisch-literarische Werdegang Brechts

Vor 1933

Wie bei kaum einem anderen Autor unserer Zeit sind Leben, Werk und Wirkung so sehr mit der deutschen Geschichte in der ersten Hälfte des 20. Jh.s verknüpft wie bei BERTOLT BRECHT (1898 bis 1956).[1] Zwischen seiner Geburt und Jugend in einem Augsburger Bürgerhaus der wilhelminischen Zeit und seinem relativ frühen Lebensende in Berlin (Ost) vollzog sich das Auf und Ab des Deutschen Reiches von seiner mächtigen Scheingröße bis zu seiner Zerschlagung und Aufteilung und der Beginn der unterschiedlichen Entwicklung der reduzierten Teile zu zwei neuen Staaten (die nun wiederum eins wurden). BRECHTS zunächst trotziger Protest gegen die bürgerliche Lebenswelt seiner Jugend und gegen den Krieg, dessen grausige Auswirkungen der Medizinstudent noch 1918 als Sanitätssoldat kennen lernte, drängte ihn schon früh in eine gesellschaftskritische Haltung, die seine ersten Dramen *BAAL* (1918) und *TROMMELN IN DER NACHT* (1919) ausdrucksstark verdeutlichen. Spiegelt das Stück vom Dichter-Bohemien Baal übersteigert BRECHTS eigenen Bruch mit den bürgerlichen Konventionen seiner Zeit, so reflektiert das zweite Werk als Heimkehrerdrama zugleich die Resignation über die gescheiterten revolutionären Ansätze der Linken von 1918/19.

Die Bürger- und Zeitkritik dieser Stücke setzt BRECHT 1922 fort in *IM DICKICHT DER STÄDTE* und 1926 in *MANN IST MANN*. Seine intensiven Kontakte in dieser Zeit, zu WEDEKIND wie zu KARL VALENTIN, zu WALTER MEHRING wie zu FRITZ KORTNER und JOHANNES R. BECHER, zu ARNOLT BRONNEN wie zu LION FEUCHTWANGER und zur Schauspielerin HELENE WEIGEL (ab 1928 Brechts 2. Frau nach der Ehe mit der Sängerin Marianne Zoff), führten ihn zur Theaterarbeit, zunächst in München, dann nach Berlin. Hier wirkt er 1924–1926 neben CARL ZUCKMAYER als Dramaturg an MAX REINHARDTS Deutschem Theater, lernte aber auch ERWIN PISCATORS politisches und *episches* Theater kennen und unterstützte es durch seine Mitarbeit. Literarische Erfolge, u. a. 1927 mit der Lyriksammlung *DIE HAUSPOSTILLE* und 1928 mit der *DREIGROSCHENOPER* (deren Gesellschaftskritik das bürgerliche Publikum kulinarisch-satirisch missverstand, weshalb Brecht noch einen

*Dreigroschenroman* schrieb), aber auch respektlose Kritiken Brechts festigten in Berlin schnell seinen mitunter etwas zweifelhaften Ruf (Reinhold Grimm 1961, 10: **Damals galt Brecht in weiten Kreisen als literarischer Rüpel, Plagiator und zynischer Nihilist.**). Es ist wiederholt erörtert worden, wie aus dem gesellschaftskritischen Zyniker und bürgerlichen Freigeist der Zwanzigerjahre ein fast dogmatisch strenger Kommunist (allerdings ohne Parteibuch) werden konnte. Hier kommen sicher verschiedene Faktoren zusammen[2]: die autoritäre Erziehung im bürgerlichen Elternhaus und der konservativen Schule, mit denen es schon früh Konflikte gab (u. a. wegen Brechts pazifistischer Auslegung des Horaz-Zitats **Dulce et decorum est pro patria mori** im Schulaufsatz,[3]), ebenso wie seine Konfrontation mit verwundeten Soldaten als junger Sanitätssoldat, sein Erleben der bayerischen Räterepublik 1918/19 unter Kurt Eisner, dessen Ermordung und die Zerschlagung der Arbeiter- und Soldatenräte und ihres Staatsversuchs. Auch seine frühe Vorliebe für theatralische und gesellschaftliche Außenseiter wie Frank Wedekind (den Arthur Kutscher in seinen Vorlesungen Brecht nahe brachte) und Karl Valentin (bei dem Brecht zuweilen assistierte), schließlich wohl auch Brechts Suchen nach neuen Wegen und erklärenden Ideen für die von ihm stark empfundenen gesellschaftlichen Gegensätze sind hier zu nennen. Brechts Studium des Marxismus ab 1926 (u. a. in Abendkursen ab 1929) sowie eine Reihe von noch unsystematischen theoretischen Schriften zum Theater bereiteten schließlich seine Abkehr vom *kulinarischen Theater* und seine (vorübergehende) Zuwendung zum didaktischen Drama vor, in dem allein die gesellschaftsbezogene *Lehre* im Mittelpunkt stehen sollte. Die **Lehrstücke** *Der Flug der Lindberghs*, später *Der Ozeanflug, Das Badener Lehrstück vom Einverständnis* (1928), *Der Jasager und der Neinsager* (1929), *Die Massnahme* (1929), *Die Ausnahme und die Regel* (1930) und die frühe Publizierung seiner **Versuche** sind die Ergebnisse dieser Neuorientierung. Die meisten dieser Stücke kreisen um die Frage des Einverständnisses des Einzelnen zum kollektiven Widerstand gegen Ausbeutung und Industriegesellschaft, der zugleich zur *Auslöschung* und zum Tod des Einzelnen führen kann. In der *Heiligen Johanna der Schlachthoefe* (1930 abgeschlossen) wendet Brecht die marxistische Lehre vom zyklischen Wachsen des Kapitals bei gleichzeitiger Verelendung der Arbeiter an auf das Schicksal der modernen Jeanne d'Arc in der Figur des zunächst naiven, zuletzt aber gesellschaftskritisch aufgeklärten Chicagoer Heilsarmeemädchens Joan Dark. Da aber das Stück (bis auf eine 1932 gesendete, gekürzte Hörspielfassung) nicht vor 1959 aufgeführt wurde, blieb es zunächst wirkungslos, im Gegensatz zur nun konsequent kommunistisch orientierten Dramatisierung von MAXIM GORKIS 1909 erschienenem Roman *DIE MUTTER*, die 1931 erfolgte und 1932 uraufgeführt wurde.

Arbeit im Exil

BRECHT, der den Nationalsozialisten schon wegen seiner frühen Antikriegssatire *LEGENDE VOM TOTEN SOLDATEN* verhasst war (weshalb er schon nach dem Hitlerputsch 1923 verhaftet werden sollte), musste sogleich nach dem Reichstagsbrand emigrieren und gelangte über Prag, Wien, die Schweiz und Frankreich schließlich im Frühsommer 1933 nach Dänemark, im April 1939 nach Schweden, 1940 nach Finnland und von dort im Mai 1941 über Moskau, Wladiwostok in die USA, von wo er während der Kommunistensuche des Senators McCarthy im November 1947 in die Schweiz und von dort 1948 nach Ost-Berlin übersiedelte.

Die harte Zeit des Exils gehörte trotz aller Widrigkeiten zu den literarisch fruchtbarsten im Schaffen des rastlos tätigen **Stückeschreibers** BRECHT, wie er sich selbst bezeichnete (obwohl er ein ebenso erfolgreicher Lyriker und Erzähler war). Während er in den ersten Exiljahren noch mit der Bearbeitung, Vollendung oder Inszenierung früherer Entwürfe beschäftigt war (1933 Ballett *DIE SIEBEN TODSÜNDEN*, 1934 *DREIGROSCHENROMAN*, Lehrstück *DIE HORATIER UND DIE KURATIER*, *LIEDER*, *GEDICHTE* und *CHÖRE*), wandte er sich bald stärker zeitgeschichtlich gebundenen Werken, später auch exemplarischen Figurendramen zu. 1935/36 arbeitete er an dem Stück *DIE RUNDKÖPFE UND DIE SPITZKÖPFE* (begonnen 1932), das die NS-Rassenideologie als eine kapitalistische Ideologie geißelte. Direkte Kritik am NS-Terror und seinen Auswirkungen bot die gleichzeitig entstandene Szenenfolge *FURCHT UND ELEND DES DRITTEN REICHES*. Auf den Spanischen Bürgerkrieg nahm der 1937 entstandene Einakter *DIE GEWEHRE DER FRAU CARRAR* Bezug.

In den folgenden Jahren treten die literarischen Arbeiten gegenüber den dramentheoretischen Schriften etwas zurück. Es sind verschiedene Ursachen, die BRECHT bewogen seine eigene dichterische Position und die bekannten traditionellen Dramenformen zu überdenken und neue Wege zu suchen, die schließlich in der Abkehr vom aristotelischen, die Einfühlung und Katharsis des Zuschauers betonenden Drama gipfelten und ein neues, nicht-aristotelisch-einfühlendes, vielmehr Distanz forderndes episches Theater einleiteten.

BRECHT hatte in der Emigration einsehen müssen, dass die bloße Gedankenbehandlung der Lehrstücke wirkungslos blieb angesichts des faschistischen Terrors in Deutschland; seine zahlreichen Reisen, besonders nach Paris und Moskau (1935), brachten in der Begegnung mit anderen Theaterleuten und -formen Anregungen zu neuen inhaltlichen wie formalen Möglichkeiten. Insbesondere die Beschäftigung mit der Literaturkritik der Moskauer Formalisten, deren von V. Slovkijs stammender Zentralbegriff der *Entfremdung* (ostranenije) später bei BRECHT als *Verfremdung* wiederkehrt (evtl. auch von PISCATOR beeinflusst), und der episch distanzierenden Darstellung des alten chinesischen Theaters mit der Methode des doppelten Zeigens, das er ebenfalls in Moskau kennen lernte (durch den chinesischen Schauspieler Mai-Lanfang), wirkten ungemein anregend auf BRECHT. Nachdem er schon 1936 in dem Aufsatz *VERGNÜGUNGSTHEATER ODER LEHRTHEATER?* eine Theorie des *epischen Theaters* entwickelt hatte, verknüpfte er die beiden Hauptanregungen der Moskauer Reise 1937 bereits im Titel des Aufsatzes *VERFREMDUNGSEFFEKTE IN DER CHINESISCHEN SCHAUSPIELKUNST*. Der Vertiefung dienten zudem der Vortrag *UEBER EXPERIMENTELLES THEATER* (1939/40) und die Aufsätze *DIE STRASSENSZENE* (1940) und *KURZE BESCHREIBUNG EINER NEUEN TECHNIK DER SCHAUSPIELKUNST, DIE EINEN VERFREMDUNGSEFFEKT HERVORBRINGT* (1940). Erst 1948 erschien eine Zusammenfassung und Weiterentwicklung der Ansätze im *KLEINEN ORGANON FÜR DAS THEATER*.

Die späten 30er-Jahre sind aber auch deshalb für BRECHTS Schaffen besonders wichtig, weil er in wenigen Jahren seine bedeutendsten Bühnenstücke verfasste, die seinen Ruf als Dramatiker weltweit bekannt machen sollten: *DER GUTE MENSCH VON SEZUAN* (1938/41 entst.), *LEBEN DES GALILEI* (1. Fassung: Svendborg 1938/39); *MUTTER COURAGE UND IHRE KINDER* (1939); Hörspiel/Oper: *DAS VERHÖR DES LUKULLUS* (1939); *HERR PUNTILA UND SEIN KNECHT MATTI* (1940); *DER AUFHALTSAME AUFSTIEG DES ARTUR UI* (1941).

Bedenkt man, dass in diesen Jahren auch die *SVENDBORGER GEDICHTE* (1939) sowie *DIE LEGENDE VON DER ENTSTEHUNG DES BUCHES TAOTEKING AUF DEM WEG DES LAOTSE IN DIE EMIGRATION* (1939), weitere *KALENDER-GESCHICHTEN* und *KEUNER-GESCHICHTEN* und weitere Aufsätze in der Vorbereitung des Puntila-Volksstücks entstanden (u. a. *VOLKSTÜMLICHKEIT UND REALISMUS* (1938); *WEITE UND VIELFALT DER REALISTISCHEN SCHREIBWEISE* (1938); *ANMERKUNGEN ZUM VOLKSSTÜCK* (1940), so wird deutlich, welchen dichterischen Elan BRECHT in dieser Zeit realisierte, in der er durch wiederholte Aufbrüche und Ortswechsel (s. o.) zusätzlich belastet war.

In den USA, wo BRECHT mit manchen emigrierten Bekannten aus der Zeit vor 1933 zusammentraf (u. a. FEUCHTWANGER, PISCATOR,

F. Lang, Kortner, P. Lorre, H. Eisler, H. Mann, B. Viertel u. a.) und auch kurze Zeit in Hollywood arbeitete, allerdings weniger erfolgreich, vollendete er weitere **Stücke:** *Die Geschichte der Simon Machard* (1941/43); *Schweyk im Zweiten Weltkrieg* (1941/44); *Der kaukasische Kreidekreis* (1944).

In der Vorphase des Kalten Krieges wurde Brecht im Dezember 1947 vor dem McCarthy-Ausschuss, der die kommunistischen Umtriebe in Hollywood feststellen wollte, auf seine Zugehörigkeit zur Kommunistischen Partei hin verhört, was er wahrheitsgemäß verneinen konnte (Text der Befragung in deutscher Übersetzung abgedruckt bei Ewen: B. Brecht[4]). Unmittelbar danach verließ er die USA und flog in die Schweiz, wo er sich oberhalb des Züricher Sees ein kleines Haus mietete und sogleich wieder zu arbeiten begann, aber auch manche Gespräche mit Max Frisch, Friedrich Dürrenmatt und Günter Weissenborn führte. Mit Caspar Neher entwarf er eine Inszenierung der *Antigone* des Sophokles, die dann in Chur aufgeführt wurde. Im Züricher Schauspielhaus inszenierte er seinen *Puntila*, gleichzeitig arbeitete er an dem Stück *Die Tage der Pariser Commune* anhand von historischen Quellen sowie an der Zusammenfassung seiner Theatertheorie im *Kleinen Organon für das Theater*, das eine Theorie des *Theaters im wissenschaftlichen Zeitalter* bieten sollte.

Arbeit in der DDR

Brecht hatte inzwischen die Einreise in das von westlichen Truppen besetzte West-Deutschland beantragt, die ihm jedoch vorenthalten wurde. Durch Egon Erwin Kisch, den aus dem Berlin der Zwanzigerjahre bekannten *rasenden Reporter*, der nun Stadtrat in Prag war, besorgte sich Brecht ein tschechisches Visum und reiste im Oktober 1948 über Prag nach Ost-Berlin, wo er zunächst in Weißensee wohnte (ab 1950 auch in Buckow).

Dass Brecht diesen Schritt, der in der Konsequenz seiner seit Ende der Zwanzigerjahre ihn prägenden marxistischen Weltsicht lag, erst nach einigem Zögern und vergeblichen Versuchen einer Übersiedlung nach West-Deutschland unternahm, gibt einige Rätsel auf, die allerdings vorerst nicht gelöst werden können.

In Ost-Berlin wurde Brecht und seiner Frau Helene Weigel sowie ihren engeren Freunden und einstigen Mitarbeitern, die aus dem Exil zurückkehrten, nach einigen Startschwierigkeiten eine Reihe von Vergünstigungen und Sonderrechten geboten. Der Agitator und Autor der Arbeiterklasse und ihrer kommunistischen Befreiungslehre brauchte (wie auch deren Parteifunktionäre) nicht wie ein Arbeiter zu leben. Trotzdem erwarben BRECHT und seine Frau 1950 einen österreichischen Reisepass, der ihnen nach Vermittlung des Komponisten Gottfried von Einem ausgestellt wurde, der BRECHT schon von der Schweiz aus für eine Neukonzeption der Salzburger Festspiele zu gewinnen gesucht hatte, woraufhin BRECHT an einem *SALZBURGER TOTENTANZ* arbeitete, dies jedoch später abbrach.

Welche Vereinbarungen zwischen BRECHT und den Kulturfunktionären in Ost-Berlin getroffen worden sind, welche Konzessionen BRECHT der nunmehr fast allmächtigen SED machte um hier als Theatermann arbeiten zu können, ist bisher unbekannt. Das größte Entgegenkommen der Ostberliner Instanzen war die spätere Gewährung eines eigenen Theaters für das von BRECHT und HELENE WEIGEL im September 1949 gegründete Berliner Ensemble (= BE) im Theater am Schiffbauerdamm, der Stätte der einstigen Erfolge BRECHTS, in das man allerdings erst 1954 aus dem Deutschen Theater umziehen konnte. BRECHT nutzte die ihm verbleibenden Jahre vor allem zu intensiver Regiearbeit. Die schriftstellerische Arbeit (u. a. *KALENDERGESCHICHTEN*, *BUCKOWER ELEGIEN*, *DIE GESCHÄFTE DES HERRN JULIUS CAESAR*, zahlreiche Aufsätze) trat demgegenüber zurück.

Bereits am 11. 1. 1949 wurde *MUTTER COURAGE* mit großem Erfolg aufgeführt; noch im gleichen Jahr (12. 11. 49) hatte *HERR PUNTILA* Premiere. Am 15. 4. 1950 folgte BRECHTS Bearbeitung des *HOFMEISTERS* von LENZ; am 10. 1. 1951 *DIE MUTTER* nach GORKIS Roman; am 17. 3. 1951 als Uraufführung *DAS VERHÖR DES LUKULLUS*, bei dessen Text er sich erstmals Streichungen der Ost-Berliner Zensurbehörde gefallen lassen musste, was zu erbitterten (nachträglichen) Protesten BRECHTS gegen die Kulturkommission und das Amt für Literatur führte.[5] Im August 1951 wird anlässlich der Weltfestspiele der Jugend in Berlin (als Parteiauftrag) der *HERRNBURGER BERICHT* uraufgeführt. Am 16. 11. 1952 inszeniert BRECHT mit dem BE *DIE GEWEHRE DER FRAU CARRAR*, am 17. 5. 1953 führt das BE STRITTMATTERS *KATZGRABEN* auf, am 15. 6. 1954 folgt die Uraufführung des *KAUKASISCHEN KREIDEKREISES*. Am 12. 1. 1955 führt das BE J. R. BECHERS *WINTERSCHLACHT* in BRECHTS Regiebearbeitung auf. Am 14. 8. 1956 stirbt BRECHT an einem Herzinfarkt; kurz zuvor hat er noch die Proben zu einer *GALILEI*-Aufführung besucht und Textzusätze veranlasst.[6]

Die Regiearbeit BRECHTS hatte sich nicht nur auf seine eigenen Stücke konzentriert, sondern bezog auch Werke anderer Autoren ein, wobei BRECHT mitunter starke Umformungen vornahm. Außer den genannten Werken von SOPHOKLES, LENZ, BECHER und STRITTMATTER waren es G. HAUPTMANNS *BIBERPELZ* und *DER ROTE HAHN;* GORKIS *WASA SCHELESNOWA;* MOLIERES *DON JUAN;* A. SEGHERS *DER PROZESS DER JEANE D'ARC; PAUKEN UND TROMPETEN* nach FARQUHARS *RECRUITING OFFICER*; SHAKESPEARES *CORIOLANUS; WOHLTATEN TUN WEH* von Ostrowskis Ziehtochter und *DER HELD DER WESTLICHEN WELT* von SYNGE, die BRECHT bearbeitete.

Die Theaterarbeit beschäftigte BRECHT mitunter so sehr, dass er die Umwelt und die gesellschaftliche Entwicklung seiner Zeit vergaß oder vergessen wollte. So trägt die Figur BRECHTS in GÜNTER GRASS' *DIE PLEBEJER PROBEN DEN AUFSTAND* durchaus Züge des Stückeschreibers, wie er sie nicht nur am 17. 6. 1953 zur Schau stellte. Auch dessen Ergebenheitsadresse, die aus seinem Brief an Walter Ulbricht zum 17. 6. veröffentlicht wurde (den gesamten, teilweise recht kritischen Brief soll BRECHT nur Freunden in einer Kopie gezeigt haben)[7] und das später gefundene Gedicht zum Arbeiteraufstand am 17. Juni »Die Lösung« bestätigen die Widersprüche in BRECHTS Haltung, der sich scheute, seine Kritik offen zu äußern, weil er um seine Theaterprivilegien fürchtete. Andererseits war BRECHT stets darauf bedacht, seine Regieauffassung bei seinen Stücken durchzusetzen, auch wenn er alle Regiedetails mit seinen Mitarbeitern besprach. Öffentliche Belobigungen seiner Arbeit nahm er gern entgegen, auch aus der kapitalistischen Welt, wenn er auch im Auftreten stets bescheiden blieb.

Bereits am 7. 10. 1951, zwei Jahre nach Gründung der DDR, erhielt BRECHT den Nationalpreis 1. Klasse, der öffentliche Ehrung und materielle Vorteile brachte. Im Mai 1953 wurde BRECHT zum Vorsitzenden des PEN-Zentrums Ost gewählt. Am 21. 12. 1954 erhielt BRECHT den Stalin-Friedenspreis. Im Mai 1955 gewann das Berliner Ensemble mit der Aufführung des *KAUKASISCHEN KREIDEKREISES* auf dem Festival de Paris den ersten Preis.

Mitunter korrespondieren die staatlichen Ehrungen BRECHTS mit entsprechenden öffentlichen Engagements von ihm für die offizielle Kultur-und *Friedens*-Politik der DDR und des Ostblocks, zu denen sich der Autor aus Überzeugung bereit fand oder zu denen er gedrängt wurde und um anderer Ziele willen sein *Einverständnis* erklärte. Über seinen letzten Jahren liegt so ein Schatten der Widersprüchlichkeit. Manche Äußerungen, wie das Gedicht »Böser Morgen« (in dem er von **Schuldbewusstsein** spricht), der nachträgliche Kommentar zum *GALILEI* (s. Kesting, Brecht-Biografie S. 147 ff.), manche Stellen im Gedicht »An die Nachgeborenen«, die Äußerung BRECHTS kurz vor seinem Tod zu Ernst Kläber über die Rolle der Fantasie (s. Kesting ebd. S. 149), in der Kläber die einzige Wahrheit sah und BRECHT beipflichtete (Du könntest Recht haben) – dies alles könnte nach einer Revokation mancher früherer Standpunkte aussehen.

Marianne Kesting (ebd. S. 150) resümierte schon 1959:

> **Über seinen Tod hinaus blieb Brecht ein Skandalon, eines jener fruchtbaren Ärgernisse, an denen sich die Diskussion immer wieder neu entzünden muß. Sein Werk, das bleiben wird, sitzt wie ein Stachel im Fleisch unserer Zeit. Figur des Widerstandes in einem widerspruchsvollen Jahrhundert, machte sich Brecht zum Brennpunkt des großen Konflikts, der unsere Zeit durchzieht. Das war seine Größe. Seine Tragik war, daß dieser Konflikt in seiner Person allein nicht gelöst werden konnte.**

## 2.2 Die Entwicklung der dramatischen Form bei Brecht bis zum »Guten Menschen von Sezuan«

Die dramatische Form des Parabelstücks *Der gute Mensch von Sezuan* ist eine Synthese aus der unterschiedlichen Formenentwicklung in den Dramen Brechts. Über diese Entwicklung gibt es bisher keine spezielle Untersuchung,[8] obwohl sich eine solche lohnen würde; denn es gibt wohl keinen anderen deutschen Dramatiker, der eine derartige Formenvielfalt in seinem Werk aufweisen kann wie Brecht. Sie ist das Ergebnis ständigen Wandels der eigenen Aussageformen als Antwort auf die von ihm empfundenen Herausforderungen an den **Stückeschreiber**. Wir sind zur Kennzeichnung dieser Entwicklung zunächst auf einen kurzen Vergleich seiner Dramen angewiesen.

### *2.2.1 Von den Anfängen bis zu den Lehrstücken*

Während *Baal* (1919), Brechts dramatischer Erstling über einen expressionistisch dichtenden Alkoholiker und Sexualprotz, noch aus einer losen Anreihung von Szenen besteht und allenfalls im Negativen dem expressionistischen Stationendrama ähnelt, ist die Heimkehrerkomödie *Trommeln in der Nacht* (1919 entst.) in der Form des enthüllenden Salonstücks abgefasst. Wie ein klassisches Drama ist es in fünf Akte gegliedert, ohne dass eine traditionelle Funktionalität der Akte durchgehalten wäre; der Spannungshöhepunkt liegt vielmehr schon im zweiten Akt.[9]

Im *Dickicht der Städte* (1921 entst.) dagegen folgt wieder dem expressionistischen Schema der Szenenreihung, obwohl auch hier Elemente des *Salonstücks* wiederkehren. Eine **radikale Version** der Enthüllungskomödie sieht Thomas Koebner[10] in *Mann ist Mann* (1924–26 entst.), dem **Versuch des Umbaus einer Person**, wo der Packer Gay in einen Soldaten der indischen Kolonialarmee umgewandelt wird.

In der gemeinsamen experimentierenden Theaterarbeit mit Erwin

Piscator 1927/28 lernte Brecht die **Chroniklegende in der Form der Moritat als Zeitrevue** kennen (Th. Koebner S. 27) und übernahm sie in die *Dreigroschenoper* (1928), in *Aufstieg und Fall der Stadt Mahagonny* (1928/29) und teilweise noch in *Die heilige Johanna der Schlachthöfe* (1929/30). Die Handlungsabfolge wird hier aufgelockert durch Songs, Publikumsanreden, Kommentierungen, Chöre und ähnliche Elemente des epischen Theaters. Die Zeigestruktur der Hauptfigur(en) wird so verstärkt. Brecht wird hieraus wichtige Einzelheiten in späteren Stücken erneut gestalten.

### *2.2.2 Von den Lehrstücken bis zu den Exildramen*

Die Beschäftigung Brechts mit dem Marxismus (ab 1926, besonders nach 1928) geht mit einem gleichzeitigen Formenwandel seiner Dramatik einher. Der fast missionarische Eifer, mit dem Brecht die neue Lehre und ihr Welt- und Menschenbild adaptierte, manifestiert sich in der raschen Abfolge von *Lehrstücken,* die er 1929/30 zusätzlich zu anderen Werken verfasste (s. o.). Umfang und Form der Lehrstücke sind allerdings recht verschieden. Während z. B. die *Schulopern Der Jasager* und *Der Jasager und der Neinsager* nur eine einzige Episode – den Aufbruch und gefährlichen Marsch einer Gruppe über ein Gebirge zur Herbeiholung von Hilfe und das Versagen eines freiwillig mitgegangenen Jungen, der nun alle gefährdet – dialogisch schildern (mit Choreinlagen), wird die fortlaufende Handlung in der *Massnahme,* in der die Exekution eines nicht ganz linientreuen jungen Kommunisten nach eigenem (erzwungenem) Geständnis und Einverständnis durch die eigenen Genossen (Agitatoren) im Rückblick gerechtfertigt werden soll, durch verschiedene Songs und Chöre unterbrochen. Der hier eingefügte *Kontrollchor* hat verschiedene Funktionen: Er führt einerseits das Verhör der Agitatoren anhand des nachgespielten Hergangs der Tat, andererseits wertet er – wie in der antiken Tragödie – die Vorgänge, ist aber zugleich auch parteiliches Agitationsinstrument, wenn er z. B. hymnisch **das Lob der UdSSR, das Lob der illegalen Arbeit, das Lob der Partei** u. Ä. verkündet. Das Stück ist auf diese Weise sowohl eine literarische Fiktion als auch eine Parteifeier und rechtfertigt letztlich den politischen Mord zur Sicherung der Parteiarbeit, wie er in der von Brecht hier gelobten UdSSR unter Stalin zur schrecklichen Wirklichkeit gehörte. Es ist verständlich, dass es schon 1930 Schwierigkeiten gab das Stück außerhalb von Parteiveranstaltungen der KPD aufzuführen.[11] Brecht hat später ein Aufführungsverbot für dieses Stück verfügt.)

Brechts Wandlung zum kommunistischen Autor führte auch zum Formenwandel der größeren Dramen dieser Zeit, in denen nicht nur eine bestimmte Lehre exemplifiziert, sondern die Entwicklung eines Menschen in bestimmten Situationen dargestellt werden sollte, wie etwa in *Die Mutter* (1913), nach Maxim Gorkis gleichnamigem Roman, und *Die heilige Johanna der Schlachthöfe* (1932).

Die durchgehende Handlung dieser Stücke, dargeboten in einer Reihung von Einzelszenen fast in der Art des Stationendramas, wird hier zusätzlich zu den Chören und Publikumsansprachen durch kommentierende Songs bereichert. Damit werden jetzt auch Elemente der Revueform, wie sie Brecht schon früh bei Wedekind und später bei Piscator kennen gelernt hatte, in sein Drama integriert, ohne dass die Dramenhandlung selbst Revuecharakter annahm, d. h. die Konzentration auf eine Hauptfigur verlor. In dem ausführlicheren Lehrstück *Die Rundköpfe und die Spitzköpfe* (1932/34), das die NS-Rassenideologie parodiert, durchbricht der Autor die durchgehende Handlung in ihrem Illusionswert nur durch eingefügte Songs und rhythmisierte Dialog- und Monologpartien; kommentierende Ansprachen an das Publikum fehlen also. In Anmerkungen zur Uraufführung einer Übersetzung vor dänischem Publikum hat Brecht noch weitere zugefügt, in denen er u. a. auf epische Elemente im Stück hinweist.

Auch in den dem *Guten Menschen von Sezuan* vorangehenden Dramen *Leben des Galilei* (Erstfassung 1938 *Die Erde bewegt sich*) und *Mutter Courage und ihre Kinder* (1939), in denen wieder eine Hauptfigur in den Mittelpunkt gerückt ist, verzichtete Brecht noch auf die Publikumsansprache, die er jedoch in dem Parabelstück über den guten Menschen wieder reichlich einbezieht.

Am 24. 4. 41 schreibt Brecht in seinem *Arbeitsjournal* rückblickend:

> **wenn ich meine letzten stücke betrachte und vergleiche [...] so finde ich sie abnorm uneinheitlich in jeder weise, selbst die genres wechseln unaufhörlich: biographie, gestarium, parabel, charakterlustspiel im volkston, historienfarce – die stücke streben auseinander wie die gestirne im neuen weltbild der physik, als sei auch hier irgendein kern der dramatik explodiert. dabei ist die theorie, die ihnen unterliegt oder abgezogen werden kann, ihrerseits sehr bestimmt gegenüber anderen theorien (J. Knopf, Materialien, 19 f.).**

Man könnte auch die Mischung der dramatischen Gestaltungselemente in dieses Urteil einbeziehen.

### 2.3 Die Entstehung des Textes

*Der gute Mensch von Sezuan* hat von allen Werken Brechts die längste Entstehungsgeschichte. Brecht hat es auch in Anbetracht des Fehlens von Aufführungsmöglichkeiten und anschließenden Korrekturen während des Exils nie als endgültig vollendet angesehen (im Gegensatz zu den übrigen Exildramen), sich später in der DDR aber gescheut es aufzuführen und eventuell noch umzuarbeiten.

Die ersten motivischen Ansätze zu diesem Stück reichen bereits in die 20er-Jahre zurück. So ist z. B. das Motiv der drei Götter, die in einer Stadt keine Aufnahme finden, von einem Bürger aber angefleht werden sich nicht an der Stadt zu rächen, bereits in Brechts Gedicht »Matinee in Dresden« (GW 8, 158 f.) enthalten. Brecht hatte es im März 1926 aus Enttäuschung verfasst, weil bei einer literarischen Matinee, zu der er zusammen mit Alfred Döblin und Arnolt Bronnen geladen war, Franz Werfel mehr beachtet worden war als er.

Eine andere Motivreihe findet sich in dem 1927/28 entworfenen dramatischen Plan *Fanny Kress oder der Huren einziger Freund*, in dem sich eine Hure als Tabakhändler verkleidet um durch Geschäfte den anderen Prostituierten zu helfen, die sich dann allerdings um den vermeintlichen Mann zanken.

Um 1930 hatte Brecht ein ähnliches Drama unter dem ambivalenten Titel *Die Ware Liebe* begonnen, das wie das gleichzeitig entstandene Lehrstück *Der Jasager und der Neinsager* einen positiven und einen negativen Schluss haben sollte. Auch hier erfolgte die Verkleidung einer Hure in einen Tabakhändler. Durch die Verkleidung sollte zugleich die Praxis der Ausbeutung vertuscht werden. Der Zwiespalt nicht zugleich Ware (Hure) und Verkäufer sein zu können wird aufgedeckt. Brecht skizzierte damals bereits einige Szenen, auf die er 1939 zurückgriff.

Am 15. 3. 1939 notiert er in seinem *Arbeitsjournal*, dass er den alten Berliner Entwurf von *Die Ware Liebe* wieder vorgenommen habe, fünf vorhandene Szenen, von denen er vier für das neue Stück mit dem neuen Titel gebrauchen könne. Außerdem könne er nun die **epische Technik** ohne Konzessionen an die Zuschauer anwenden. Das *Arbeitsjournal* berichtet 1939 wiederholt von der komplizierten Arbeit am Stück. Sie stockt im September 1939 nach dem Ausbruch des Zweiten Weltkrieges und Brechts Übersiedlung nach Schweden (Lindingö). Undatierte Journaleintragungen, Entwürfe, Fabelskizzen u. Ä. zeigen, welche Schwierigkeiten er bewältigen musste: Die Figuren tragen zunächst noch andere Namen: Li Gung/Lao Go = Shen Te/Shui Ta, Yü Schan = Yang Sun, Ki au = Shu Fu usw. Shen Tes Tabakladen droht zunächst nicht durch den Flieger Schan verloren zu gehen, sondern durch Dumpingpreise eines Tabakkönigs Feh Pung (lt. Zeitungsartikel in: J. Knopf, Materialien (2), 31 ff.), denen die vereinigten kleinen Tabakhändler solidarisch entgegenwirken, bis Shen Te sich durch die

Liebe zu Yü Schan diskreditiert; an die Stelle des Darlehens der alten Teppichhändler werden gefundene Opiumsäcke eingesetzt. Der Friseur (Ki au = Shu Fu) ist zunächst kein großer Kapitalist (wie Feh Pung).

Am 6. Mai 1940, nach der Übersiedlung nach Finnland mit Helene Weigel und MARGARETE STEFFIN, die als Mitautorin bei diesem Stück gelten kann, berichtet BRECHT von der Wiederaufnahme der Arbeit am Parabelstück und am 20. 6. 1940 schreibt er: **Im großen und ganzen fertig mit dem *GUTEN MENSCHEN VON SEZUAN*.** Doch tragen die Figuren noch die alten Namen; erst im Januar 1941 vervollständigt BRECHT mit dem »Lied vom Rauch« und dem »Terzett der entschwindenden Götter« den Text.

### 2.4 Quellen und Einflüsse

Die Forschung zu BRECHTS Parabelstück vom guten Menschen hat mit den Phasen der Entstehung eine Reihe von Quellen und Einflüssen zum Werk sichtbar gemacht,[12] die sich verschieden gruppieren lassen. Wir nennen hier 1. die Einflüsse aus dem eigenen Erleben und der eigenen Bildung, 2. die ostasiatischen Einflüsse, 3. die europäischen literarischen Quellen und Einflüsse, 4. die marxistischen Einflüsse und 5. die zeitgenössischen Parallelen und Bezüge.

1. Einflüsse aus dem eigenen Erleben und der eigenen Bildung:

Es ist kaum möglich, BRECHTS Erinnerungen und Empfindungen aus der Entstehungszeit des Textes zu konstruieren und zu eruieren um ihren Niederschlag im Text zu beobachten. Einige Textstellen scheinen jedoch auf Erlebnissen und Erfahrungen BRECHTS zu fußen, so etwa Wangs Ausführungen über die verschiedenen Menschentypen, die er in Erwartung der Götter mustert (7 f.). Aus BRECHTS Schullektüre und -unterricht scheinen manche Reminiszenzen an die Antike zu stammen, z. B. das Philemon- und Baucis-Vorbild für die beiden Alten entweder aus OVIDS *METAMORPHOSEN* oder aus GOETHES *FAUST*. Für die Übernachtung der Götter bei Shen Te hatte schon Hans Mayer[13] das Vorbild in GOETHES Ballade »Der Gott und die Bajader« gesehen. Mayer hatte auch auf das Brecht-Gedicht »Drei Götter« als eine Keimzelle des Dramas verwiesen. Mit GOETHES Faust-Prolog im Himmel hat die Suche der drei Götter nach einem guten Menschen eine gewisse Ähnlichkeit, wie auch die Himmelfahrt der Götter **ins Nichts** Gretchens Apotheose am Ende von *FAUST II* parodistisch ähnelt. Das Götterzitat im *Zwischenspiel* (95): **Wir glauben fest, daß unser guter Mensch sich zurechtfinden wird auf der dunklen Erde. – Seine Kraft wird wachsen mit der Bürde**, stimmt mit GOETHES *FAUST I*, 328 und SCHILLERS Wallenstein-Prolog, 60, überein.[14]

Brechts häufige Bibelzitate, die wiederholt schon beobachtet worden sind[15], dürften auch aus seiner Jugendzeit stammen. Wie R. Grimm[16] nachgewiesen hat, schrieb Brecht schon vermutlich als Fünfzehnjähriger einen Einakter *Die Bibel* über den Judith-Stoff. So dürfte auch das Drei-Götter-auf-Erden-Motiv von dem Besuch Jahwes und der Engel bei Abraham (Gen. 18) vor der Vernichtung Sodoms und Gomorrhas beeinflusst sein. Auch zahlreiche Textstellen sind Bibelzitate, die Brecht z. T. parodiert hat, so etwa die Paulusstelle aus Röm. 15: **Freuet Euch mit den Fröhlichen, weinet mit den Weinenden,** die Brecht (GW 7, 265) abwandelt in: **Ich lache über die Weinenden!** Aus der Bibel stammt auch das archaische **Nicht begehren meines Nächsten Haus.** (16).

2. Ostasiatische Einflüsse:

Wie manche andere Autoren (z. B. Hesse, Döblin, Klabund), so hatte sich auch Brecht schon in den 20er-Jahren für die Literatur, das Denken und das Theater in China und Japan interessiert. Durch Vermittlung Klabunds lernte er z. B. den Kreidekreis-Stoff kennen. Die Lehrstücke von *Jasager und Neinsager* gehen auf japanische Spielformen zurück, die *Massnahme* wird bereits in China angesiedelt wie später *Der gute Mensch von Sezuan*. Nach J. Knopf[17] geht Wangs Erzählung vom *Leiden der Brauchbarkeit* hier (93) auf das chinesische Buch *Dsueang Dsi* zurück: die Schriften des chinesischen Philosophen Me-Ti haben Brechts Vorstellungen vom Gutsein beeinflusst. Das Bild von der großen Decke des Gouverneurs (34) entstammt einer Schrift des Po-Chü-Yi.[18] Wie schon in 2.1 erwähnt, lernte Brecht auch ostasiatische Dramenformen kennen, so das japanische Bunraku sowie Ähnliches durch den chinesischen Schauspieler Mai-Lan-fang 1935 in Moskau (vgl. K. Völker, Brecht-Kommentar 1983, 210)

3. Europäische literarische Einflüsse:

Nach J. Knopf[19] gehen Motive aus dem »Lied vom achten Elefanten« auf Elefantenschilderungen R. Kiplings zurück. Das »Lied vom Rauch« scheint durch Nietzsches Gedicht »*Vereinsamt*« beeinflusst zu sein (Str. 4: […] **Dem Rauche gleich, der stets nach kältern Himmeln sucht.**). Wangs Lied des Wasserverkäufers (50) hat eine Parallelstelle in Calderon de la Barcas »Lied eines Landmannes«.[20] M. Karnick (1979) hat auch sonst Parallelen zu Brechts Sezuan-Stück bei Calderon gesehen.

Die Pantomimen Shen Tes mit ihrem künftigen Sohn (99) haben eine Parallele in einem Text Sergej Tretjakows, eines russischen Freundes Brechts.[21] Selbst Hölderlins »Wo Gefahr ist, wächst das Rettende auch« wird parodiert (31). Für die Suche der verschwundenen

Shen Te fand M. Neumann[22] eine Motivübereinstimmung in A. CONAN DOYLES Roman *MAN WITH THE TWISTED LIP*, die er bei dem eifrigen Krimi-Leser und Sherlock-Holmes-Verehrer BRECHT als Vorlage für wahrscheinlich hält.

4. Marxistische Einflüsse:

Es steht nicht fest, womit sich BRECHT in seinen Marxismusstudien zwischen 1926 und 1930 (und vielleicht auch noch in Dänemark nach der Wiederbegegnung mit seinem einstigen Marxismus-Lehrer Karl Korsch) im Einzelnen beschäftigt hat. Er scheint sich jedoch vor allem für die materialistische Auffassung von der Abhängigkeit aller geistigen und kulturellen Dinge von den materiellen und ökonomischen Grundlagen, für die Prinzipien der Dialektik vom Zusammenhang und dem Widerspruchscharakter sowie der dialektischen Entwicklung aller Vorgänge und schließlich für die Lehre von der notwendigen Überwindung des Kapitalismus durch den Sozialismus interessiert zu haben. Auch in MARX' *DAS KAPITAL* hat BRECHT nach eigenen Worten gelesen. Nach den dort vereinfacht erläuterten kapitalistischen Produktionsbedingungen scheint Shui Tas Tabakfabrik zu funktionieren, nachdem Kapital (Shu Fus Scheckbetrag + die gestohlenen Tabakvorräte der Familie) und Arbeit (die ausgebeuteten Proletarier in Shu Fus Baracken + Sun) zusammenkommen. Auf die Dialektik der Veränderung und die Veränderbarkeit weist auch der Epilog des Parabelstücks hin.

5. Zeitgenössische Parallelen und Bezüge:

Der technische Fortschritt, den BRECHT bewunderte, war für ihn im Fliegen und im Bild des Flugzeugs verkörpert. Shen Tes Sohn, der wie im expressionistischen Drama als Heilsbringer gefeiert wird, soll daher Flieger werden, was sein Vater einst anstrebte, aber nicht erreichte. Die Industrialisierung Chinas ist auch in der erwähnten Zementfabrik angezeigt, wogegen Wangs Tätigkeit als Wasserträger und -verkäufer das technische Zurückbleiben im Fehlen einer Wasserleitung sichtbar macht. Einiges in den sozialen Verhältnissen (z. B. die Verarmung des Mittelstandes im Kleinhandel) erinnert an gleichzeitige Verhältnisse in der Weimarer Republik aufgrund von Inflation und Weltwirtschaftskrise. Im »Lied vom achten Elefanten« wird auf Henri Fords Einführung des Fließbandes in der Industrie Bezug genommen. Die Götter beklagen (130) auch die Zerstörung der Landschaft durch Telegrafen- und Stromleitungen. Der (131) erwähnte Kanonendonner kann eine Anspielung auf den Chinesisch-Japanischen Krieg (1937–45) sein, der vorwiegend in der chinesischen Provinz Sezuan stattfand.

BRECHT hat in der Figur Shu Fus zwei ursprünglich getrennte Figurenkonzeptionen vermischt. Ursprünglich sollte der Bewerber, der auf

Shen Tes Heiratsanzeige antwortete, der Barbier sein (vgl. noch die relikthafte Frage Suns (79): **Sag selber, ob du ohne mich nicht mit ihm weggegangen wärst?**). Außerdem sollte es nach einer früheren Konzeption noch einen Reichen (Fu Peng) geben, mit dem Shui Ta geschäftlich Kontakt haben sollte. So bleibt der Widerspruch, dass der Barbier, also ein einfacher Handwerker, sehr reich ist und zudem 12 Häuser besitzt. Eine Parabel muss allerdings nicht immer realistisch wahrscheinlich sein.

# 3 Handlungsskizze und Figurenbeschreibung

## 3.1 Handlungsskizze

| *Der Testfall* | *Die Fabel* | *Das Testergebnis* |
|---|---|---|
| *Vorspiel:* Freundlichkeit oder Geschäftsinteresse? | Auf der Suche nach einem guten Menschen, der den Bestand der Welt und die Gültigkeit der moralischen Vorschriften rechtfertigen soll, finden ihn drei Götter mithilfe des naiv-frommen Wasserträgers Wang in Shen Te, einer Prostituierten, in der Hauptstadt von Sezuan. Unter Verzicht auf einen Freier gewährt sie den Göttern Unterkunft und erhält aufgrund ihrer wirtschaftlichen Notlage Geld von ihnen. | Freundlichkeit macht sich immer bezahlt. |
| *1. Bild:* Nächstenliebe oder Geschäftsinteresse? | Das Geldgeschenk ermöglicht Shen Te die Eröffnung eines Tabakladens und damit Wohltätigkeit gegenüber den Armen der Vorstadt. Die Armen erweisen sich als Schmarotzer und Ausbeuter, aber zugleich als clever: Sie erfinden den Vetter Shui Ta. | Die Liebe zu anderen ruiniert den Laden. |
| *Zwischenspiel:* | In einem Traumgesicht offenbaren die Götter ihr illusionistisches Welt- und Menschenbild aufgrund ihrer mangelnden Einsicht in die reale Lage Shen Tes. | |
| *2. Bild:* Geschäftsinteresse oder Nächstenliebe? | Die Maske des bösen Vetters ermöglicht die Rettung des Ladens vor der Habgier der Armen. Mithilfe der Polizei schafft sich Shen Te die Obdachlosen vom Hals, mithilfe einer Heiratsanzeige will sie das nötige Mietkapitel aufbringen. | Shen Te verliert durch Cleverness ihre Identität. |
| *3. Bild:* Liebe oder Geld? | Shen Te bewahrt den arbeitslosen Flieger Yang Sun vor Selbstmord und verliebt sich in ihn. | Shen Te gewinnt durch die Liebe ihre Identität zurück. |
| *Zwischenspiel:* | Die Vision Wangs offenbart die Machtlosigkeit der Götter angesichts der andauernden wirtschaftlichen Misere Shen Tes. | |

| *Der Testfall* | *Die Fabel* | *Das Testergebnis* |
|---|---|---|
| *4. Bild:* Liebe oder Geld? | Shen Te will den Laden für den Geliebten opfern. | Die bedingungslose Liebe führt zum Verlust der Existenzgrundlage. |
| *Zwischenspiel:* | Verzweifelt singt Shen Te das »Lied von der Wehrlosigkeit der Götter und der Guten« und schlüpft in die Maske des Shui Ta. Sie bekennt die Notwendigkeit der Gewalt zur Veränderung der Verhältnisse (Fazit I). | |
| *5. Bild:* Gefühl oder Vernunft? | Unter der Maske des Shui Ta erkennt Shen Te die trügerische Heiratsabsicht Suns, der ihre Liebe finanziell ausbeuten will. Als Gegenaktion fädelt sie eine Vernunftheirat mit dem Wohlhabenden Shu Fu ein. Zurückverwandelt in ihre eigene Gestalt, hält Shen Te aber an ihrer Liebe fest. Sie **will nicht ausrechnen, was es kostet.** | Shen Te verliert im Widerstreit von Hingabe und Selbsterhaltung den Kopf. |
| *Zwischenspiel:* | Shen Te wendet sich auf dem Weg zur Hochzeitsfeier an das Publikum. Sie bekennt ihren Glauben an das Gute im Menschen. Unbelehrbar wie die Götter, wenn auch **zwischen Furcht und Freude**, akzeptiert sie die Verhältnisse (Fazit II). | |
| *6. Bild:* Nächstenliebe gegen Liebe | Shen Te verliert während der Hochzeitsfeier ihren Glauben an Suns Güte. Enttäuscht über seine Rücksichtslosigkeit und seinen Egoismus überlässt sie ihn seinem Schicksal. | Shen Te gewinnt als Wohltäterin der Armen wieder ihre Identität. |
| *Zwischenspiel:* | In der Vision Wangs verlautbaren die Götter erneut ihre Ohnmacht Shen Te in ihrer Bedrängnis zu helfen. Sie flüchten sich in die illusionistische Vorstellung von einer Läuterung des Menschen durch Leiden. | |
| *7. Bild:* Kindesliebe gegen Nächstenliebe | Shen Te, die ein Kind von Sun erwartet, sieht das Leiden der Kinder in dieser Welt. Um die Zukunft des eigenen Kindes zu sichern gründet sie ohne Skrupel in der Maske des Shui Ta eine Tabakfabrik. Durch Rücksichtslosigkeit (Diebstahl von Rohstoffen, Ausnutzung eines Blankoschecks und Ausbeutung der Ar- | Das private Glücksstreben, bedingt durch die ausschließliche Liebe zu ihrem Kind, beendet jede Solidarität mit anderen. |

| *Der Testfall* | *Die Fabel* | *Das Testergebnis* |
|---|---|---|
| | men als billige Arbeitskräfte) wird aus der bedrängten Tabakhändlerin der allmächtige Tabakkönig. | |
| *Zwischenspiel:* | Im Traumgesicht Wangs wird die endgültige Resignation der Götter offenbar. | |
| *8. Bild:* Ausbeutung gegen Menschlichkeit | Shen Te organisiert als Shui Ta mit allen Mitteln der Ausbeutung die Arbeit in der Tabakfabrik. Sun fungiert als gehorsamer Antreiber. | |
| *9. Bild:* | Shen Te in der Maske Shui Tas gerät zunehmend in den Verdacht Shen Te beseitigt zu haben. Sie wird verhaftet. | |
| *Zwischenspiel:* | Der Traum Wangs von den Göttern offenbart ihren Autoritätsverlust. Verzweifelt jagen die Götter ihrer Illusion vom guten Menschen nach, den sie in Shen Te wiederfinden wollen. | |
| *10. Bild:* | Im Prozess gegen Shui Ta, in dem sie als Richter fungieren, finden die Götter ihren guten Menschen wieder. Shui Ta ist Shen Te. Das offenbare Missverhältnis in ihrer Doppelexistenz wird von ihnen als blosses Missverständnis ihrer Rolle interpretiert. Ihr Fazit: Die Welt kann bleiben, wie sie ist. Die Götter entziehen sich ihrer Verantwortung durch eine Himmelfahrt. | |
| *Epilog:* | Das unbefriedigende Ergebnis des Experiments mit dem guten Menschen von Sezuan stellt das Publikum vor die Frage, auf welche Weise es **dem guten Menschen zu einem guten Ende helfen kann**, da weder die Antagonismen der Welt noch die Doppelrolle des Menschen vernünftigerweise durchgehalten werden können. | |

## 3.2 Dramatische Elemente

Vergleicht man das Parabelstück mit den meisten traditionellen Dramen des 18. bis 20. Jahrhunderts, so zeigt sich, dass hier in BRECHTS Stück eine Reihe dramatischer Besonderheiten vorliegt, die weder aus der Form und Struktur der Parabel, noch aus anderen Reminiszenzen an andere Dramenformen erklärbar sind, die aber das Stück auch dramatisch interessant machen. Obwohl z. B. BRECHT mit seiner hier realisierten Konzeption des *epischen Theaters* das epische Moment in den Vordergrund rücken musste, hat er zugleich eine Reihe dramatischer Einzelelemente einbezogen, die der Handlung eine bestimmte Spannung geben, die vom Zuschauer nicht ohne weiteres rational vorausgesehen werden kann. Diese Spannungserregung entspricht nicht der des traditionellen Dramas der *geschlossenen Form* (im Sinne der Differenzierung von Volker Klotz[23]), wie sie etwa in den von GUSTAV FREYTAG skizzierten fünf Grundfunktionen der Akte verdeutlicht wird; sie ist also keine sich fortschreitend steigernde Spannung, die von der einleitenden Exposition bis zum Schluss mit dem Charakter des Helden verbunden ist. Eine solche durchgehende Spannung könnte hier am ehesten im Auftrag der Götter gesehen werden, wie es im *Vorspiel* allmählich artikuliert wird als **Mission**, **Beschluss** oder **Bedingungen**; nämlich wenigstens einen guten Menschen zu finden, der ein menschenwürdiges Leben führen kann und die Gebote der Götter hält (10), damit die Welt so bleiben kann, wie sie ist.

Mit ihrer Gastfreundschaft hat Shen Te eigentlich schon den Test der Götter bestanden und sich als guter Mensch erwiesen, nachdem Wang trotz seines Eifers für die Götter darin versagt hatte. Als die Götter sich von ihr in diesem Sinne verabschieden (16), erreicht Shen Te durch ihren Hinweis auf die Schwierigkeit des Gutseins angesichts der Teuerung, dass ihre Nachtgäste ihr schließlich die Herberge mit über 1000 Silberdollar überreich bezahlen. Die mit der Quartiersuche und der Suche nach einem guten Menschen entstandene Spannung, die bereits ihren Endpunkt erreicht zu haben schien, erfährt mit der Aufforderung an Shen Te, gut zu sein (16), und mit der Übergabe des Geldes eine Verlängerung, die schließlich die gesamte Handlung bis zum Schluss umfasst. Trotzdem kann das *Vorspiel* nicht mit einer Exposition im Sinne FREYTAGS gleichgesetzt werden. Dafür enthält es zu wenig Angaben über die Situation der ihm folgenden Handlung: Weder ist hier schon vom Tabakgeschäft noch von Gegenkräften die Rede, die es Shen Te erschweren, gut zu sein. Diese Angaben finden sich erst im 1. Bild, wo auch Shen Te ihre Absicht verkündet **jetzt viel Gutes tun zu können** (18).

Neben der erwähnten ethischen Grundspannung aus dem *Vorspiel* kennt das Parabelstück eine Reihe kleinerer und größerer Handlungsspannungen, aber auch einfache Konstraste und Gegensätze, die nach BRECHTS Gestaltungsabsicht den Zuschauer zu Kausalfragen veranlassen sollen. Ein solcher Gegensatz entwickelt sich sogleich im ersten Bild zwischen Shen Te und der vorherigen Ladenbesitzerin Frau Shin, als diese Reis und Geld verlangt und zugibt beim Verkauf falsche Angaben über das Viertel und die Kunden gemacht zu haben und nun sogar Shen Te als **Halsabschneiderin** beschimpft (19).

Eine Gegensatzspannung im Sinne zunehmender Gefährdung für Shen Tes wirtschaftliche Existenz entsteht auch, als der frühere Ladenbesitzer Ma Fu mit seiner Frau und seinem Neffen sich dreist bei Shen Te einquartiert und diese Familie – nach jeweiligen Andeutungen – schließlich auf acht Personen anwächst. Ironisch durchsichtig wird jenes eigensüchtige Verhalten dieser Gäste – wie auch der Shin –, wenn sie Dritten (z. B. dem Arbeitslosen und dem Tischler) gegenüber sich scheinbar mit Shen Te solidarisieren und, ihre Interessen wahrnehmend, andere abzuweisen suchen um die ihnen gewährten Wohltaten nicht einschränken zu müssen. Die gleiche Wirkung zeitigt anfangs die ihr von den Gästen aufgenötigte Berufung Shen Tes auf ihren vorgeblichen Vetter Shui Ta.

Das tatsächliche Erscheinen des Vetters am nächsten Morgen (32) schafft eine neue Spannungskette. Zunächst bleibt Shui Ta für Zuschauer wie Mitspieler unerkannt. Dass es sich bei ihm um die verkleidete Shen Te handelt, kann man allenfalls aus seinem Verhalten erschließen, das stets Shen Tes Ruin zu verhindern sucht. Es ergibt sich so eine Spannung aus den unbekannten Vorhaben des Vetters wie aus dem zeitweiligen Verschwinden Shen Tes. Gelegentlich verrät sie sich allerdings aus den Reden Shui Tas, z. B. im Gespräch mit der Hausbesitzerin Mi Tzü (39).

Das zweite Bild endet mit einer neuen Erwartung, die durch die Heiratsanzeige des Polizisten für Shen Te erfolgt. Sie bringt eine Wendung des Geschehenen insofern, als Shen Te auf dem Weg zum Treffen mit einem möglichen Ehemann den verzweifelnden, stellenlosen Flieger Yang Sun entdeckt und sich in ihn verliebt. Die folgenden Bilder sind nun mehr oder weniger stark durch diese Liebe bestimmt, die sich zwar im Gespräch zwischen Shui Ta und Sun von dessen Seite als einseitig und berechnend erweist, aber so eine eigene gegenläufige Spannung aus der Erwartung schafft, wer von beiden Partnern sich durchsetzt, der berechnende Sun oder die absolut liebende Shen Te bzw. ihr vorsichtig erkundender angeblicher Vetter Shui Ta.

Mehrere Einzelszenen sind in sich dramatisch gestaltet und schaffen zusätzliche Spannungen, so z. B. die Frage, ob Shen Te dem verletzten Wang gegenüber Shu Fu helfen kann, oder die Frage, ob Shen Te die spontan an Frau Yang für Sun weitergegebenen 200 Silberdollar, die Shen Te von den alten Teppichhändlern geliehen erhalten hatte, jemals wieder zurückerhält, oder schließlich bei der Hochzeitsfeier, ob Shui Ta wirklich kommt (was allerdings von Zuschauern bereits durch Shen Tes Umkleidung (65) bekannt ist). Selbst die Verhandlungen Shui Tas mit Shu Fu über Shen Tes Zukunft schaffen eine weitere Perspektive mit eigener Handlungsspannung, die durch das plötzliche Auftreten Suns (78), dem es gelingt, Shen Te wieder auf seine Seite zu ziehen (80), in eine andere Richtung zurückgedrängt wird.

Auch im 7. Bild (96 ff.), als Shen Te nach der gescheiterten Hochzeit zunächst dabei ist, mit Shin ihre letzte Habe zusammenzupacken, reiht der Autor in schneller Folge neue Geschehnisse mit neuen Spannungsmomenten an: 1. das unvermittelte Auftreten Shu Fus (96) mit dem Blankoscheck (den Shen Te zunächst nicht annehmen will); 2. die Entdeckung der eigenen Schwangerschaft (nach einer Andeutung der Shin) und die große Pantomime mit dem vorgestellten Kind (98 ff.); 3. die Ankunft Wangs, dem sie von ihrer Schwangerschaft berichtet und ihre letzte Habe für Arztkosten schenken will (101); 4. das Auftreten des Ehepaares Ma Fu, der Gäste der ersten Nacht, mit vermutlich gestohlenen Rohtabakballen, die Shen Te aufbewahren soll (102 f.); 5. Shen Tes Gesinnungwandel beim Anblick des aus der Mülltonne essenden Kindes, das Shen Te im Gedanken an möglichen Hunger des eigenen zukünftigen Kindes zum Gelöbnis veranlasst (104): **Sohn, zu dir will ich gut sein und Tiger und wildes Tier zu allen andern, wenn es sein muß. Und es muß sein.**; 6. die dritte (und letzte) Verwandlung Shen Tes in den Vetter Shui Ta (105 ff.) und die Einrichtung der Tabakfabrik mit den hinterlegten (und nun angeeigneten) Tabakballen, den wieder Obdachlosen als billigen Arbeitskräften und dem (doch übernommenen und mit 10 000 Silberdollar ausgefüllten) Blankoscheck Shu Fus als Startkapital; 7. die vergebliche Vorsprache des alten Teppichhändlerpaares, das die Rückzahlung der Shen Te geliehenen 200 Silberdollar erwartete.

Während alle bisherigen Szenen (bis auf die Zwischenspiele) in einer sukzessiven Reihe aufeinander folgten und so dramatische Spannungen begünstigten, wird diese Sukzession im 8. Bild durch episch-szenische Berichte der Frau Yang und szenische Rückblenden aufgehoben (vgl. 5.3) und wird erst im 9. Bild wieder dominant, wo der nunmehrige Geschäftsführer Sun von Schließungsdrohungen der Polizei gegen die Tabakfabrik Shui Tas sowie von **intimen** Verhandlungen über Gebäude mit der Mi Tzü berichtet (119 f.). Er erfährt dann von Wang, dass Shen Te schwanger ist und sucht nun Shui Ta zu erpressen oder anzuzeigen. Das Letztere führt dann zur Gerichtsverhandlung im 10. Bild, die mit der Spannung der Sitzungszuschauer auf die Richter beginnt und durch Mordgerüchte gesteigert wird, bis schließlich vor dem Publikum und den Richtern die Erkennungsszene als letztes dramatisches Spannungsmoment vorgeführt wird bis zum verzweifelten Hilferuf Shen Tes und den Konzessionen und dem Entschwinden der Götter.

BRECHTS Parabelstück vom *GUTEN MENSCHEN VON SEZUAN*, das zum Schluss hin einige Züge und Eigenheiten eines Kriminalstücks aufweist, ist so durch eine Reihe spannender dramatischer Elemente auch ein durchaus spannendes Drama, obwohl es nach BRECHTS Absicht ein Musterstück seines *epischen Theaters* sein sollte.

### 3.3 Beschreibung der Figuren

Das sittlich-soziale Experiment, das BRECHT in diesem Parabelstück vorführt, ist ein Experiment mit Menschen, die ihre Güte oder Bosheit beweisen sollen. Der Stückeschreiber BRECHT hat die Menschen, die um die Hauptfigur Shen Te gruppiert sind, recht unterschiedlich konzipiert und ihnen im Verlaufe der Handlung recht verschiedene Funktionen zugewiesen. Zum besseren Verständnis der zuvor skizzierten Handlung seien nachstehend die Figuren in ihrem Erscheinungsbild und Verhalten in der Handlung gekennzeichnet. Dabei sei aber darauf hingewiesen, dass es entsprechend der Intention des Parabelstücks nicht BRECHTS Absicht sein konnte, psychologisch komplexe Charaktere zu entwerfen, die als autonome Personen zu selbstständigem, sittlich verantwortetem Handeln fähig wären. Das hätte sowohl BRECHTS Konzept vom didaktisch wirksamen epischen Theater widersprochen, das nur Zeigefunktion für das konstruierte soziale Determinationsgefüge der dargestellten Welt besaß, als auch BRECHTS marxistischer Weltanschauung, die den Menschen als Produkt seiner ökonomischen und sozialen Verhältnisse begriff. Die dargestellten Menschen des Stückes konnten demnach nur Typen sein, die für bestimmte Verhaltensweisen in der ökonomisch strukturierten Spielwelt repräsentativ erschienen. Inwieweit dies BRECHT gelungen ist oder inwiefern er vielleicht doch komplexere Figuren geschaffen hat, muss die Einzeluntersuchung erweisen. Sie kann allerdings zunächst nur vorläufige Aussagen treffen, die in späteren Untersuchungen zu vertiefen wären.

Die drei Götter

Das Motiv der drei Götter ist – wie in 2.3 gezeigt – eines der ältesten Motive in der Entstehung dieses Parabelstücks. Es ist wahrscheinlich auch quellenmäßig eines der ältesten Motive, sofern das Gottmotiv aus den ältesten Teilen des Alten Testamentes (Gen 18) stammt. Über die Funktion der Götter hier im Drama wird später (Kap. 4.3.3) noch zu reden sein. Hier geht es zunächst um ihre Erscheinungsform. Die Gruppe wird gleich am Anfang durch den Wasserträger Wang eingeführt, der von ihrer Ankunft und deren Sinn von einem weit gereisten Viehhändler erfahren haben will und nun auf sie wartet, sie schließlich auch erkennt und begrüßt und sich dann eifrig um eine Unterkunft für sie bemüht, die sich zuletzt nur bei der Prostituierten Shen Te findet, dem einzigen **guten Menschen** in Sezuan und anderswo. Die drei Götter, die stets gemeinsam auftreten und abwechselnd sprechen, werden von Wang daran erkannt, dass sie **wohlgenährt** sind, **keine Zeichen irgendwelcher Beschäftigung** aufweisen und **Staub auf den Füßen** haben, also von weit her kommen. Sie tragen keine Namen und werden nur durch Ordnungszahlen differenziert; sie unterscheiden sich jedoch in der Art ihres Auftretens und in ihrer Einschätzung und Bewertung der Erlebnisse. Während der erste Gott am meisten spricht, mehr das Programmatische betont, an Prinzipien und an seiner Illusion von der Möglichkeit des Gutseins in der Welt festhält (z. B. im Schluss, 140), ist der zweite skeptischer, realistischer, setzt weniger hohe Ziele und ist um Shen Tes Schicksal besorgt (140), er ist aber auch rigoros in seinen Ansichten (16, 54). Der dritte Gott indes, der z. B. im Zwischenspiel zwischen dem 7. und 8. Bild allein mit Wang spricht, erweist sich als ein einsichtiger, hilfsbereiter (er denkt z. B. allein an ein Geldgeschenk für Shen Te (16)), vermittelnder (55). Seine Vermittlungsversuche bringen ihm sogar ein blaues Auge ein (94) (wohl aus einer Schlägerei). Er allein hält die Welt für **unbewohnbar** und damit die sittlichen Anforderungen an den Menschen für zu hoch (130). Im Gerichtsverfahren am Schluss hat er nur für Wang ein verschmitzt-verständnisvolles Lächeln übrig (133), spricht aber kein Wort mehr.

Wang

Der Wasserverkäufer Wang ist die erste Person, die in diesem Stück auftritt und das Publikum im Vorspiel anspricht, sich vorstellt und vom Besuch der Götter berichtet, auf die er nun wartet. Hierbei wie auch bei der folgenden Quartiersuche für die Götter offenbart er seine naive Gläubigkeit und servile Geschäftigkeit diesen Gästen gegenüber, die im

Kontrast steht zur Areligiosität der meisten Menschen seiner Umwelt. Wang ist zudem eine der ärmsten Figuren des Stücks, besonders dann, wenn es regnet und die Menschen kein Wasser benötigen; trotz seines Fleißes kommt er nicht ohne Betrug mit dem Messbecher aus (10). In den Zwischenspielen nach dem 1., 3., 6., 7. und 9. Bild sowie in der Handlung des 3. und 4. Bildes bestätigt sich dieser Eindruck aus dem Vorspiel. Durch ihn erfahren die Götter jeweils in seinen Traumgesprächen mit ihnen, wie es Shen Te mit ihrem Laden geht. Zugleich bestätigt sein jeweils angegebener Aufenthaltsort (**Unter einer Brücke, in einem Kanalrohr**) seine Armut. Durch sein Auftreten im 4. Bild (56), wo ihm der Barbier Shu Fu mit einer schweren Brennschere die Hand zerschlägt, und im 9. Bild (121 ff.), wo er durch sein ständiges Fragen nach Shen Te den Vetter beunruhigt und durch seinen Hinweis auf Shen Tes Schwangerschaft Sun zur Anzeige bei der Polizei veranlasst, greift er bewegend in die Handlung ein. Insofern hat Wang nicht nur eine periphere einführende Funktion.

Shen Te

Die einstige Prostituierte und spätere Ladenbesitzerin und Tabakfabrikantin Shen Te ist die alleinige Zentralfigur des Stücks. Um die Gestaltung dieser Figur, die zuvor aus sozialer Not ihren Körper als Ware anbieten und verkaufen muss und trotzdem gut bleiben will, hat sich BRECHT von den ersten Entwürfen bis zur Fertigstellung des Stückes bemüht.

Shen Te erscheint zuerst in der Fremdcharakterisierung durch den Wasserverkäufer Wang, der sich (12) an sie wendet, weil sie ihm als letzte Möglichkeit erscheint um den drei Göttern zu einem Nachtquartier zu verhelfen, denn **die kann nicht Nein sagen**, wie Wang ihre Haltung ambivalent charakterisiert. Der Satz kann entweder im Sinne eines Mangels an Willen und Charakterstärke negativ verstanden werden oder positiv im Sinne von Gutmütigkeit, Güte oder Barmherzigkeit, wie sich Shen Te dann tatsächlich erweist, sodass sie schließlich als **Engel der Vorstädte** bezeichnet wird (54, 96). Auch die Götter charakterisieren Shen Te als **gut** (30 f.). Diese Güte beweist sie in der Duldung der Einquartierung einer achtköpfigen Familie in ihrem Laden (19 ff.), in der täglichen Reisspende an die Hungernden (74), im Verschenken aus ihren Beständen (21), in der Opferung ihres Vermögens für ihren Geliebten Sun, in der Fürsorge für ihren einstigen Vertrauten Wang (60 f.) und in vielen **kleinen Wohltaten**, die jeweils doch **ins Geld laufen** (53). Sie ist nicht bereit Böses mit Bösem zu vergelten, sondern setzt ihm Gutes entgegen (19 f.) um Armen und Verarmten zu helfen. Sie übt

Nachsicht gegenüber allen Besitzansprüchen, erwartet aber auch von anderen Nachsicht, die an sie Forderungen stellen ohne sie gleich abzuweisen, wie z. B. den Schreiner (22 f.). In den Schwierigkeiten, die ihr daraus erwachsen, stellt sie das Wohl anderer über das eigene Glück, z. B. als die Alten die ihr geliehenen 200 Silberdollar, die sie Sun gegeben hat, zurückfordern, verlangt sie das Geld bei der missglückten Hochzeitsfeier von ihm zurück (88) und gefährdet so die Verbindung zu ihm, **opfert so ihr Liebesglück** (96) für die alten Leute. Allerdings will sie Suns Schlechtigkeit nicht erkennen, sondern vielmehr auch noch aus **der Not** (97) erklären und entschuldigen (98). Als sie den verletzten Wang trifft, will sie seine Arztkosten noch mit ihrer letzten Habe, ihrer Wäsche und dem Wäschewagen, bezahlen (101). Erst in ihrer Schwangerschaft, als sie sieht (103), wie der kleine Junge des Tischlers Essen in der Mülltonne sucht, wird sie zum Egoisten für ihr Kind, das sie notfalls wie ein wildes Tier vor anderen retten will (104), was sie aber nur in der Maske des Vetters Shui Ta vermag, der dann mit kapitalistischen Methoden auch anderen helfen will.

Shui Ta

Die Doppelrolle in einer Person ist ein altes Motiv der Komödie zur Irreführung der Mitspieler. In seinem antikapitalistischen Parabelstück will Brecht jedoch – nach manchen Interpretationen (vgl. 6.2) – zugleich mit der andersartigen Handlungsführung die notwendige Spaltung des Menschen im Kapitalismus in eine human-altruistisch gesinnte und eine ökonomisch-egoistisch handelnde Persönlichkeit verdeutlichen. Das Auftreten eines energischen Vetters als Gegensatz zur mitleiderfüllten, alles verschenkenden Shen Te wird bereits von ihren schmarotzenden Nutznießern spaßhaft angeregt um den Schreiner mit seiner Geldforderung einzuschüchtern (23). Die Ironie des Geschehens will es, dass der dann im 2. Bild tatsächlich auftretende Vetter Shui Ta gegen diese schmarotzende Einquartierung zuerst vorgeht und sie mithilfe des Polizisten wegen Diebstahls aus dem Laden weist. Shui Tas Auftreten und Redeweise ist bestimmt, aber höflich, mitunter sogar wenig direkt, vielmehr oft umschreibend (33). So erreicht er z. B. in der Verhandlung mit dem Schreiner, dass dieser sich schließlich mit 20 statt den geforderten 100 Silberdollarn zufrieden gibt. Shui Ta versteht es aber auch, mit der Hausbesitzerin Mi Tzü höflich bittend zu verhandeln, wenn auch zunächst ohne Erfolg. Der Vetter (also Shen Te) scheint auch mit dem Vorschlag des Polizisten einverstanden zu sein für Shen Te einen zahlungskräftigen, energischen Ehemann per Anzeige zu suchen.

So erweist sich Shui Ta bereits bei seinem ersten Auftreten als energisch, zielbewusst, korrekt, aber auch rational und eigennützig vorgehend, ohne dass man ihn – im Gegensatz zur *guten* Shen Te – bereits schon als *böse* bezeichnen kann.

Shui Tas zweiter Auftritt im Vorspiel vor dem 5. Bild erweist sich deshalb als sinnvoll, weil Shen Te auf Bitten von Frau Yang, Suns Mutter, dieser die ihr von den alten Teppichhändlern geliehenen 200 Silberdollar für Sun, Shen Tes neuen Geliebten, aushändigt und später sogar den Laden für Suns Fortkommen verkaufen will. Hier gibt sich Shui Ta zunächst als Sachwalter Shen Tes aus, der ihr Liebesglück fördern will (70): **Sie ist vollkommen berechtigt, der Freuden der Liebe teilhaftig zu werden. Ich bin bereit, hier alles zu Geld zu machen.** Bereits im Laufe des Gesprächs muss er allerdings erkennen, dass Sun nur an sich denkt und Shen Te ihm nur Mittel zum Zweck ist, weshalb der bisher rational beherrschte Shui Ta anschließend in Verzweiflung ausbricht (73) und zu Verhandlungen mit Shu Fu über Shen Tes Zukunft bereit ist.

Erst nach der Erkenntnis der eigenen Schwangerschaft und der Not der Kinder, die sie ihrem Sohn nicht zumuten will, wandelt sich Shen Te zum dritten und letzten Mal in Shui Ta, der nun energisch eine Tabakfabrik unter Aneignung fremden Kapitals (Shu Fus), fremden Diebesguts (Tabakballen) und unter Ausbeutung der obdachlosen Proletarier begründet (105 ff.), schließlich Sun einstellt (111) und ihn sogar zum Aufseher (114 f.) und später zum Prokuristen macht (120, 127), ihn damit aber auch zu seinem Widersacher heranzieht. Trotz der vorgespielten männlichen Rolle unterliegt Shui Ta allerdings auch den Auswirkungen der fortschreitenden Schwangerschaft (118 f.) und wird so von der Shin wie von Wang und Sun abhängig, obwohl er es den beiden Letzteren gegenüber noch zu bestreiten sucht (122: **Lüge!**). Auch Shu Fu ist nur noch Shen Te gegenüber zu Konzessionen bereit (126), sodass das Ende der Doppelrolle immer näher rückt und schließlich durch die Verhaftung (129) beschleunigt wird.

In der Gerichtsverhandlung wird Shui Ta (der zunächst beim Anblick der Richter [= Götter] in Ohnmacht fällt) von den wohlhabenden Zeugen (Polizist, Shu Fu, Mi Tzü) als gesetzes- und prinzipientreu, **angesehener Geschäftsmann** (134), **zweiter Vorsitzender der Handelskammer** (134), vorgesehener Friedensrichter und Sponsor des Invalidenheimes gelobt, von den Proletariern dagegen als Erpresser, Ausbeuter, Lügner, Betrüger und sogar als Mörder beschuldigt. Shui Tas Rettungsversuche für Shen Te werden ihm von den dadurch Geschädigten zur Last gelegt. Die Gerichtsverhandlung bietet so Rückblicke auf das gesamte Geschehen und zuletzt eine Zuspitzung der gesamten Problematik (vgl. 137 Shui Ta: **Gute Taten, das bedeutet Ruin!**, 138 Wang:

**Du warst ihr Todfeind!** Shui Ta: **Ich war ihr einziger Freund!**), besonders nach der Demaskierung Shui Tas und damit dem Ende seiner Rolle.

Der Überblick zeigt, dass Shui Ta keineswegs nur die notwendige rationale Seite Shen Tes verkörpert, sondern mitunter auch gleichzeitig wie sie fühlt (vgl. die Rechtfertigung von Shen Tes Liebe 70, 136, und die Verzweiflung Shui Tas, 73), sodass Shen Te doch letztlich die Hauptperson des Stücks bleibt.

Sun

Yang Sun, **ein stellenloser Flieger**, wie es im Personenverzeichnis heißt, Shen Tes Liebhaber und zeitweiliger Bräutigam, der spätere Gehilfe Shui Tas, ist die Figur, die Shen Tes Leben, soweit es im Stück dargestellt wird, am stärksten beeinflusst. Aus Mitleid hatte sie ihn vom Selbstmord zurückgehalten, als sie selbst auf dem Weg zu einem vereinbarten ersten Treffen mit einem ihr unbekannten, möglichen Ehepartner war. Dabei hat sie sich sogleich in den verhinderten Flieger verliebt und mit ihm die Nacht verbracht. Aus Liebe schenkt sie ihm die ihr von den beiden Alten für die Halbjahresmiete geliehenen 200 Silberdollar als Bestechungsgeld für eine Fliegerstelle in Peking und ist als Shui Ta sogar bereit dafür den Tabakvorrat und den Laden billig zu verschleudern um so Shen Te zu ihrem Glück zu verhelfen, obwohl der Vetter im Gespräch mit Sun von ihm erfährt, dass ihm Shen Te nur Mittel zum Zweck ist. Sun entpuppt sich im Gespräch mit Shui Ta und auch später als ausgemachter Schurke, der nur auf Shen Tes Geld aus ist und damit in Peking einen Familienvater um seine Stelle bringen will. Auch als er später aufgrund von Intrigen, Denunziationen und Schmeicheleien (114, vgl. Kap. 5.3) von Shui Ta zum Aufseher gemacht wird, beweist er die gleiche Rücksichtslosigkeit und Verstellung. Nur schwer kann sich Shen Te/Shui Ta von diesem rücksichtslosen Egoisten trennen, dem sie noch als Fabrikbesitzer Shui Ta etwas gewogen bleibt, obwohl sie sein böswilliges Gebaren und seine sexuellen Spiele bei der lüsternen Hausbesitzerin Mi Tzü erkennt (die sie ihm (120) untersagt. Sie überlässt Mi Tsü ihm dann aber doch, 127). Wie wenig ehrliche Loyalität Sun auch gegenüber seinem Dienstherrn Shui Ta aufbringt, zeigt schließlich seine egoistisch berechnende Anzeige bei der Polizei wegen des Verschwindens von Shen Te. Im Prozess verwahrt Sun sich allerdings (136) gegen die Beschuldigung, Shui Ta sei der Mörder Shen Tes, weil er sie selbst in der Kammer Shui Tas schluchzen gehört hatte.

Frau Yang

Frau Yang tritt nur zweimal in Erscheinung, einmal im 4. Bild, als sie im Auftrag ihres Sohnes von der Fliegerstelle in Peking berichtet und Shen Te ihr die kurz zuvor geliehenen 200 Silberdollar der alten Teppichhändler übergibt (63), und dann im 8. Bild, als sie von Suns Anstellung bei Shui Ta in Rückblenden berichtet (111 ff.). Bleibt sie beim ersten Auftreten recht farblos, so wird sie im 8. Bild umso stärker hervorgehoben als eine kleinbürgerlich denkende Frau, die überschwänglich die **Weisheit und Strenge des allgemein geachteten Herrn Shui Ta** preist (111). Er habe ihrem Sohn, der **ein Lump** sei (112), Arbeit gegeben und ihn so vor dem Gefängnis, das ihm wegen der Klage Shui Tas wegen Bruch des Heiratsversprechens und Unterschlagung der gegebenen 200 Silberdollar bevorstand, bewahrt und gebessert, sodass er gesellschaftlich weiter aufsteigen konnte (vgl. 5.3). Mit diesem servilen Lob des Arbeitgebers ist bei ihr eine bornierte Missachtung der *Ungebildeten* verbunden, von denen Sun und sie sich abgrenzen (115). Zuletzt distanziert sich Frau Yang auch von den **fantastischen Versprechungen** der so **sehr gepriesenen Kusine** Shui Tas (117).

Shu Fu

Der **dicke Barbier**, Herr Shu Fu, taucht erstmals in der zweiten Regiebemerkung des 4. Bildes auf, als er den Wasserverkäufer Wang aus seinem Laden weist und ihm mit der schweren Brennschere die Hand zerschlägt, weil Wang angeblich die Kunden mit seinem **verstunkenen Wasser** belästigt habe. Als Shen Te kommt und wieder Reis verteilt, tritt Shu Fu aus seinem Laden und preist gegenüber dem Publikum Shen Tes Schönheit und gesteht sein eigenes Verliebtsein. Im gleichen Atemzug jagt er Wang erneut als **Halunken** weg. Nach dem desillusionierenden Gespräch zwischen Shui Ta und Sun ist es die Shin, die dem Vetter den Barbier als den richtigen Mann für Shen Te empfiehlt und ihn sogleich herbeiruft. Shu Fu betont nun Shen Tes Herzensgüte, der man nicht Einhalt gebieten, sondern mehr Möglichkeiten für Wohltaten verschaffen müsse, wobei er sich selbst als Helfer dafür anpreist. Er hofft, wie er Shui Ta erklärt, mit solchen Ideen Gehör bei Shen Te zu finden. Während Wangs Auftreten mit dem Polizisten (75), der Shen Te als Zeugin gegen Shu Fu vernehmen will (was Shui Ta vereitelt), drückt sich Shu Fu beiseite um danach sogleich die spätere Verständigung mit Shen Te zu besprechen und sich anschließend vor dem Publikum als der selbstloseste Mensch anzupreisen (77: **Wie finden Sie mich [...] Kann man selbstloser sein?**). Die übertriebene Prahlerei, verbunden mit kitschigen Klischeevorstellungen (77: **Zwei Seelen werden sich finden** […]), steht in merkwürdigem Kontrast zur vorangegangenen brutalen Misshandlung Wangs, aber auch zur pedantischen Notierung des Blumenschmucks. Was Shu Fu großzügig als Wohnungen (Baracken) für die Armen und Obdachlosen ausgibt, sind in Wirklichkeit feuchte Lagerräume mit verfaulten Böden (104). Wenn er dann sogar den Ruf der einstigen Prostituierten als den des **keuschesten Mädchens der Stadt** verteidigen will (78), wird die Wirklichkeit vollends verkehrt und das Scheingebaren Shu Fus durch die Übertreibungen demaskiert. Das Getue des scheinbaren Biedermanns erweist sich als berechnender Geschäftssinn, wie sich später zeigen wird. Shu Fu wiederholt seine scheinbar selbstlosen Wohltätigkeitsbeteuerungen auch Shen Te gegenüber, als sie sich endgültig von Sun gelöst hat (96). Sie nimmt aber Shu Fus Angebote nicht an. Erst als Shui Ta füllt sie Shu Fus Blankoscheck aus um mit dem Geld eine Tabakfabrik zu gründen. Wir begegnen Shu Fu dann noch einmal im 9. Bild, als Shui Ta ihn um die Unterstützung bei der Erweiterung der Tabakfabrik durch neue Räume und 12 neue Läden angeht, Shu Fu aber nur noch mit Shen Te verhandeln will, und während der Gerichtssitzung im 10. Bild, wo er für Shui Tas guten Ruf (134) und gegen Sun (137) eintritt.

Frau Shin

Die frühere Besitzerin des Tabakladens scheint trotz der 1000 Silberdollar, die Shen Te für die übernommenen Tabakbestände an sie (oder ihre Gläubiger?) bezahlt hat (die nicht bezahlte Miete und die Gestelle waren dabei ausgenommen), die erste der Armen zu sein, die von ihr unterstützt werden (19). Trotzdem erweist sich die Witwe Shin keineswegs als dankbar, beschimpft und kritisiert vielmehr ihre Wohltäterin immer wieder, gibt auch zu sie getäuscht zu haben ohne sie jedoch in ihrem altruistischen Verhalten beeinflussen zu können. Als Shen Te nach der Liebensnacht mit Sun etwas verspätet zur Reisverteilung zu ihren Schützlingen zurückkehrt, ist es die Shin, die sich über Shen Tes **Unmoralität** mokiert (56, 60). Als Shu Fu Wangs Hand zerschlägt, rät Frau Shin zur Klage gegen den Barbier, weigert sich aber die Tat zu bezeugen, obwohl sie alles genau gesehen hat; sie warnt auch Shen Te vor einem Meineid zu Wangs Gunsten. Frau Shin ist es aber auch, die Shui Ta Ratschläge gibt, mitunter mit merkwürdigen Begründungen, so z. B., wenn sie ihm Shu Fu für Shen Te empfiehlt, der echte Neigung für sie empfinde, weil er sich schon nach Shen Tes Vermögensverhältnissen erkundigt habe (67). Nach dem Gespräch zwischen Sun und Shui Ta holt sie dann geschäftig sogleich den Barbier als möglichen neuen Verhandlungspartner Shui Tas herbei. Trotzdem nimmt sie später an Shen Tes missglückter Hochzeitsfeier teil, bemerkt schnell den **Skandal**, die **Blamage** (86, 89, 91). Nach der Abkehr Shen Tes von Sun wirft sie ihr vor, **höher hinaus als ihresgleichen zu wollen**, und begründet daraus das Scheitern. Sie legt Shen Te nahe (96 f.) Shu Fus Blankoscheck auszunützen; solche **Dummen** müssten betrogen werden, eine Nichtannahme sei ein **Verbrechen** (97). Frau Shin macht ihr Vorwürfe, als Shen Te Sun noch verteidigt (98), und später, als sie Wangs Arztkosten noch von ihrer letzten Habe bezahlen will (101). Die Shin erkennt auch als Erste Shen Tes Schwangerschaft und ahnt auch sogleich die sozialen Nachteile, die daraus erwachsen können. Später (104) verurteilt sie Shen Tes Ruin als **Folgen des Leichtsinns, der Sinnlichkeit und der Eigenliebe.** Andererseits bleibt die Shin an Shen Tes wie Shui Tas Seite ohne die Identität beider zu begreifen (108); für die Entbindung sagt sie Shui Ta ihre Hilfe zu (118), verweist aber auch auf die hohe Entlohnung (119), die sie erwartet. In der Gerichtsszene tritt sie dann wiederholt für Shui Ta ein (136, 137). Von allen anderen Frauen steht die Shin Shen Te und Shui Ta am nächsten; ihre Verbundenheit basiert allerdings auf einer Mischung aus Neid, Eigennutz, Missgunst, Kritiksucht und Überlegenheit und weniger auf Solidarität.

Frau Mi Tzü

Auch die Hausbesitzerin Mi Tzü begegnet uns im Stück nur wenige Male: im 1. Bild, als sie die Halbjahresmiete kassieren will und von Shen Te Referenzen verlangt, im 2. Bild, als sie mit Shui Ta verhandelt, im 5. Bild, als Shui Ta und Sun ihr den Laden verkaufen wollen (70 ff.), im 7. Bild, als Shui Ta nicht mehr verkaufen will, und dann noch im 9. und 10. Bild, als die Mi Tzü (mit Shu Fu) für Shui Ta andere Häuser zur Verfügung stellen will, dafür aber den Prokuristen Sun verlangt (126). Schließlich erscheint sie in der Gerichtssitzung des 10. Bildes, als Frau Mi Tzü für Shui Tas Ansehen Zeugnis ablegt, dies jedoch zornig revoziert, als Shui Ta ihre Vorliebe für Suns sexuelle Zärtlichkeiten bloßstellt (136). Die Mi Tzü erweist sich so als wohlhabende, gewinnsüchtige Frau von hintergründiger Sinnlichkeit.

Die übrigen Figuren

Von den übrigen Figuren bleibt die Großfamilie des einstigen Tabakhändlers Ma Fu am stärksten in Erinnerung, weil sie mit dreister Unverfrorenheit sich bereits am ersten Tag in Shen Tes Laden einquartiert und auf ihre Kosten ein Schmarotzerleben führt, bis Shui Ta die ganze Sippschaft mithilfe des Polizisten aus dem Laden verweist. Dabei stellt diese Familie es geschickt an, sich einzunisten, indem zuerst drei Personen (19): Ehepaar und Neffe, dann zwei: der Hinkende und die Schwangere (24), dann wieder zwei: der Greis und ein Junge (26) und schließlich noch die Tante (26) und **die andern** hereinkommen. Dabei erweist sich die Frau Ma Fus als Wortführerin, die stets in Shen Te einbeziehenden Wir-Sätzen spricht und auch die Belastungen wie selbstverständlich nennt (vgl. z. B. 26: **der Junge [...] Er frisst wie ein Scheunendrescher.**). Weiter fallen aus dieser Schar der vorlaute Neffe und der Junge auf, der schließlich als Kuchendieb erwischt wird und die Ausweisung aller aus dem Laden verursacht.

Alle weiteren Personen, auch der leidgeprüfte und später trunksüchtige Tischler Lin To, sind mehr oder weniger Statisten. Als positive Figuren wären sonst nur die alten Teppichhändler zu erwähnen, die Shen Te 200 Silberdollar für die Miete leihen, aber das Geld wegen Shen Tes Sorge um Sun nicht rechtzeitig zurückerhalten.

# 4 Die Handlungs- und Parabelstruktur

## 4.1 Die Grundidee des Stücks und die Auslegung der Fabel

Dem Stück liegt die Prämisse zugrunde, dass es dem Menschen möglich sein müsse, **gut zu sein und doch zu leben** (139). Die Vorstellung von einem konfliktfreien Zusammengehen von Gutsein und Leben entspricht der Idee von einer heilen Welt, von einem paradiesischen Zustand auf Erden. Der gesellschaftliche Zustand aber, wie ihn die dramatische Fabel des Stücks in zehn Bildern vorführt, legt die Schlussfolgerung nahe, dass man nicht gut sein kann, **wenn alles so teuer ist** (16), d. h. marxistisch gesprochen, dass man in den herrschenden kapitalistischen Wirtschaftsverhältnissen **selbstentfremdet** böse sein muss um überhaupt zu überleben. Der Grundkonflikt des *Guten Menschen von Sezuan* verdeutlicht die Unaufhebbarkeit antagonistischer Konflikte, in die der Mensch unter dem Kapitalismus hineingetrieben wird. **Die Schlechtigkeit war die Kehrseite der Güte, gute Taten waren nur zu ermöglichen durch schlechte Taten – ein erschütterndes Zeugnis für den unglücklichen Zustand dieser Welt.**[24] Diese Konzeption ist die Grundlage für die Doppelrolle der Hauptfigur.

Der aufgrund des ideologischen Ansatzes (atheistisch, materialistisch und dialektisch) im Stück künstlich und künstlerisch hergestellte Zustand der Welt lässt die Gegensätze gut und böse, arm und reich, schwarz und weiß, und, soziologisch formuliert, von Sozialismus und Kapitalismus sich unvermittelt gegenüberstehen. Diesem antagonistischen Weltbild entspricht die übertriebene Radikalität des ethischen Konflikts und die Simplifikation historischer, wirtschaftlicher, gesellschaftlicher und psychologischer Sachverhalte auf der Handlungsebene des Stücks. Die Gefahr des **Schematischen**[25], die Brecht selbst in der Konzeption des Stückes sah, hat in diesem Ansatz ihren Ursprung. Die Entwicklungslosigkeit der Figuren, die Begrenztheit ihres Handlungsspielraums, die trotz der **Götterhandlung** vorherrschende Eindimensionalität der dramatischen Fabel[26] ist die Folge: Mit Blick auf das **festgesetzte Wegziel**[27] wird in einer Reihe von exemplarischen Fällen demonstriert, dass es dem Menschen unter den vorherrschenden Verhältnissen nicht möglich ist, zugleich gut, wohlhabend und glücklich zu sein.

Der Zuschauer verfolgt ein Experiment mit feststehenden Größen, in dem die Realisierbarkeit der Güte in der Welt der Prüfung unterzogen wird. Da er sich von Anfang an im Klaren darüber ist, dass das Experiment mit der ehemals besitzlosen, durch ein Geldgeschenk jetzt aber besitzenden Shen Te, dem sogenannten *Guten Menschen,* scheitern muss, bleibt das Interesse des Zuschauers im Wesentlichen auf die Frage konzentriert, was und wie alles noch gezeigt wird um die Ausgangsthese zu beweisen. Das Interesse am Dramatischen wird, ganz im Sinne von BRECHTS *Schauspielkunst,* durch das Interesse am Dramaturgischen ersetzt.

Somit ist

> **die Auslegung der Fabel und ihre Vermittlung durch geeignete Verfremdungen [...] das Hauptgeschäft des Theaters. Die *Fabel* wird ausgelegt, hervorgebracht und ausgestellt vom Theater in seiner Gänze, von den Schauspielern, Bühnenbildnern, Maskenmachern, Kostümschneidern, Musikern und Choreographen. Sie alle vereinigen ihre Künste zu dem gemeinsamen Unternehmen [...], die Kinder des wissenschaftlichen Zeitalters zu unterhalten, und zwar in sinnlicher Weise und heiter.[28]**

Der Erwartung von Vergnügen beim Zuschauer und die Erfüllung dieser Erwartung durch die Dynamik der Künste kann die Bedeutung des Textes und der Idee des Gesamtstückes in gewisser Weise relativieren. Die konzentrations- und verständigungsfördernde Inszenierung des Einzelbildes gewinnt in dem Maße an Be-Deutung, in dem es durch die vielfältigen Mittel des epischen Theaters das Grundmodell der Fabel ohne zu langweilen wiederholen kann. Die den Leser leicht ermüdende, additive Vorführung der Proben aufs Exempel – die Verhältnisse sind nicht so und auch die Menschen nicht, dass sie sie ändern könnten – kann für den Zuschauer, je nach der Qualität der Dramaturgie, zum **fröhlichen Kennenlernen**[29] des Sachverhalts werden. Da für Brecht die Aktivität des Zuschauers ebenso wichtig ist wie die des Schauspielers und umgekehrt, sollte jede Interpretation vom Spiel wenigstens einer Sequenz des Stückes ausgehen; aus der Tätigkeit des Rollenspiels ergeben sich Ansätze zur **Auslegung** der Fabel. Dass das Stück, wie es BRECHT vorschwebte, **ohne das Ausprobieren durch eine Aufführung** selbst nach der Fertigstellung unfertig bleibt, hat er selbst betont.[30]

Neben dem dramaturgischen Interpretationsansatz muss ein weiterer Aspekt für die Interpretation herangezogen werden, der über die einfache Handlungsebene hinausreicht. Bereits 1957 hat A. Wirth in seinem Aufsatz *ÜBER DIE STEREOMETRISCHE STRUKTUR DER BRECHT'SCHEN STÜCKE* auf die verschiedenen Dimensionen der Stücke BRECHTS durch eine Analyse ihrer Formen aufmerksam gemacht. Er zeigt, wie sie die **flache Mitteilung**, die auf der dramatischen Ebene der Fabel geleistet wird, hinter sich lassen und damit die Reduktion der **erkenntnistheore-**

**tischen Aufgabe der Kunst auf die Illustration von Thesen marxistischer Klassiker**[31] – wie sie auch BRECHTS eigene, ideologisch bedingte Selbstinterpretation empfiehlt – zumindest fragwürdig bleibt. Trotz der Bedenken, die W. Hinck im Hinblick auf die Genauigkeit der Kategorien **dramatische, poetische** und **philosophische Ebene** bei A. Wirth äußert[32], erscheinen diese Kategorien für die Gewinnung eines strukturanalytischen Interpretationsansatzes für die Schule als fruchtbar. Auch C. H. Crumbach spricht bei seiner Analyse der Typik des epischen Theaters bei BRECHT von zwei Handlungen, der **paradigmatischen** und der **sinndeutenden**, die er auch **epigrammatisch** nennt[33], lässt aber die sich oft weitgehend aus den unmittelbaren Ereignissen der Handlung und den Kommentaren dazu herauslösende Reflexion unberücksichtigt, die A. Wirth mit dem Begriff **philosophische Ebene** auch zu erfassen sucht. Dabei gestattet die offene Dramaturgie BRECHTS geradezu, dass der Betrachter **im Verknüpfen von Fabel, Song und Kommentar über die Szene hinausgedrängt wird.**[34] Die Einbeziehung des Zuschauers in die dramatische Diskussion und damit die Anregung seines kritischen Denkens und produktiven Zweifels, von BRECHT ausdrücklich als Aufgabe des Theaters im wissenschaftlichen Zeitalter gefordert, bedeutet zudem eine weite Bezugsebene, die über das vorgeführte Grundmodell hinausführt. Geißler[35] sagt zu Recht:

> **Muß man schon nach Brechts *ABSICHT* die Wirkungsweise seiner Stücke auf die Zuschauer unbedingt in die Interpretation mit einbeziehen, so zwingt die Beachtung fremder, außerkünstlerischer und die Szene übersteigernder Hinweise den Interpreten zu einem ständigen Transzendieren der zu deutenden Szene. Ohne den dialektischen Bogen zwischen Szene und Zuschauer und außerszenischem Hintergrund zu spannen, wird man der offenen Bauweise der Brechtschen Stücke nicht gerecht.**

Jede werkimmanente Deutung bleibt deshalb kurzschlüssig.

### 4.2 Der Bezug zur »Goldenen Legende«

Der Hinweis auf die *GOLDENE LEGENDE (LEGENDA AUREA)* des JACOBUS DE VORAGINE (1230–1298) im Epilog ist für die Beschreibung der Handlungs- und Ideenstruktur des Stückes interessant. Ähnlich wie in der mittelalterlichen Legende erwarten die Götter eine Bewährung von Shen Tes Güte in den verschiedenen Lebenssituationen. Die bewährte Beständigkeit in Tugend und Leiden ist Gegenstand poetischer Verherrlichung in der christlichen Märtyrer- und Heiligenlegende. Die Aneinanderreihung guter Taten bis zur Erringung der **Krone des Lebens** im Tod bestimmt die Struktur dieser Erzählungen. Diese Bilderbogenstruktur bestimmt auch die Handlung von BRECHTS Stück, wie die Handlungsskizze (3.1) zu zeigen versucht. Nur verläuft im Gegensatz zu den Erzählungen der *Goldenen Legende* das Experiment mit dem Menschen negativ: **Die goldene Legende nahm [...] ein bitteres Ende** (144). Die Verherrlichung von Güte und Armut, wie etwa in den Legenden des Heiligen Franz oder der Heiligen Elisabeth wird von Brecht nicht als Ausweg, sondern als Holzweg entlarvt: Die Rolle der Wohltätigkeit, des Almosengebens, des Besitzverzichts lässt sich nicht durchhalten. Armut muss den Menschen schlecht machen. Statt die Verhältnisse zu verändern, stabilisiert ein Heiliger Poverello, der zugleich arm und gut sein kann, nur die bestehende ungerechte Ordnung. In diesem Sinne ist das Stück *Der gute Mensch von Sezuan* eine Antilegende, die Hauptgestalt eine Antiheilige.

In ihrem Aufbau und in ihrem gedanklichen Grundmuster erinnert die Fabel des Stücks zwar an die Heiligenlegenden und Märtyrerspiele, in der Gestalt des **Engels der Vorstädte** an das Leben und Leiden der Heiligen der Armen, wie es in der *Legenda aurea* gleichnishaft beschrieben wird. Da aber im Gegensatz zur *Goldenen Legende* Gott nicht mit im Spiel ist – die Götter des Stücks sind nichts als ohnmächtig **Betrachtende** (95) – die Selbstverleugnung um Gottes willen ist nicht Shen Tes Sache –, ist der **Engel** am Ende des Teufels: Shen Te ist Shui Ta, ein Repräsentant des bösen Prinzips der kapitalistischen Welt. Dennoch steht Brechts Idealisierung der Frau in der Figur Shen Tes in der Tradition der Verehrung heiliger Frauen in der *Goldenen Legende.* Das Märchenhafte der Shen Te-Figur steht im Zusammenhang mit dem Typus des Heiligen.[36]

## 4.3 Der Parabelcharakter

### *4.3.1 Der Parabelbegriff*

Brecht bezeichnet sein Stück im Untertitel und im Vorspann von 1953 ausdrücklich als Parabelstück. Die Parabel gehört zur Gattung der lehrhaften Literatur und kommt Brechts Begriff vom Theater als Lehrtheater entgegen. **Die Parabel**, meint Brecht, **stellt für den Dramatiker das Ei des Kolumbus dar, weil sie in der Abstraktion konkret ist, indem sie das Wesentliche augenfällig macht.**[37] Die Schwierigkeit der Vermittlung vom abstrakten Wirklichkeitsmodell marxistischer Prägung und konkreter Darstellung bleibt dabei der Diskussion überlassen.

Die Parabel ist ihrem Wesen nach auf die Kommunikation von Lehrer und Schüler, von Erzähler und Zuhörer angelegt. Eine Wahrheit soll mitgeteilt werden, und da es sich dabei meist um eine allgemeine Wahrheit handelt, soll diese in einem allgemein verständlichen, gleichnishaften Modell veranschaulicht, greifbar, sinnfällig gemacht werden: Abstrakte (metaphysische, philosophische) Aussage und konkretes Bild werden nebeneinander gestellt (Parabel von gr. Parabolé <paraballein = nebeneinander stellen) mit der Absicht der Belehrung: tua res agitur! Damit diese wirksam wird, muss das tertium comparationis stimmen; die Parabel als Vermittlungsform bedarf insbesondere der Aufmerksamkeit von Zuhörer und Zuschauer und einer grundlegenden Übereinkunft mit dem Autor auf der Basis gemeinsamer religiöser, politischer, gesellschaftlicher und sprachlicher Erfahrungen. Ivo Braak[38] definiert die Parabel kurz als **ein Gleichnis mit selbständiger Handlung, in der eine Wahrheit durch einen Vorgang aus einem anderen Vorstellungsbereich anschaulich gemacht wird.** Ihrer Herkunft aus dem jüdischen Kulturkreis nach geht es ihr ursprünglich um eine Form der Verkündigung Gottes, um ein Begreifbarmachen von Gottes unbegreiflichem Wirken, seines **Daseins für den Menschen.** Im Zuge ihrer besonderen literarischen Bedeutung für die Bewegung der Auflärung wurde die Parabel im 18. Jh. zunehmend säkularisiert zu einem Vehikel der Lehre vom allgemeinen Sittengesetz und vom Naturrecht des Menschen. Sie diente damit der Beförderung einer praktischen Humanität und Toleranz (LESSING). Im 19. und 20. Jh. wurde sie dann zum Suchbild nach dem Sinn menschlicher Existenz unter immer unwirtlicheren und unwirklicheren Himmeln (KIERKEGAARD, NIETZSCHE, KAFKA). Diese Form der Parabel bietet zwar ein mögliches Modell menschlichen Daseins, ist aber nicht mehr ein Lehrstück, das zeigen kann, wie Menschen leben sollen: **Die Worte der Weisen [sind] immer wieder nur Gleichnisse, aber unverwendbar im täglichen Leben.** (KAFKA, *VON DEN GLEICHNISSEN*). Wirkliche Welt und Gleichniswelt sind inkommensurabel geworden. Ein Analogieschluss, der praktische Einsicht und praktisches Handeln möglich macht, ist nicht mehr möglich.

BRECHT dagegen kehrt zum Modell der Parabel der Aufklärung zurück, allerdings mit dem Anspruch des dialektischen Materialisten, das marxistische Wirklichkeitsmodell und das Abbild des wirklichen Lebens, Abstraktion und Realität zu einem produktiven Widerspruch zu entwickeln um dem Zuschauer ein kritisches Lernen und Begreifen zu ermöglichen. G. Koller gibt die beste Beschreibung dieses intendierten parabolischen Realismus im *GUTEN MENSCHEN VON SEZUAN*:

**Parabolisch ist nun nicht die konkrete Handlung, sie hat durchaus Bedeutung als solche, sondern ihre erneute *Aufhebung* ins Allgemeine durch den Zuschauer. Diese Negation der Negation geschieht durch die von der Parabel organisierte Rezeption. Der Produktions- bzw. Rezeptionsprozeß läßt sich demnach in folgender Weise schematisieren: Brechts erkenntnistheoretischer Ausgangspunkt ist der dialektische Materialismus, der ihm ein hochgradig abstraktes Wirklichkeitsmodell liefert. Mit Hilfe dieses Modells gelingt es, ge-**

wisse Vorgänge der gesellschaftlichen Wirklichkeit zu erklären. In Analogie zum Modell baut Brecht solche Vorgänge als Konflikte zwischen Menschen nach. Er vermittelt sie parabolisch, was dem Zuschauer erlaubt, sie – wiederum durch Analogie – auf seine Wirklichkeit zu beziehen.[39]

Ob sich dabei der **mitspielende Zuschauer** in seiner sozialen Situation im Stück wiedererkennt, ist eine Frage, der G. Koller unter anderem durch eine Befragung der Zuschauer der Züricher Inszenierung nachgegangen ist.[40] Die vorsichtige, jede statistische Beweisführung vermeidende Auswertung lässt die Frage zumindest offen. Die Frage des aktuellen Bezuges ist dabei gerade bei der Festlegung des Parabelbegriffs auf das marxistische Wirklichkeitsmodell von besonderer Bedeutung. Der von BRECHT selbst immer wieder hervorgehobene eingeschränkte Geltungsbereich der Parabel und die frühkapitalistische Szenerie der Handlung machen das Stück für *sozialistische* wie für *kapitalistische* Zuschauer in gleicher Weise anachronistisch. Im Vorspann von 1953, der die Erstveröffentlichung des Stückes in den ***Versuchen*** im Aufbau-Verlag begleitete, wird der Fall Sezuan ausschließlich zum Lehrstück für Kapitalisten gemacht. Indem BRECHT ausdrücklich die Hauptstadt der Provinz Sezuan im sozialistischen China aus dem Geltungsbereich der Parabel herausnimmt (s. u. 4.4.2), impliziert er damit auch alle sozialistischen Systeme. Hans Mayer sagt zu Recht:

> **Womit sogleich folgende Erklärung gegeben war: Zweifellos gehörte auch die DDR mitsamt dem Theater am Schiffbauerdamm und seinen Besuchern nicht mehr zu Sezuan […]. Nun richtet sich jedoch der Epilog des Parabelstücks: Der Vorhang ist zu, alle Fragen bleiben offen, unzweifelhaft an Menschen, die weiterleben müssen im Zustand der Ausbeutung von Menschen durch den Menschen. Was hat die neue Zuschauerkunst in solchen Fällen zu lehren? Der Epilog war so zu verstehen, daß der Besucher zu lernen hatte: Solange Sezuan besteht, ist Gutsein nicht möglich, die Götter sind machtlos. Was aber lernt der neue Zuschauer in einer Gesellschaft, die nicht mehr Sezuan heißt?**[41]

Davon, dass gerade das Jahr der Erstveröffentlichung des Stücks (1953), das Jahr der Zwangskollektivierung und der Heraufsetzung der *Antreibernormen,* einen aktuellen Bezug für den Leser bringen konnte, wird unten zu sprechen sein. Aber auch die Frage: Was lernt der Zuschauer in einer Gesellschaft, die angeblich noch immer Sezuan heißt? muss gestellt werden. Claus Hardt, der die von BRECHT selbst noch in den letzten Proben betreute Münchener Aufführung von 1955 rezensiert, bemerkt dazu: **In einem Augenblick, wo der Kapitalismus längst zu klug geworden ist, um brutal zu sein, können wir die Brechtsche Geschichte nur noch als fernes Denkspiel und Gleichnis goutieren.**[42] Wer ist betroffen, wessen Sache wird verhandelt? Wenn nach BRECHTS eigener Auflösung der Parabel die Zerreißung der Shen Te [...] nur ein schrecklicher Akt der bürgerlichen Gesellschaft[43] ist und jede weitergehende Interpretation sich auf einem ganz idiotischen Niveau bewege, dann muss die Parabel praktisch folgenlos bleiben, da sie nur den Zuschauer ansprechen kann, der den marxistischen Denkansatz BRECHTS als auch für ihn verbindlich akzeptiert. GÜNTHER KUNERT[44] kritisiert deshalb die Simplifikation der BRECHT'SCHEN Parabel, weil sie nur **Gewusstes bestätigt, aber nicht das bis dato Ungesagte, Unsagbare, Unsägliche durch sprachliche Einkleidung erst sichtbar werden läßt, sondern vielmehr *komplexe* Tatbestände in Vereinfachungen übersetzte, wodurch sie scheinbar verständlich würden.**[45]

Man braucht aber nicht nur an einen existenzphilosophischen Ansatz zu denken; schon die aktuellen, gesellschaftspolitischen Implikationen des Textes, die aufgrund seiner poetischen Qualität möglich sind, hätten BRECHT ermutigen können einer weiterführenden Interpretation seiner Parabel zuzustimmen. BRECHT kann z. B. nicht so blind gewesen sein, um nicht die massivste Klassenbildung und Ausbeutung der modernen Geschichte in den sozialistischen Staaten bemerkt zu haben. Er, der, nach ALFRED KANTOROWICZ, im vertrauten Kreis den Arbeiter- und Bauernstaat DDR als **Staat der Bonzen** glossierte, schwieg dazu aus Furcht vor dem Verlust aller seiner Privilegien.[46] Wie weit aber gerade seine Parabel vom *GUTEN MENSCHEN VON SEZUAN* über das von ihm nur anvisierte Klassenkampfmodell hinausführt, zeigt ihre aktuelle Bedeutung für den Betrachter des Jahres 1953, dem Jahr der Erstveröffentlichung. Die Ausbeutermaßnahmen des DDR-Regimes in diesem Jahr, wie die gewaltsame Zwangskollektivierung der Bauern und die unsoziale Normenfestsetzung für die Arbeiterschaft, erweisen den Staat, in dem BRECHT damals lebte, als das neue Sezuan: Die Parabolik des 8. Bildes des Stücks ist direkt übersetzbar. Ebenso gewinnt Shen Tes Empörung im 4. Bild über die Ungerechtigkeit der Verhältnisse und ihre Aufforderung: **Wenn in einer Stadt Unrecht geschieht, muß ein Aufruhr sein** [...], vor dem Hintergrund der Ereignisse von 1953 größere Bedeutung als die einer bloßen Kapitalismusklage. KANTOROWICZ stellt deshalb sein Tagebuchkapitel über dieses Jahr und den 17. Juni unter dieses Motto[47]. Er gebraucht es immer wieder als Schlüsselwort für die Forderung einer Revision der bestehenden, real-sozialistischen Verhältnisse, zuletzt in einem Appell an BRECHT selbst, wenn er den Freund auffordert **sich selber beim Wort zu nehmen, daß Aufruhr sein muß, wenn in der eigenen** (vgl. die bezeichnende Abänderung des Textes durch KANTOROWICZ) **Stadt Unrecht geschieht**[48].

### *4.3.2 Der politische Rahmen*

Vorspann 1953 und Epilog um 1953

Zu den **außerkünstlerischen Hinweisen**, die, wie oben bemerkt, notwendig für Einordnung und Deutung des Stückes sind, gehört der Vorspann von 1953, oder soll man im Hinblick auf die politische Lage dieses Jahres und im Hinblick auf die von verschiedenen Interpreten festgestellten Parallelen zu GOETHES *FAUST* ironisch sagen die *Zueignung* von 1953?

Bei der ersten Veröffentlichung seines Stückes in Heft 12 der ***Versuche*** 1953 im Aufbau-Verlag schickte BRECHT dem Text folgenden Vorspann voraus:

> Der gute Mensch von Sezuan, ein Parabelstück, 1938 in Dänemark begonnen, 1940 in Schweden fertiggestellt, ist der 24. Versuch. – Die Provinz der Parabel, die für alle Orte stand, an denen Menschen von Menschen ausgebeutet werden, gehört heute nicht mehr zu diesen Orten.

Der Absicht einer veränderten politischen Situation Rechnung zu tragen und politische Missverständnisse um jeden Preis auszuschließen entspricht auch die dann doch zurückgehaltene Epilog-Variante aus der gleichen Zeit. Sie lautet:

> Zuschauer, wisse, die Hauptstadt von Sezuan
> In der man nicht zugleich gut sein und leben kann
> Besteht nicht mehr. Sie mußte untergehn.
> Doch gibt's nicht viele, die ihr ähnlich sehn.
> Tut einer Gutes dort, frißt ihn die nächste Maus.
> Die Untat aber zahlt sich dorten aus.
> Zuschauer, wohnst du selber in einer solchen Stadt,
> Bau sie schnell um, eh sie dich gefressen hat!
> Kein größeres Glück gibt es auf Erden nun
> Als gut sein dürfen und Gutes tun.

Für den mündigen Zuschauer, dem BRECHT ausdrücklich eine entscheidende Rolle in seinem Theater zuweist, sind diese Verlautbarungen einigermaßen irritierend. Sein Erwartungshorizont wird von vorneherein eingeschränkt, die Ebene festgelegt, auf der alle Zeichen des Dramas[49] decodiert werden sollen, die Botschaft durch ein Schlusswort eingeprägt. Was sollen ihm Reime im Stil des *HERRENBURGER BERICHTS*, wenn er sich selbst einen vernünftigen Reim auf den parabolischen Fall machen soll? Warum wird die Entfaltung eigener Denkmöglichkeiten durch das Stück gebremst und auf eine bestimmte Richtung gegen den Klassenfeind festgelegt? Was sind die Gründe dafür, dass BRECHT seine eigene Forderung der Notwendigkeit des produktiven Zweifels und Weiterdenkens seitens des Zuschauers durch solche deutlichen Enunziationen eines *richtigen* politischen Bewusstseins in das Zwielicht opportunistischen Kalküls geraten lässt? Die Haltung Brechts, die er in beiden Texten bekundet, kann dem Betrachter der 90er-Jahre nur verständlich werden, wenn er Brechts Position in der DDR zur Zeit der Erstveröffentlichung des *Guten Menschen von Sezuan* kennt.

Die Vorgeschichte von Brechts Theaterarbeit in der DDR ist bekannt. Im März 1951 war dann auf dem 5. Plenum des Zentralkomitees der SED Brechts *Die Mutter* – ein Stück, das im Anschluss an Gorkis Roman und in seinem Sinne, wie Brecht meinte, den Kampf der Kommunistischen Partei im zaristischen Russland behandelt – als **historisch und politisch schädlich**[50] kritisiert worden. Im selben Jahr wurde vom gleichen Gremium sein Stück *Die Tage der Kommune* als **objektivistisch und defätistisch**[51] verurteilt. Das gleiche Verdikt traf die Oper *Das Verhör des Lukullus.* Die Formeln der Verurteilung durch die Partei sind dabei genauso austauschbar wie die Formeln der nationalsozialistischen Kunstdiktatur. Sie sagen nichts anderes als **mit der gegenwärtigen Parteilinie nicht vereinbar und deshalb nicht genehm.** Dienstwillig schrieb Brecht das Libretto um. Diese *Mundgerechtmachung* seiner Stücke für die Partei und die damit verbundene schulmeisterliche Bevormundung seines Publikums im Sinne parteischulischer Verlautbarung ist kein Einzelfall. Der Vorspann von 1953 steht in dieser Tradition. J. Rühle kommentiert: **Er hat fast jedes seiner Stücke umgeschrieben und verfälscht** (a.a.O., S. 247)[52]. Die Bearbeitungen von Lenzens *Hofmeister* und Goethes *Urfaust* werden von der SED als **Verfälschung der nationalen und literarischen Tradition des deutschen Volkes** (zit. nach J. Rühle a.a.O., S. 245) eingestuft und von Brecht zurückgezogen. Brechts Theater war wie jedes Theater unter einem sozialistischen System zur gefesselten Institution geworden. Jede Interpretation muss diesen Sachverhalt berücksichtigen, wenn sie die Widersprüchlichkeit von Brechts Texten aus dieser Zeit in ihrer politischen Qualität verstehen will. Auf Brechts Einrichtung des Stücks *Der kaukasische Kreidekreis* für die Aufführung in Ostberlin bezogen urteilt J. Rühle (ebd.):

**Der Dichter Brecht hatte es schwer, sich gegen den Regisseur dieses Namens durchzusetzen – man könnte auch sagen: Der Brecht der Emigration, der das Stück geschrieben hat, gegen den sowjetzonalen Brecht, der es seiner Obrigkeit mundgerecht zu machen versuchte.**

So gerät auch die echte Frage[53], mit der der Brecht der Emigration sein Stück *Der gute Mensch von Sezuan* enden lässt, durch den propagandistischen Vorspann für den Zuschauer im Sozialismus ins unverbindliche Abseits, es sei denn, man möchte ihn zu weltrevolutionärer Aktivität ermahnen um die Situation vor der eigenen Tür zu vergessen. Der umfassende Ein- und Widerspruch gegen die unmenschlichen Verhältnisse überall auf der Welt, die existentielle Betroffenheit über den Zustand von Welt und Mensch, die der Schluss, weit über klassenkämpferische Propaganda hinausgehend, formuliert, setzt die Taktik der Anpassung, die BRECHT im Vorspann von 1953 und im Epilog-Projekt der gleichen Zeit praktiziert, ins Unrecht. Auch das starre Festhalten an der marxistischen These, dass allein der Besitz der Produktionsmittel über die Qualität der Gesellschaft entscheidet, ihre Vergesellschaftung automatisch zur besseren Gesellschaft führen muss, hat BRECHT blind gemacht gegenüber politischen Entwicklungen im sozialistischen Lager, wie der Vorspann von 1953 zeigt. Schon 1935 erkennt KLAUS MANN die Gefahr dieser Marx'schen Lehre als das **alleinseligmachende Dogma** für den Schriftsteller. **Es genügt nicht**, schreibt er, **die Sozialisierung der Produktionsmittel als nützliche oder notwendige Maßnahme zu wünschen oder zu propagieren; der Intellektuelle im kommunistischen Staat soll glauben, daß mit eben dieser nützlichen oder notwendigen Maßnahme das Problem des Menschen gelöst, die Tragik unseres irdischen Seins behoben sei.** (KLAUS MANN, *DER WENDEPUNKT*. München 1981, S. 378). Das Aussparen des Vorspanns in der Ausgabe des Suhrkamp-Verlages und damit die Wiederherstellung der ursprünglichen Textfassung ist im Sinne des Stücks von 1938/40 nur folgerichtig, enthebt den Interpreten aber nicht des Nachdenkens über die außerszenischen Hintergründe, die die ambivalente Haltung des Autors gegenüber seiner eigenen Dichtung bedingen.

Zu diesen Hintergründen gehört auch die Entstehungszeit, auf die BRECHT im Vorspann ausdrücklich hinweist. Er nennt die Jahre 1938 bis 1940 (zur Entstehungsgeschichte siehe Kap. 2.3 und Materialien, besonders die Übersicht S. 281 f.). Es sind die Jahre der erzwungenen Emigration in Dänemark und Schweden, seines Lebens **in den finstersten Zeiten.** Es sind aber auch Zeiten in relativer Sicherheit vor der direkten Verfolgung durch die Nazis und der Gängelung durch die kommunistische Partei. Es ist seine fruchtbarste Schaffensperiode. Unter welchen Voraussetzungen schreibt BRECHT hier seine Stücke? Flucht vor den Nazis, Bücherverbrennung, Ausbürgerung und Ohnmacht gegenüber dem sich stabilisierenden Hitler-Regime in Deutschland bestimmen das Bewusstsein des Emigranten. Seine politische Beurteilung der Vorgänge in Deutschland ist dabei geprägt durch seinen Hass gegen die bürgerliche Gesellschaft, als deren Exponenten er Hitler sieht, und durch seine marxistische Weltanschauung. Charakteristisch ist sein Lehrstück *DIE*

*Rundköpfe und die Spitzköpfe* (1934/35), in dem er den Nationalsozialismus als eine Verschwörung der Besitzenden gegen die Armen darstellt. Ausgehend vom marxistischen Klassenkampfmodell ist für ihn selbst Hitlers Rassismus nichts als ein bloßer Trick des Bürgertums im Klassenkampf gegen die Arbeiter. Hitler und der jüdische Grundbesitzer Suzmann arrangieren sich gegen das Proletariat. Brechts Befangenheit im Schema der marxistischen Klassenkampftheorie verbaut ihm schon im Ansatz den Blick auf die politische Wirklichkeit. Eine fatale Verengung des Blickwinkels ist die Folge, die auch die Entfaltung einer umfassenden menschlichen Thematik in allen dramatischen Werken, nicht zuletzt in *Der gute Mensch von Sezuan*, verhindern sollte. Dass Brechts Hass auf das Bürgertum nicht nur eine Reaktion auf das eigene Schicksal als linksintellektueller Schriftsteller, sondern auch eine Reaktion auf die sich verschärfende politische Lage in Deutschland am Vorabend des Krieges war, erscheint zwar verständlich. Dass die Aufnahme von *Die Rundköpfe und die Spitzköpfe* aber ohne jeden Zusatz in die *Gesammelten Werke* 1955 erfolgte, zeigt die grundsätzliche Bedeutung, die Brecht ihm zumaß, obwohl die darin vertretene These angesichts des Todes von sechs Millionen Juden mehr als zynisch erscheinen musste. Das Motiv des Klassenkampfes – und das ist wichtig für die Interpretation auch unseres thematischen Stücks – war ihm wichtiger als die im Svendborger Titelgedicht angekündigte Lernbereitschaft. Da dieses Gedicht Brechts Situation zur Zeit der Entstehung des Stücks *Der gute Mensch von Sezuan* prägnant umschreibt, soll es im Wortlaut zitiert werden (G. 631):

**Geflüchtet unter das dänische Strohdach, Freunde
Verfolg ich euren Kampf. Hier schick ich euch
Wie hin und wieder schon die Verse, aufgescheucht
Durch blutige Gesichte über Sund und Laubwerk.
Verwendet, was euch erreicht davon, mit Vorsicht!
Vergilbte Bücher, brüchige Berichte
Sind meine Unterlage. Sehen wir uns wieder
Will ich gern wieder in die Lehre gehn.**

Brechts Ablehnung der bürgerlichen Lebensform, ein Grundmotiv seiner weltanschaulichen Entwicklung schon vor und während des 1. Weltkriegs, wurde durch seine Sicht der Verhältnisse im Nachkriegs-Berlin der 20er-Jahre radikalisiert: **So führte ihn die Vulgarität und häßliche Gier der Nachkriegs-Schieber in den Inflationsjahren zur endgültigen Ablehnung dessen, was er für das kapitalistische System hielt.**[54] Das Stück *Die heilige Johanna der Schlachthöfe*, 1932 im Radio Berlin als Hörspielfassung gesendet, 1933 von den Stadtverordneten in Darmstadt für das Landestheater abgelehnt, fasst BRECHTS Weltanschauung zum Zeitpunkt seiner Emigration zusammen. Johanna Darks hasserfüllte Anklage des kapitalistischen Systems ist BRECHTS endgültige Absage an die Möglichkeit einer Reform der bürgerlichen Gesellschaft:

> Die aber unten sind, werden unten gehalten
> Damit die oben sind, oben bleiben
> Und der Oberen Niedrigkeit ist ohne Maß
> Und auch wenn sie besser wären so hülfe
> Es doch nichts, denn ohnegleichen ist
> Das System, das sie gemacht haben:
> Ausbeutung und Unordnung, tierisch und also
> Unverständlich …
> Darum wer unten sagt, daß es einen Gott gibt
> Und kann sein unsichtbar und hülfe ihnen doch
> Den soll man mit dem Kopf aufs Pflaster schlagen
> Bis er verreckt ist …
> Und auch, welche ihnen sagen, sie könnten sich erheben im Geiste
> Und stecken bleiben im Schlamm, die soll man auch mit den
> Köpfen auf das Pflaster schlagen. Sondern
> Es hilft nur Gewalt, wo Gewalt herrscht, und
> Es helfen nur Menschen, wo Menschen sind.[55]

Shen Tes »Lied von der Wehrlosigkeit der Götter und Guten« ist gegen das revolutionäre Pathos der Johanna Dark ein eher mildes, aber doch ein Echo des Rufes nach gewaltsamer Veränderung der Verhältnisse:

> Warum haben die Götter nicht Tanks und Kanonen
> Schlachtschiffe und Bombenflugzeuge und Minen
> Die Bösen zu fällen, die Guten zu schonen?
> Warum stehen sie den Guten nicht bei mit Tanks und Kanonen
> Und befehlen: Gebt Feuer! und dulden kein Dulden? (65 ff.)

Mit ihrem Bekenntnis zur Gewalt steht Shen Te durchaus in der Linie der Seeräuber Jenny und Johanna Dark. Der antibürgerliche Affekt mit seiner Gleichsetzung von Bürgertum und Verbrecherwelt in der *DREIGROSCHENOPER* und in *DIE HEILIGE JOHANNA DER SCHLACHTHÖFE* und die Anwendung eines marxistischen Klassenkampfmodells in den Lehrstücken der 20er- und 30er-Jahre bilden die ideologische Grundausstattung auch des Parabelstücks *DER GUTE MENSCH VON SEZUAN*.

### *4.3.3 Der theologische Rahmen*
(Vorspiel und 10. Bild)

Das traditionelle Motiv des Götterbesuchs und Gottesgerichts
Die Götter treten im Vorspiel und in der Gerichtsszene im 10. Bild in persona auf. In verschiedenen Zwischenspielen erscheinen sie Wang nur im Traum. Das Vorspiel zeigt sie auf der Wanderung durch China. Sie wollen prüfen, ob trotz der Klagen, die wegen der Unzulänglichkeit der Welt zum Himmel aufsteigen, die Weltordnung unverändert bleiben kann. Ihre reservatio mentalis: Es soll alles beim Alten bleiben.

Voraussetzung dafür ist nach ihrem eigenen Beschluss, dass **genügend gute Menschen gefunden werden, die ein menschenwürdiges Dasein leben können**, was konkret bedeutet, dass sie in der Lage sind, die **Gebote der Götter** zu halten. In der Hauptstadt von Sezuan verhelfen ihnen der **fromme**, aber betrügerische Wasserverkäufer Wang und die **gute**, aber von der nach der öffentlichen Moral verurteilten Prostitution lebende Shen Te zu einem Nachtquartier. Froh, wenigstens einen guten Menschen in Sezuan gefunden zu haben – alle anderen verweigerten ihnen eine Unterkunft –, verlassen die Götter mit leichtfertigen und oberflächlichen Lobsprüchen auf die Güte Shen Tes am nächsten Morgen wieder das Haus. Den Versuch Shen Tes zu einer Beichte ignorieren sie. Shen Te hatte wegen der Unterbringung der Gäste auf einen Freier verzichtet. Aber erst ihr Hinweis auf ihre Mietschulden und ihre angstvolle Frage: **Wie soll ich gut sein, wo alles so teuer ist?** (16) führt zu der zögerlichen Bezahlung des Nachtlagers durch die Götter, die dann weiterwandern um noch andere gute Menschen zu finden. Am Ende ihrer vergeblichen Suche, am Ende des Stücks, kehren sie zu Shen Te zurück. Über diejenige, die als Shui Ta verhaftet ist, müssen sie nun Gericht halten. Als Shen Te sich ihnen entdeckt und ihre Verfehlung der guten Rolle beichtet, entziehen sich die Götter ihrem Richteramt. Sie erklären alles für ein **Mißverständnis** und die Untaten für **einige unglückliche Vorkommnisse** (140). Sie heben selbst die unbedingte Geltung ihrer Gebote auf, indem sie Shen Te weiterhin die Doppelrolle genehmigen, wenn auch **nicht zu oft** (142). Sie überlassen Shen Te ihrem Schicksal, während sie auf einer rosa Wolke in ihr **Nichts** (142) entschwinden, aus dem sie, wie das Possessivpronomen (**unser Nichts**) anzeigt, offenbar auch gekommen sind. Ihr Preislied auf den guten Menschen von Sezuan steht in unauflösbarem Gegensatz zu Shen Tes Hilfeschrei und Verzweiflungsgebärde am Schluss des Bildes.

Zwei Vorstellungen gehen ein in das Motiv von den Göttern, die auf die Erde kommen: die Vorstellung vom Götterbesuch im jüdischen Alten Testament und im Mythos der griechisch-römischen Antike und die Vorstellung von Mensch und Welt vor Gottes Gericht. Dabei verbindet sich in der Geschichte vom Besuch Gottes bei Abraham in der Gestalt der drei Männer eine fast idyllische Szene im Hain von Manre (1 Mos 18,1–8) mit der Androhung des Gerichts gegen Sodom und Gomorrha, wenn nicht genügend Gerechte in den Städten gefunden werden (1 Mos 18, 20–33). BRECHT verweist mit den Worten des ersten Gottes vom **Geschrei, es gehe nicht weiter mit der Welt, so wie sie ist** (10), ausdrücklich auf den Zusammenhang mit der Erzählung des Alten Testaments, wo in der Lutherübersetzung, die BRECHT benutzte, vom **Geschrei zu Sodom und Gomorrha** die Rede ist. Auch das eher volkstümliche Bild vom Götterbesuch in Märchen (GRIMM: *DER ARME UND DER REICHE; DIE WEISSE UND DIE SCHWARZE BRAUT*), Mythos (OVID: *PHILEMON UND BAUCIS*) und Legende (JACOBUS DE VORAGINE: *LEGENDA AUREA*, vgl. die Anspielung darauf im Epilog u. Kap. 4.2) spielt ebenso eine Rolle wie der menschlich-allzumenschliche Aspekt asiatischer Gottesvorstellungen, wie sie BRECHTS Gedichte vom »Glücksgott« (G 889 ff.) oder vom »Gott und der Bajadere« (ebd. 611) im Anschluss an GOETHES Erzählgedicht bestimmten. Man hat die Götterberatung im Vorspiel und ihren Beschluss den guten Menschen zu erproben mit dem Ratschlag des Herrn im **Prolog im Himmel** in GOETHES *FAUST* verglichen und von daher von einem Anspruch des Stückes auf den Titel eines **Weltmysterienspiels** gesprochen (Pongs, a.a.O., S. 184). Als Beweis dafür dienen folgende Aspekte:

1. Die Formulierung, mit der die Götter ihren Glauben an die natürliche Güte des Menschen bekennen. Ihr Bekenntnis: **Wir glauben fest, daß unser guter Mensch sich zurechtfinden wird auf der dunklen Erde** (94) wird verglichen mit dem Vers: **Ein guter Mensch in seinem dunklen Drange ist sich des rechten Weges wohl bewußt.**
2. Eine besondere **Lichtsymbolsprache** (ebd.) wird in beiden Werken ausgemacht.
3. Es wird die gleiche hohe Sprachebene in den Schlussgesängen konstatiert und unbedenklich von einer positiven **Nachbildung** von GOETHES Versen durch BRECHT gesprochen. Ponts meint: **Hier ist der verkürzende Weisheitsstil des alten Goethe als den Göttern angemessen erwählt** (Pongs, a.a.O., S. 185).

Eine genaue Analyse der Figuren der Götter widerlegt die These vom modernen Mysterienspiel: Lässt schon GOETHES Darstellung der himmlischen Gestalten eine gewisse säkularisierende Verflachung im Gegensatz zu CALDERON erkennen, so ist in BRECHTS Stück der bewusst **menschlich-komische Akzent** (W. Hinck, a.a.O., S. 72) von Anfang an unverkennbar. Dieser erinnert eher an das überlegen künstlerische Spiel mit den Göttern in der antiken Götterburleske. Ihr äußeres Erscheinungsbild ist schon im Vorspiel unbedeutend: Sie sind **wohlgenährt, ohne Zeichen eigentlicher Beschäftigung** (8), treten meist **lächelnd** auf. Sie zeigen menschliche Reaktionen wie Ekel vor Spinnen (9) und kraftmeiern (13) und reagieren **aufgeregt** und **verlegen** (17), wenn erotische Implikationen im Spiel sind. Zuständig sind sie für nichts, schon gar nicht für die gerechte Einrichtung dieser Welt: Ihre Ausrede: **Für das Wirtschaftliche sind wir nicht zuständig** (16), **Wir sind nur Betrachtende** (94). Autorität besitzen sie nicht. Sie sind nach eigenen Worten einer Obrigkeit verantwortlich; für was, wird eigentlich nicht klar. Sie fungieren allenfalls als Aufsichtsbeamte in Sachen Moral, die über die Einhaltung gewisser Gebote wachen, was sie am Schluss eher lamentierend als fordernd, eher lax als konsequent tun (142). Wenn möglich, entziehen sie sich schon am Anfang **schnell** unangenehmen Fragen (17) und damit folgerichtig am Schluss der Verantwortung (142/43). Sie sind ungöttliche Gestalten, unerleuchtet im Gegensatz zur Vorstellung, die sich Wang und Shen Te von ihnen machen. Der ihnen von beiden gegebene Titel **Erleuchtete** steht im Widerspruch zu ihrer tatsächlichen Erscheinung und Handlungsweise. Der **theologische** Rahmen der Handlung dient eher einer gag-artigen Stilisierung, die die Erwartungen des Publikums auf die Ebene des Komischen schrauben soll, als einem mysterienhaften Spiel; er dient aber sicherlich nicht der Lächerlichmachung einer theologischen Interpretation der Weltordnung oder der Theodizeeproblematik, die BRECHT für sich und sein Publikum, als im wissenschaftlichen Zeitalter lebend, für überwunden ansah. Er ist Teil der leichten Muse, der komischen Unterhaltung des Publikums ohne jede didaktische Absicht, fast im Sinne von ARISTOTELES, der den Wirkzweck der Komödie beschränkt wissen wollte auf das Vergnügen am dargestellten Komischen[56]. Dem antiken komischen Figurenarsenal scheinen auch die Charaktere der drei Götter zu entstammen: Dem *alazon,* dem Aufschneider mit seinem Realitätsverlust, könnte der erste Gott in seine realitätsfernen dogmatischen Haltung entsprechen; dem *bomolochos,* dem Witzemacher mit seinem realistischen Rollenverhalten der zweite Gott (vgl. seine pointierten Kommentare zur religiösen Beschränktheit in den Ansichten von Wang und Shen Te (9); schließlich dem *eiron,* dem Bescheidenen, der dritte Gott in seiner mitmenschlichen Zurückhaltung und Fürsprache. Dass die unfähig-komischen Götter im *GUTEN MENSCHEN VON SEZUAN* auch in der Tradition der Märchenstücke des Wiener Volkstheaters stehen, hat M. Esslin hervorgehoben (M. Esslin, a.a.O., S. 147 f.).

Gerade im Zusammenhang mit der Interpretation der Götterhandlung ist Geißlers (s. Lit.verz.) Hinweis, die Wirkweise des Stückes auf den Zuschauer und damit auf die Inszenierung miteinzubeziehen zu beachten. Deshalb wird hier die Beschreibung des Auftritts der Götter in Strehlers Mailänder Inszenierung durch den Bericht S. Melchingers wiedergegeben:

> **Leise im Chorus singend, fahren die Götter auf einem schmalen, von Hand unsichtbar gezogenen, sehr niedrigen Bühnenwagen herein: er ist mit Rasen und Blumen belegt, ein Stück Paradies in der grauen Stadt [...]. Ein andermal fahren die Götter in dem schon erwähnten Schrein aus der Versenkung herauf: diesen schmücken viermal drei Kerzen, und hier, in ihrem Devotional, tragen die Himmlischen Gewänder von funkelnder Pracht und Masken mit Bärten wie Gestalten der Peking-Oper. Wieder ein andermal hocken sie müde von den Erfahrungen des Erdenwandelns auf ihren Koffern, eine skulpturartige Gruppe des Bild gewordenen Sinnes. Und zum Schluß klatschten die Zuschauer spontan, als die drei von einem aus dem Schnürboden niederfahrenden Wolkenwagen abgeholt wurden und, vorsichtig die Stangen schließend, zur Himmelfahrt einstiegen, wieder ihren leisen Chorus anstimmten und bei vollem Bühnenlicht entschwebten. (Mat. S. 181).**

Wie die Charaktere der Götter entbehren auch ihre Auftritte jeder religiösen Feierlichkeit, sie sind mehr operetten- als opernhaft. Bei diesem religiösen Theater auf dem Theater – im wahrsten Sinne des Wortes – kann von **Lichtsymbolik** und **Mysterienspiel** (s. o.) nicht die Rede sein. Die Erscheinung der Götter im Kanalrohr mit der Absicht durch Wang ihrer Unwissenheit abzuhelfen macht den Abstand zu CALDERONS *WELTTHEATER* und GOETHES *FAUST* deutlich. Komödianten können gerade bei diesen Götterfiguren ihre komischen Talente ausspielen, wie die von BRECHT approbierte Schweikart'sche Münchener Inszenierung von 1955 bewies. Der erste Gott wurde bigott-selbstgefällig, der zweite misstrauisch-verknurrt und der dritte dümmlich-gut gegeben (s. Mat. S. 152). Am Ende ihrer Erdenwanderung erscheinen sie, völlig derangiert, wieder im Kanalrohr: **Einem ist der Hut vom Kopf geschlagen, einer hat ein Bein in einer Fuchsfalle gelassen und alle drei gehen barfuß** (130). Das Richteramt über den Menschen müssen sie sich durch gefälschte Zertifikate und geborgte Verkleidung erschleichen (132). Diese Figuren stehen für jedes beliebige, komisch-unterhaltsame Arrangement zur Verfügung. Ihr Bild ist ein Bild jenseits aller Götterdämmerungen und Entmythologisierungen in Theologie und Dichtung. Der theologische Rahmen dient, um noch einmal an GOETHES *FAUST* zu erinnern, nicht einer Einbeziehung von **übersinnlichen** Dingen, denen **eine wohltätig beschränkende Form und Festigkeit gegeben** werden musste (Gespräch m. Eckermann, 6. 6. 1831). Er trägt auch nicht zu deren kritischer Diskussion bei, sondern der Vorstellung Brechts, dass die **Parabel Luxus bekommen** muss (Brecht, *Arbeitsjournal*. In: Mat. S. 13). Die Götter **besitzen, am Ende zu bloßen Theatergöttern gestempelt, nicht einmal die Kraft eines *Theatergottes*** (W. Hinck, a.a.O., S. 73), des sogenannten deus ex machina. Da sie zudem außer im Vorspiel und im 10. Bild nur in den Träumen Wangs erscheinen und sich ihre erleuchtete Macht nur als bloße Wunschprojektion von Wang und Shen Te erweist, **existieren die Götter auf der Bühne in einer Welt des potenzierten Scheins** (W. Hinck, ebd.). Nur die Klage des ersten Gottes im letzten Zwischenspiel über den Zustand der Welt gewinnt die Qualität theologischer Reflexion. Er trauert über die Unbewohnbarkeit der trostlosen Welt und stellt diese Gedanken in den Traditionszusammenhang des Begriffs vom **Tode Gottes.** Sprachlich und gedanklich übersteigt diese Betrachtungsweise die dramatische Ebene des Stückes:

**Was für eine Welt haben wir vorgefunden? Elend, Niedrigkeit und Abfall überall! Selbst die Landschaft ist von uns abgefallen. Die schönen Bäume sind enthauptet von Drähten, und jenseits der Gebirge sehen wir dicke Rauchwolken und hören einen Donner von Kanonen, und nirgends ein guter Mensch, der durchkommt (130) [...]. Wir müssen abdanken (ebd.).**

Diese apokalyptische Rede erinnert an die Visionen des Expressionismus von der Menschheitsdämmerung und ist zugleich auch Nachhall der Visionen Jeremias, Jean Pauls und Büchners und der eigenen theologischen Reflexionen, wie sie Brecht in seinen Gedichten »Gottes Abendlied« (G S. 75) und »Von der Freundlichkeit der Welt« (G S. 205) formuliert hat. Es wäre unangemessen, sie im Kontext der übrigen Götterreden bloß als Ausdruck nichtssagender Larmoyanz zu werten. Hier ist an die Mehrdimensionalität der philosophischen Ebene des Stückes zu erinnern, die, im Gegensatz auch zu der von Brecht gelegentlich betonten engen marxistischen Grenzziehung (s. o.), es ermöglicht, menschliche Grunderfahrungen zu thematisieren.

Wenn Hans Mayer in den Göttern **Repräsentanten des klassischen Idealismus** vermutet (H. M., Anm. zu Brecht S. 101), so steht das in gewisser Beziehung zu Brechts Gedicht »Die Verwandlung der Götter« (G S. 864), das in den 40er-Jahren entstand. Das Bild von den Göttern, die als **alte Blutsäufer und Gedankenknebler über die gebeugten Rücken der schuftenden Menge** gehen, findet sich auch in dem autoritären moralischen Anspruch, den die drei Götter mit ihrem **Ballen der Vorschriften** trotz der **schlechten Zeiten** (109) dem Menschen gegenüber erheben.

Um auf das die Handlung auslösende Motiv von Götterbesuch und Göttergericht zurückzukommen, muss auf den entscheidenden Unterschied zum alttestamentlichen Motiv hingewiesen werden: BRECHT verkehrt das Motiv von Gottes Entschluss zum Gericht im Alten Testament von Anfang an ins Gegenteil; die Götter wollen überhaupt nicht Gericht halten über die Welt, sondern im Grunde, nur einen Anhaltspunkt dafür finden, dass alles so bleiben kann, wie es ist. Die Unernsthaftigkeit ihres Wollens setzt sie auch in Gegensatz zu Goethes **Herrn** im **Prolog im Himmel**: Sie stellen Shen Tes Gutsein nicht ernsthaft auf die Probe, wie das in der Nachfolge Hiobs mit Faust geschieht. Ihr Gerichtstag wird bloß zum Bericht über einen vermeintlichen Kriminalfall. Was bleibt für die Rolle der Götter, ist eine Art Auslöser- und Beobachterfunktion: Sie lösen die Beispielhandlung durch ihr Geldgeschenk an Shen Te aus und unterhalten in ihrer komisch wirkenden, unsicheren und unwissenden Beobachterrolle den Zuschauer im Sinne der BRECHT'SCHEN Theorie, wonach es die Aufgabe der Schauspielkunst ist, die Kinder des wissenschaftlichen Zeitalters zu unterhalten, und zwar in sinnlicher Weise und heiter (s. *KL. ORGANON*, 75). Mit theologischer Problematik hat dies nur wenig zu tun.

## 4.4 Die ethischen Systeme (Gut – Böse – Nützlich – Erfolgreich)

(1. Bild, Zwischenbild zwischen 6. u. 7. Bild, Zwischenspiel zwischen 7. u. 8. Bild, 8. Bild, 10. Bild)

### *4.4.1 Die Sinnlosigkeit der Moral*

Ähnlich wie für *MUTTER COURAGE UND IHRE KINDER* das »Lied von Salomon, Julius Caesar und andere Geister« (GW 4, 1425 ff.) könnte man für *DER GUTE MENSCH VON SEZUAN* das »Lied vom Rauch« (22 ff.) als einen Schlüssel zur dramatischen Grundkonzeption, der Darstellung der Unvereinbarkeit von Gutsein und Überleben in einer schlechten Welt, bezeichnen. Beide Lieder thematisieren die Sinnlosigkeit der Moral bzw. der Tugenden für den Menschen, der unter den jeweils als alles beherschend dargestellten, menschenunwürdigen Gesellschaftsverhältnissen leben muss. Beide Lieder entstammen der Dichtung BRECHTS aus den zwanziger Jahren, die von einem pessimistischen Weltverständnis im Allgemeinen und einer radikalen Infragestellung der sogenannten bürgerlichen Ethik im Besonderen bestimmt wird. Charakteristisch dafür ist die Aussage, eine unter vielen in dieser Zeit, in dem »Sonett über das Böse« (G. 163): **Die gute Tat lag bläßlich im Vermächtnis sehr toter Leute [...] Die paar Erwählten haben sie erzielet so mühsam, daß sie vor der Zeit dran starben.** Gott ist tot und ebenso ganz im Sinne NIETZSCHES, von dem auch die Metapher vom Rauch, **der stets nach kälteren Himmeln sucht**, stammt[57], die Moral, die in ihrer Hinordnung auf das höchste Gut ihre Begründung fand. Die sittlichen Werte sind nicht mehr ideale Gebilde, an denen der Mensch nichts ändern kann. Die Tugenden haben keinen Anspruch auf objektive und allgemeine Gültigkeit. Ihre normative Begründung in der Nikomachischen Ethik des ARISTOTELES und in der christlichen Sittenlehre (Lehre von den Kardinaltugenden) ist hinfällig geworden, **ein Vermächtnis sehr toter Leute** (s. o.). Die Infragestellung aller traditionellen Moralkonventionen führt zu der Frage nach dem Wert der Tugenden im Einzelnen und nach der grundsätzlichen Frage: Warum überhaupt moralisch sein?

Die Frage thematisiert bereits der »Gesang aus der Opiumhöhle« (1920, G. 90 ff.), der Vorläufer des »Liedes vom Rauch«, auf dem Hintergrund eines Bildes von der Welt als Jammertal und Ort der Vanitas.[58] Indirekt werden die Tugenden Kühnheit und Fleiß benannt und abgewertet. Angesichts der Misere der Welt fragt der Mann: **Was denn sollen mir Kampf und Beschwerden?** (ebd.). Und der Greis fügt hinzu: **Wozu ewig Hirse säen in den steinigen Boden, der sich niemals bessert?** (G. 91). In der Neuformulierung für das Stück *DER GUTE MENSCH VON SEZUAN* erhalten die Strophen des Mannes und des Greises eine besondere tugendkritische Akzentuierung: Klugheit, Redlichkeit und Fleiß werden nach dem Modell des Salomon-Songs in der *MUTTER COURAGE*, der seinerseits auf die Vorlage in der *DREIGROSCHENOPER* (1927) zurückgeht, expressis verbis zur Disposition gestellt. Eine weitere Änderung betrifft die Strophe des Mädchens: An den Anfang des »Gesangs aus der Opiumhöhle« gestellt, bildet sie mit der Aufforderung zum Lebensgenuss (**Sollen wir den roten Mohn nicht pflücken, weil er abends hinwelkt in den Händen?**) gleichsam die Gegenstimme im Chor der Generationen. Das Baal'sche carpe diem mit seinem Ausdruck einer vitalen Freude am Leben und auch an anarchischer *Unmoral* angesichts der Misere der Welt wird als Gegenposition artikuliert im Sinne von NIETZSCHES Position **Dionysos gegen Christus!**. Die Gewissheit der Kärglichkeit und Vergänglichkeit des Lebens führt nicht zur Tugend der Bescheidung, sondern zu einer positiven Negation der Tugenden: Die erotische Metapher vom **roten Mohn** weist auf den dionysischen Lebenssinn jenseits von **Gut und Böse**. Demgegenüber steht im »Lied vom Rauch«, offenbar als Schlussfolgerung aus den Erfahrungen der beiden anderen Lebensalter gemeint, die Strophe des Mädchens (hier: der Nichte) am Schluss. An die Stelle der Evozierung eines dynamischen Ineinanders widersprechender Erfahrungs- und Handlungsweisen ist das Bekenntnis totaler Hoffnungs- und Sinnlosigkeit getreten. Der bürgerliche Topos von der Jugend, *der alle Tore im Leben offen stehen,* wird ad absurdum geführt. Die pointierte Negation **Freilich, hör ich, steht es offen nur ins Nichts** soll offenbar beim Betrachter im Sinne der List der Dialektik die Frage nach einem anderen Lebensmodell provozieren. H. Jendreiek ist zuzustimmen, dass dieser Nihilismus nicht **Brechts Antwort** auf diese unvollkommene Welt ist. Aber ob der Betrachter darin nur die **traditionell-bürgerliche Reaktion** auf den Zustand der Welt[59] sehen kann, ist fraglich. Innerhalb des Liedtextes ist die hier ausgesprochene Verzweiflung zunächst die konsequente Schlussfolgerung aus den Erfahrungen und Lehren der beiden übrigen Lebensalter im Zusammenhang mit einem Leben in materieller Armut. Dass die Armen, die in der 1. Szene auftreten, das Lied singen, stellt einen gewissen Zusammenhang mit der Thematik dieser Szene dar. Das Lied bildet das Schlusslied der vorgestellten Prozession der Armut. Im Zusammenhang mit der Fabel des Stückes korrespondiert die hier artikulierte Verzweiflung mit dem Verzweiflungsschrei der Shen Te am Ende des Stücks. Das Motiv vom Weg des Menschen ins Nichts (142) am Schluss des Liedes entspricht dem Heimgang der Götter ins »Nichts« (142) am Schluss des Stückes. Das »Lied vom Rauch« ist das Schicksalslied des *Guten Menschen*.

Was sich zunächst im Kontext der Szene und im Kontext des Stückes als Ausdruck der Ratlosigkeit des **armen** Menschen anhört, der sich vergeblich bemüht den rechten Weg aus der Not zu finden, wird bei näherem Hinsehen zu einem Schlüsseltext für die Bedeutung der ethischen Systeme innerhalb des Stückes und für die philosophisch-ethische Reflexionsweise Brechts. Das Lied wirkt eigentümlich abgehoben von der Handlungsebene. Auffällig ist schon die nur dürftig kaschierte Art der oberflächlichen Verknüpfung des Liedes mit der Handlung (vgl. die Motivierung des Songs als Unterhaltung für die Gastgeberin Shen Te und deren auf den Vortrag folgende Reaktionslosigkeit). Auffällig ist auch die bewusste Anknüpfung an das Jugendgedicht, dessen Aufbau (Gesang der drei Lebensalter), Motivik (Tugenddiskussion und Vergänglichkeitspathos) und Sprachformeln (Refrain mit Nietzsche-Metapher) es mit dem Ziel der Poetisierung der Stückfabel (vgl. Brecht, Mat. 18) übernimmt. Diese Grundtendenz, bei aller Umformulierung und Straffung im Einzelnen, und der späte Zeitpunkt der Einfügung in den Text (vgl. Mat. 18) legt den Gedanken an eine deutlich markierte Interpolation mit der Absicht besonderer Hervorhebung innerhalb des Ganzen nahe. Die schon im Jugendgedicht getroffene und hier übernommene apodiktische Formulierung der Botschaft im Refrain und die Verwendung einer Metaphernsprache im Gefolge von Nietzsche und der Barockdichtung zeigen einen Ernst, der nicht bloß als Parodie einer Reaktion des frustrierten Bürgertums (s. o.) auf eine schlechte Welt interpretiert werden kann. Auch wenn Brecht das Lied im Stück von

Lumpenproletariern singen lässt, behält es sein eigentümliches poetisches Niveau, das auch einer grundsätzlichen Auseinandersetzung über den Sinn und Unsinn der Moral bzw. der Tugenden in einer nachmetaphysischen Weltsicht der Gegenwart angemessen ist.

BRECHTS Überzeugung, dass die Demontage der traditionellen Tugenden notwendig ist, wie sie in den beiden Strophen des »Liedes vom Rauch« deutlich wird, geht von folgenden Voraussetzungen aus: Im Geiste NIETZSCHES und seiner Ablehnung der alten Metaphysik der Sitten wird die Tugend interpretiert als abhängig von den Bedürfnissen der Menschen. Da deren Grundbedürfnisse, d. h. im Verständnis BRECHTS deren materielle Bedürfnisse, nicht durch die herrschende Gesellschaft, d. h. die bürgerliche Gesellschaft des Kapitalismus, erfüllt werden, dekuvriert sich die herrschende bürgerliche Moral als Scheinmoral. Die Tugenden dienen nur der Verschleierung der Machenschaften der Mächtigen und Reichen; sie sind schädlich für die kleinen Leute, die **Armen**, wie sie im Stück genannt werden. Sie müssen deshalb auf ihre Nützlichkeit für die Armen überprüft werden.

Im Sinne ROUSSEAUS ist für BRECHT der Mensch von Natur aus gut und möchte von Natur aus gut sein. Soziale Tugenden wie Güte und Menschenfreundlichkeit sind ihm Bedürfnis. Shen Te würde, wie sie bezeichnenderweise in der Sprache traditioneller Ethik erklärt, **glücklich sein, die Gebote halten zu können der Kindesliebe und der Wahrhaftigkeit. Nicht begehren meines Nächsten Haus**, sagt sie, **wäre mir eine Freude, und einem Mann anhängen in Treue, wäre mir angenehm. Auch ich möchte aus keinem meinen Nutzen ziehen und den Hilflosen nicht berauben** (16). BRECHT weist in diesem Zusammenhang im *ARBEITSJOURNAL* ausdrücklich darauf hin, dass ihre **besonderen moralischen prästationen** [veraltet für: Leistungen, die Verf.] **auch einem besonderen vermögen** [besonderem talent, besonderer veranlagung] – er vermeidet das Wort Charakter! – **zugeschrieben werden** müssen (Mat. 14) und dass die Erkenntnis wichtig sei, **wie leicht es ist für sie, gut zu sein, und wie schwer es ist, böse zu sein.** (Mat. 18). Im Gedicht »Die Maske des Bösen« (1941) heißt es: **Wie anstrengend es ist, böse zu sein.** (G 850), und im Stück sagt Shen Te mit fast gleichen Worten: **Den Mitmenschen zu treten, ist es nicht anstrengend? Wie angenehm ist es doch, freundlich zu sein!** (101). Bedeutsam für das gute Handeln ist also eine natürliche Veranlagung des Menschen zur Güte und die Belohnung durch die Erfahrung des Angenehmen und Glücklichseins. Pflicht im Sinne der traditionellen Ethik spielt offenbar keine Rolle mehr.

Zur Unbewohnbarkeit und Kälte der Welt notiert BERTOLT BRECHT im *ARBEITSJOURNAL*, S. 48 (19. III. 1940):

Herr keuner befürchtet, daß die welt unbewohnbar werden könnte, wenn allzu große verbrechen oder allzu große tugenden erforderlich sind, damit der mensch seinen lebensunterhalt verdienen kann. So flieht herr keuner von einem land zum anderen, da überall zuviel von ihm verlangt wird, sei es nun opferwille oder tapferkeit oder klugheit oder freiheitswille oder gerechtigkeitsdurst, sei es grausamkeit, betrug usw., alle diese länder sind unbewohnbar.

Diese Keunernotiz liest sich wie ein Kurzkommentar zu dem entstehenden Stück und seiner Moralthematik.

### *4.4.2 Der Widerspruch von Tugendnorm und gesellschaftlicher Wirklichkeit*

Eine weitere Grundüberzeugung Brechts ist, dass der Mensch nicht das autonome Subjekt seiner moralischen Entscheidungen, sondern ein Ensemble gesellschaftlicher Beziehungen ist. Dies wird im Einzelnen im Stück gezeigt. **Die moralischen Prästationen mußten sozial motiviert sein.** (Mat. 14). Die Moral hat weder Anspruch auf objektive Geltung noch auf subjektive Verantwortlichkeit, sondern sie ist letztlich gesellschaftlich determiniert, die Güte durch eine gute Gesellschaft, die Bosheit durch eine schlechte Gesellschaft. An die Stelle des konstitutiven Regelsystems der alten, metaphysisch begründeten Moral tritt ein konstitutives Regelsystem der Gesellschaft. Der Befreiung vom Dogma der Metaphysik der Sitten folgt die Auflösung in die totale Gesellschaft. Es gilt nun die Gleichsetzung von *gut* und *gesellschaftlich nützlich.* Das Gedicht »Was nützt die Güte?« (1935), das im Umkreis von Brechts Beschäftigung mit dem Sezuan-Stoff entstanden ist, thematisiert diesen Zusammenhang:

Was nützt die Güte
Wenn die Gütigen sogleich erschlagen werden, oder es
werden erschlagen, zu denen sie gütig sind?
Anstatt nur gütig zu sein, bemüht euch
einen Zustand zu schaffen, der Güte ermöglicht, und
sie überflüssig macht! (BG 554)

Im gleichen Sinne werden Werte wie Freiheit und Vernunft in diesem Gedicht der Kritik unterzogen. Die Gleichheit der Themen in der Gedankenwelt des Lyrikers Brecht und des Stückeschreibers Brecht wird deutlich. Besonders das Thema von der Nützlichkeit der Tugenden beschäftigt Brecht seit den Zwanziger-Jahren. Der Vergleich der drei Kernstellen aus den Stücken *Die Dreigroschenoper*, *Mutter Courage und ihre Kinder* und *Der gute Mensch von Sezuan* macht dies deutlich. In der *Dreigroschenoper* artikuliert Brecht seinen Gedanken von der Nutz- und Erfolglosigkeit der Güte so:

Ein guter Mensch sein! Ja, wer wär's nicht gern?
Sein Gut den Armen geben, warum nicht?
Ein guter Mensch sein? Ja, wer wär's nicht gern?
Doch leider sind auf diesem Sterne eben
Die Mittel kläglich und die Menschen roh.
Wer möchte nicht in Fried und Eintracht leben?
Doch die Verhältnisse, sie sind nicht so! (GW 2, 430 f.)

Der Koch in *Mutter Courage* konstatiert im Anschluss an das »Salomolied« die Unsinnigkeit der Tugenden, sie zahlen sich nicht aus:

Alle Tugenden sind nämlich gefährlich auf dieser Welt. Ja, da heißt es selbstlos sein und teilen, was man hat, aber wenn man nix hat? Denn die Wohltäter haben's vielleicht auch nicht leicht [...] Ja die Selbstlosigkeit ist eine seltene Tugend, weil sie sich nicht rentiert. Die Tugenden zahlen sich nicht aus, nur die Schlechtigkeiten, so ist die Welt und müßt so nicht sein. (GW 4, 1425 ff.)

Und Shen Te fasst die Erfahrung des Widerspruchs von Tugendnorm und gesellschaftlicher Wirklichkeit in die Worte:

Die Guten
können in unserem Lande nicht lang gut bleiben.
Wo die Teller leer sind, raufen sich die Esser.
Ach, die Gebote der Götter
Helfen nicht gegen den Mangel. (GW 4, 1425 ff.)

An die Götter richtet sie die Gedanken des »Liedes vom Rauch« aufnehmend die Klage:

Euer einstiger Befehl
Gut zu sein und doch zu leben
Zerriß mich wie ein Blitz in zwei Hälften. Ich
Weiß nicht, wie es kam: gut zu sein zu andern
Und zu mir konnte ich nicht zugleich ...
Ach, eure Welt ist schwierig! Zu viel Not, zu viel Verzweiflung!
... Wer den Verlorenen hilft
Ist selbst verloren! ...
Die Last der guten Vorsätze
Drückte mich in die Erde. Doch wenn ich Unrecht tat
Ging ich mächtig herum und aß vom guten Fleisch! (139)

Das Motiv von der Wertlosigkeit der Tugend in einer Welt materieller Not und des Erfolges der Schlechtigkeit, die durch die sozialen Verhältnisse hervorgerufen wird, ein durchgängiges Motiv in der Dichtung Brechts wird im *Guten Menschen* zum zentralen Motiv. Dabei wird im »Lied vom Rauch« auch auf die Erfolglosigkeit des **krummen Pfades** (27), zumindest für den **armen Mann**, hingewiesen, und damit leitmotivisch auf das letztliche Scheitern des Versuchs des guten Menschen Shen Te, als böser Vetter Shui Ta erfolgreich zu leben. Der **krumme**

**Pfad,** sagt der Mann im Lied, **führt unsereinen nur nach unten** (ebd.). Auch dieser Ausweg erweist sich als Holzweg. Zerrissenheit und Verzweiflung stehen am Ende.

Brechts Überzeugung vom sozialen Grund für die Schlechtigkeit der Menschen spiegelt sich besonders in der Frage Shen Tes an das Publikum:

> **Sie sind schlecht.**
> **Sie sind niemandes Freund.**
> **Sie gönnen keinem einen Topf Reis.**
> **Sie brauchen alles selber.**
> **Wer könnte sie schelten?** (21)

Yun-Yeop Song hat in seiner Dissertation[60] aufgezeigt, dass Brechts Erkenntnis des Wechselverhältnisses von materiellen Bedürfnissen und moralischem Anspruch und sein Nützlichkeitsstandpunkt im Hinblick auf Moral bzw. Tugend nicht nur mit Brechts Studium des Marxismus, sondern auch mit seinem Studium der chinesischen Philosophie zusammenhängt, mit der er sich seit 1927 beschäftigt hat. Yun-Yeop Song weist darauf hin, dass z. B. die Formel in der *Dreigroschenoper:* **Erst kommt das Fressen, dann kommt die Moral** (GW 2, 457 f.) weniger Ausdruck von Brechts Marxismus ist, dessen Beziehung dazu im thematischen Zusammenhang von der Forschung mehr schematisch als belegbar hergestellt werde, als vielmehr auf den chinesischen Philosophen Mot-zu zurückzuführen ist, der die grundsätzliche Unvereinbarkeit von Gutsein und Leben unter schlechten sozialökonomischen Verhältnissen im Gegensatz zur autonomen Ethik des Konfuzius schon vor 2400 Jahren lehrte. Die Chinoiserie des Stücks (vgl. dazu Brechts Einschätzung, Mat. 13) erweist sich gerade in moral-philosophischer Hinsicht nicht als bloßer dramaturgischer Verfremdungseffekt, sondern als konstitutiv für seine Botschaft.

Auch das Gleichnis vom **Leiden der Brauchbarkeit** im Zwischenspiel zwischen der 6. und 7. Szene des Stücks (93), in dem Wang die Bestätigung dafür findet, dass Shen Tes Tugend der Nächstenliebe in einer Gesellschaft der Ausbeutung und des Eigennutzes verhängnisvoll ist, erweist sich als fast wörtliche Übernahme aus den Gleichnissen des chinesischen Philosophen Chuang-tzu.[61] Im Gleichnis werden die guten, d. h. für den Gebrauch wertvollen Bäume abgehauen. Ihre Brauchbarkeit führt zur Vernichtung. Die **vornehmen und reichen Familien** sind beim Raubbau führend. Wie die guten Bäume zu gut sind um zu überleben, so ist Shen Te **zu gut für diese Welt.** Das tertium comparationis liegt in ihrer moralischen Brauchbarkeit. Mutter Courage löst dasselbe Gleichnis, auf das sich Brecht auch in diesem Stück ein

Jahr vor der Abfassung des *Guten Menschen* bezieht, so auf: **die krummen (Bäume) dürfen sich ihres Lebens freun** (GW 4, 1408); und Wang deutet es im Sinne des Eudämonismus, den Chuang-tzu lehrt[62], mit der Formel: **Der Schlechteste ist der Glücklichste** (93). Als Voraussetzung gilt dabei: die schlechte Welt. In immer neuen Wendungen umschreibt Brecht im Stück ihren Zustand: In ihr reicht **keine Klugheit [...] je, zu füllen eines armen Mannes Magen** (»Lied vom Rauch«, 27), sie ist voll **Not** (139), **Verzweiflung** (ebd.), **Bosheit** (ebd.) und immer wieder **Elend** (113, 140). Das Los des Kindes, das aus dem Mülleimer sein Essen fischt(103), ist symbolisch für die Verkommenheit dieser Welt. Die Baracken des Herrn Shu Fu und die Tabakfabrik des Shui Ta sollen diese Welt als den Ort kapitalistischer Ausbeutung und der Verelendung der Massen identifizieren.

### *4.4.3 Sezuan – ein Modellfall für die Klassenmoral*

Wie der Dreißigjährige Krieg als Glaubenskrieg für Brecht **Modellfall eines Krieges und seiner Technik der Idealisierung räuberischer und mörderischer Praktiken**[63] ist und aktuell mit dem Imperialismus des Nationalsozialismus im Sinne Lenins **als höchstem Stadium des Kapitalismus** zu tun hat, so ist Sezuan Modellfall für den Kapitalismus und seiner Technik moralischer Verschleierung von Raub und Ausbeutung, der für alle modernen, nichtsozialistischen Gesellschaften gelten soll. Die Tugenden werden als Kompensation der Schwächen des bürgerlichen Systems und in ihrer Gefährlichkeit für den **armen Mann** entlarvt. Sie sind unsinnig, weil sie nur das schlechte System stabilisieren – der gute Mensch von Sezuan erweist sich letztlich als der schlechte. Sie sind unmenschlich, weil sie dem **armen Mann** nichts nützen – der gute Mensch schadet sich selbst (**Gute Taten, das bedeutet Ruin!**, 134). Sie sind überflüssig – was der gute Mensch nur ahnt (**Eure Welt ist schwierig, etwas muß falsch sein an eurer Welt** (139)), aber nicht weiß; wie Mutter Courage, die konstatiert: Die Tugenden, **ein ordentliches Land**, braucht sie nicht (GW 4, 1366). Eine gerechte Welt, für die nach Brechts Überzeugung der Sozialismus steht, macht Tugenden wie Güte überflüssig (G 553). Sie sind allenfalls noch notwendig in gesellschaftspolitischer Hinsicht, d. h. für die Umwälzung der kapitalistischen Gesellschaft und beim Aufbau des Sozialismus (GW 12, 519 u. GW 14, 1498 f.). Innerhalb der herrschenden schlechten, d. h. kapitalistischen Verhältnisse ist ihre Anwendung nutzlos und menschenmörderisch. Dem Exempel der Kinder der Mutter Courage, die an ihren Tugenden – den **schrecklichen Eigenschaften** (GW 4, 1357), wie die Courage sie nennt – zugrunde gehen, entspricht das Exempel der Shen

Te, die **zu gut für diese Welt** ist (94, vgl. auch 21) und an der Tugend der Güte scheitert. In einer Gesellschaft, in der nach marxistischer Interpretation nur Konkurrenzdenken, Egoismus, Betrug und Übervorteilung bestimmend sind, in dem nur der Erfolg ausschlaggebend ist, muss der Gute erfolglos bleiben und um zu überleben selbst zum schlechten Menschen werden. Die Erfolglosigkeit des guten Handelns entlarvt Gutsein und Güte als sinnlos. Der dritte Gott resümiert ganz im Sinne des »Liedes vom Rauch« die Demonstration der Nutzlosigkeit der Moral bzw. der Tugend in einer schlechten Welt: **Die Leute haben genug zu tun, nur das nackte Leben zu retten. Gute Vorsätze bringen sie an den Rand des Abgrunds, gute Taten stürzen sie hinab** (130). Die **Verurteilung antiker Ideale**, wie Brecht seine Verurteilung der traditionellen Ethik im Gedicht benennt, das auch aus dem Umkreis der Beschäftigung mit dem Sezuanstoff stammt, endet in einem Verdikt der durch Tugenden am Leben Betrogenen. Es ist auch das Verdikt über Shen Te, den **Engel der Vorstädte:**

> **Du, der du da um dein Leben betrogen bist**
> **Und der du nicht kämpfst, bilde dir nichts ein:**
> **Das Todesurteil, das an dir schon vollzogen ist**
> **Soll auch von uns unterschrieben sein.** (G. 874)

Das ursprünglich positive Attribut **gut** in der Charakterisierung der Shen Te als **der gute Mensch von Sezuan** wird in der hier deutlichen Sichtweise Brechts, die auch der Betrachter lernen soll, ironisch in sein Gegenteil verkehrt: Wie die Courage bleibt sie am Schluss allein, nicht begreifend, nichts lernend, schlecht in sozial-emanzipatorischer Hinsicht. Ihre Doppelexistenz als guter Mensch und böser Vetter, als **Engel der Vorstädte** (140) und als **Geißel,** bleibt bestehen. Die Vertierungs-Metapher bezeichnet dabei den Verlust ihrer humanen Integrität: Angesichts des Elends verfällt sie **in wölfischen Zorn** (139), die **Lippe** wird zur **Lefze** (140). Um ihr materielles und moralisches Leben betrogen bleibt ihr nur Verzweiflung. Der **einzige Ausweg** (144) wird dem Publikum überlassen, bei dem Brecht voraussetzt, dass es sich um **Gesellschaftsumwälzer handelt, die wir in unsere Theater laden und die wir bitten, ihre fröhlichen Interessen bei uns nicht zu vergessen, auf daß wir die Welt ihren Gehirnen und Herzen ausliefern, sie zu verändern nach ihrem Gutdünken** (*Kleines Organon,* 22). Dabei ist festzuhalten, dass dieses Gutdünken durch die geforderte marxistische Optik bestimmt ist, das bedeutet in Brechts Umschreibung **durch die Methode der neuen Gesellschaftswissenschaft, die materialistische Dialektik** (ebd. 45).

Nach dem von dieser *Wissenschaft* entwickelten Gesellschaftsmodell mit seinem Konstrukt von Klassengegensätzen und Klassenwertigkeiten zerfällt die Gesellschaft von Sezuan in zwei Klassen: Arme und Wohlhabende, Besitzlose und Besitzende, Ausgebeutete und Ausbeuter. Dabei wird die Klasse der Proletarier in dem vom Stück vermittelten Bild einer eher frühkapitalistischen als hochindustrialisierten Gesellschaft durchgängig durch ein *Lumpenproletariat* repräsentiert, das sich im Sinne der marxistischen Theorie aus deklassierten und demoralisierten Personen zusammensetzt wie Arbeitslosen, Gelegenheitsarbeitern, heruntergekommenen Handwerkern und ehemaligen Ladenbesitzer, Prostituierten und Verbrechern. Die Erwähnung der klassenbewussten Arbeiter, ihrer Solidarität und Kritik gegenüber dem System der Ausbeutung, wie sie im »Lied vom Achten Elefanten« angedeutet wird, geschieht eher beiläufig (114, 116). Wie in seinen großen Dramen üblich vermeidet Brecht die Darstellung eines durchweg positiven Protagonisten. Dagegen wird entsprechend der marxistischen Einschätzung der Lumpenproletarier, die zum Kampf für die Emanzipation des Proletariats unfähig sind, ihre mangelnde Bereitschaft und Unfähigkeit die Welt zu ändern immer wieder betont. Charakteristisch dafür ist Shen Tes Diagnose:

**Sie antworteten nicht mehr. Wo man sie hinstellt**
**Bleiben sie stehen, und wenn man sie wegweist**
**Machen sie schnell Platz!**
**Nichts bewegt sie mehr. Nur**
**Der Geruch des Essens macht sie aufschauen.** (62)

Die sie beherrschende Fressgier und die darin zum Ausdruck kommende Enthumanisierung wird bezeichnenderweise mit der metaphorischen Gleichsetzung von Mensch und Tier beschrieben, wenn z. B. die Shin die Verhaltensweise ihrer Kumpane kommentiert: **Wirf ein Stück Fleisch in die Kehrrichttonne, und alle Schlachterhunde des Viertels beißen sich in deinem Hof.** (23). Der Menschen verachtenden Optik der untersten Schicht entspricht die der herrschenden Klasse. Sie kommt im wörtlichen Sinne *auf den Hund,* wenn Brecht sie durch den Ausbeuter Shui Ta ihre profitable Methode der Herabwürdigung der Ausgebeuteten auf ein animalisches Niveau verlautbaren lässt: **Der hungrige Hund zieht den Karren schneller nach Hause** (69).

Die untere Schicht reproduziert mit ihrem Verhalten nur die obere Schicht, die sich nach Brechts Worten als eine **verbrecherische Herrschaftsklasse** (*Kleines Organon,* 68) erweist. Beide Gesellschaftsklassen reagieren auf Verunsicherung (Verlust von Wohltaten bzw. Kapital) mit Regression auf ein barbarisches Niveau; selbst die sprichwörtliche Höflichkeit der Chinesen, von Brecht offenbar im Sinne des Lokalkolorits eingeführt, bleibt nur episodenhafter Schein (18, 62). Lüge

(19, 37), Egoismus (24, 71), brutale Rücksichtslosigkeit (23, 114), Verweigerung jeder Solidarität (24, 35, 60, 113) auf der Seite der Deklassierten entsprechen Heuchelei (77, 114, 136), Betrug und Diebstahl (107), Unbarmherzigkeit (39, 68, 113), Brutalität (56) und Verachtung der Menschenwürde (8. Bild) auf der Seite der herrschenden Klasse. Besonders hervorgehoben werden die Motive des Tabakraubes und des Scheckbetrugs (107), die zur Grundlage der kapitalistischen Existenz werden. Die marxistische These wird demonstriert: Besitz ist Diebstahl und die Ursache aller moralischen Perversion: **Die Akkumulation von Reichtum auf dem einen Pol ist zugleich Akkumulation von Elend, Arbeitsqual, Sklaverei, Unwissenheit, Brutalisierung und moralische Degradation auf dem Gegenpol.**[64] Die 8. Szene des Stücks setzt diese Behauptung der Klassiker des Marxismus ins dramatische Bild (s. Kap. 5.3).

### *4.4.4 Bürgerliche Klassenmoral und ihre Ausprägung im Faschismus*

Auf dem Hintergrund von Brechts Faschismustheorie, wonach der Faschismus im Allgemeinen und der Nationalsozialismus im Besonderen nur das historisch-konsequente Resultat der bürgerlich-kapitalistischen Wirtschaftsordnung seien, dass er nicht als **nacktester, frechster, erdrückendster und betrügerischster Kapitalismus**[65] sei, wie er in seiner Rede auf dem Pariser Schriftstellerkongress 1935 sagte, ist dann die zusätzliche Verfremdung der kapitalistischen Produktionswelt in Sezuan zu einer Art Konzentrationslagerwelt zu sehen, wo die Beherrschten **hinter Gittern hocken, entsetzlich zusammengepfercht** (111) und Sklavenarbeit leisten müssen und wo die Herrschenden – **die Herren – einen brutalen Ausdruck wie Leute, die viel prügeln** (7), haben. Das Gesicht der herrschenden Klasse, das Brecht im Stück zeichnet, entspricht seiner Grundüberzeugung von der totalen Verderbnis der bürgerlichen Klasse. Es erinnert an die plakativen Darstellungen dieser Klasse durch seinen Freund George Grosz[66].

Brecht hat dabei keinen Zweifel an der Richtigkeit seiner Beschreibung der bürgerlichen Welt aufgrund der marxistischen Diagnose. In der oben erwähnten Rede sagt er:

> **Jene aber** (Erl. d. Verf.: er meint sich und die anderen marxistischen Schriftsteller), **welche auf der Suche nach der Wurzel der Übel auf die Eigentumsverhältnisse gestoßen sind, sind tiefer und tiefer gestiegen, durch ein Inferno von tiefer und tiefer liegenden Greueln, bis sie dort angelangt sind, wo ein kleiner Teil der Menschheit seine gnadenlose Herrschaft verankert hat. Er hat sie verankert in jenem Eigentum des Einzelnen, das zur Ausbeutung des Mitmenschen dient, und das mit Klauen und Zähnen verteidigt wird, [...] unter Preisgabe aller Gesetze menschlichen Zusammenlebens überhaupt.**

Dieses Statement liest sich wie ein Kommentar zu dem Bild, das BRECHT von der Gesellschaft Sezuans entwirft. Bis in die Wahl der Metaphorik stimmt es mit den Verlautbarungen des Stücks überein. In dem Sinn, dass die bürgerliche Gesellschaft die Pervertierung aller Werte und Gefühle, **die Preisgabe aller Gesetze menschlichen Zusammenlebens** (s. o.) bedeutet, sind auch die eigentlichen Schurken des Stücks – die Hausbesitzerin Mi Tzü, der Barbier und Hausbesitzer Shu Fu und der Aufseher Sun – Opfer des Systems, das nur schlechte Menschen hervorbringen kann. Der Grund der Schlechtigkeit ist sozial. Wang gibt denn auch wie BRECHT im *ARBEITSJOURNAL* (Mat. 14) zur Figur des Shui Ta zu bedenken: **Er ist kein böser Mensch** (109). Shen Te selbst rechtfertigt ihre Existenz als **böser Mensch** und ihre **Untaten** (140) unter der Maske des Bösen mit den schlechten Verhältnissen; **Ich mußte dreimal kommen. Ich wollte nie bleiben. Die Verhältnisse haben es mit sich gebracht, daß ich das letzte Mal geblieben bin** (135). Selbst Suns Schlechtigkeit ist für sie sozial bedingt. **Es kommt alles von der Not** (97), sagt sie trotz ihrer Enttäuschung zu seiner Entschuldigung.

Das 8. Bild soll deutlich machen, wie die **Preisgabe aller Gesetze des menschlichen Zusammenlebens** durch den bürgerlichen Kapitalismus zu einer Verwirrung aller moralischen Begriffe führt. Frau Wang liefert in ihrem Bericht von der **bürgerlichen Erziehung** ihres Sohnes Sun gleichzeitig den Bericht von der kapitalistischen Umwertung aller sozialen Wertbegriffe: Ausbeutung einer Notlage wird zu Weisheit und Strenge (111, 112), Nichtsnutzigkeit zur Nützlichkeit (111), Heuchelei zur Ehrlichkeit (113, 114), Rücksichtslosigkeit zur Pflicht (115). Das System macht in letzter Konsequenz den in Wahrheit **ganz Verkommenen** (136) zum nützlichen und damit guten Menschen. Das hohle Pathos traditioneller Ethik und Poesie – als Flucht in den schönen Schein – soll die Perversion der Moralbegriffe noch unterstreichen. Die Hausbesitzerin Mi Tzü (25, 38, 107, 136) und der Barbier Shu Fu (77) entlarven mit ihrer gestelzten Diktion und ihrer Betonung der Sekundärwerte (**Respektabilität**) die Brüchigkeit der bürgerlichen Moral.

Die Aufrechterhaltung einer moralischen Scheinwelt soll auch deutlich werden im Umgang der Herrschenden mit der Sexualmoral. Neben dem Gerede von Mi Tzü und Shu Fu macht die unfreiwillige Komik in der Argumentation des Polizisten zum Thema *Liebe und Prostitution* (41) die Unhaltbarkeit der bürgerlichen Moral augenfällig. Sie erinnert in ihrer Unbeholfenheit an die des Hauptmanns, der in BÜCHNERS Drama *Woyzeck* dem Soldaten Woyzeck Moral beibringen will. Nach Marx hat die Liebe in der bürgerlichen Gesellschaft Warencharakter angenommen, der Polizist liefert auf komische Weise die Bestätigung dieser Theorie. Komisch gemeint ist vor dem Hintergrund der schlechten sozialen Zustände auch das Pathos der Götter, mit dem sie in einer HÖLDERIN-Parodie (**Wo die Gefahr ist, wächst das Rettende auch**) Wang ein mangelndes moralisches Bewusstsein vorwerfen:

> **Wo da Not ist, denkt er, gibt es keine Güte.**
> **Wo Gefahr ist, denkt er, gibt es keine Tapferkeit.** (30 f.)

Der Regress auf den Tugendkatalog steht in lächerlichem Kontrast zur tatsächlichen Situation. Dass die Götter gleichsam als Sprecher einer überkommenen Tugendlehre auftreten, soll diese als weltfremd und überholt erscheinen lassen.

Shen Tes Begabung zur Güte (vgl. o.) lässt sie im Gegensatz zu den anderen Figuren des Stücks, den Deklassierten oder Arrivierten, nicht ganz verkommen. Wie Gretchen in GOETHES *FAUST* tut sie alles Böse aus Liebe: **Alles, was ich verbrach / Tat ich meinen Nachbarn zu helfen / Meinen Geliebten zu lieben und / Meinen kleinen Sohn vor dem Mangel zu retten.** (140) Aber ihr Programm – **keinen verderben zu lassen, auch nicht sich selber / Jeden mit Glück erfüllen, auch sich** (81) – ist nur subjektiv gut. Es muss nach BRECHTS Überzeugung scheitern in einer Welt, die **ein Inferno** (s. o.), **eine Hölle** (73) ist. **Die Zerreißung der Shen Te ist ein schrecklicher Akt der bürgerlichen Gesellschaft** (Br. 505). So BRECHTS Kommentar.

#### *4.4.5 Der wirklichkeitsfremde Ansatz des deterministischen Erklärungsmodells*

Das gemäß der marxistischen Verelendungstheorie im Stück vermittelte Bild einer weitgehenden materiellen und moralischen Verelendung der Menschen unter kapitalistischen Produktionsverhältnissen mit einer auf die Spitze getriebenen Hoffnungslosigkeit und Verzweiflung soll zugleich dialektisch die Einsicht in die Notwendigkeit einer revolutionären Umwälzung der Verhältnisse evozieren. Es erweist sich vor dem Hintergrund der in den aufgelösten oder sich auflösenden sozialistischen Gesellschaften Osteuropas sichtbaren materiellen und moralischen Verwerfungen als wirklichkeitsblind. Das war aber bereits auch schon während der Abfassung des Stücks der Fall, wenn man bedenkt, dass BRECHT persönlich mit den unmenschlichen Praktiken des sozialistischen Systems unter Stalin konfrontiert wurde, die er allerdings mit der Bemerkung abtat, sie seien **sehr berechtigte Aktionen, die man den Goebbelschen Organisationen in der UdSSR entgegensetzt** (Br. 309).

Für den heutigen Leser und Zuschauer wird klar: Nicht **ein anderer Mensch**, nicht **eine andere Welt** oder **andere Götter**, wie es im Epilog heißt (142), sondern der *alte Mensch* – biblisch gesprochen: der *alte*

*Adam* – ist gefordert. Gefordert ist auch eine Ethik, die die Dialektik von Gut und Böse in der Natur des Menschen, seine prinzipielle Entscheidungsfreiheit und seine autonome Verantwortlichkeit akzeptiert. Dabei könnte seine Existenz, die soziale Lebenspraxis ist, durchaus, wie es Odo Marquard sieht, eine Art Doppelleben sein, das ihn davor schützt, **in die totale Gesellschaft oder in die totale Selbstnostalgie aufgelöst zu werden.**[67] Traditionalistische und zukunftsorientierte Ethik müssen den Menschen nicht wie im Schwarz-Weiß-Modell des Marxismus **zerreißen**, sondern Leben ermöglichen, **ein Leben der positiv erfahrenen Entzweiung** (O. Marquard)[68]. Der angeblich durch die bürgerliche Gesellschaft verursachte Antagonismus von Liebe und Vernunft, von Güte und Rationalität, von Mitgefühl und Versachlichung, der, im Stück auf die Spitze getrieben, das Leben Shen Tes bestimmt, wird zu einer positiven Erfahrung der je eigenen Wirklichkeit. Doppelleben wird ein positiv besetzter Begriff. In der Reflexion der Ethik von Antike, Christentum und Aufklärung und der gegenwärtigen Lebenswelt wird sich eine Philosophie der modernen Welt um eine humane Letztbegründung der Ethik bemühen müssen, diesseits aller objektivistischen und deterministischen Erklärungsmodelle, wie sie zuletzt der Marxismus zum Dogma erhob. Mit dem Bankrott des sozialistischen Systems und seiner ökonomischen Theorie und Praxis gilt eine neue Sicht der bürgerlichen Welt im Lichte einer nachmetaphysischen Ethik. O. Marquard sagt dazu:

**Die moderne – die bürgerliche – Welt ist weder Paradies noch Inferno, sondern geschichtliche Wirklichkeit. So ist sie nicht der Himmel auf Erden und nicht die Hölle auf Erden, sondern die Erde auf Erden. Indem sie das – diesseits der Illusionen** (gemeint ist ausdrücklich die ›marxistisch-revolutionäre‹ und die ›traditionalistisch-verfallstheoretische‹: Anm. d. Verf.) **– sichtbar werden läßt, ist die Philosophie [...] die nötigste aller Friedensbewegungen, die für den Frieden mit der eigenen Wirklichkeit, der vorhandenen Vernunft, dem *bürgerlichen Leben* in der bürgerlichen Welt eintritt.**[69]

Wenn Brecht an seine eigene literarische Produktion immer wieder die Forderung einer praktischen Verwendbarkeit stellt und seine politische Ästhetik radikal gegenwartsbezogen sehen will – **Die Wahrheit ist konkret** ist seine Lieblingslosung – dann müssen, wenn eine Diskussion des Gehalts seiner Stücke fruchtbar sein soll, seine politische Theorie und seine ästhetische Praxis nicht nur vor dem Hintergrund der historischen Ereignisse des Exils zur Zeit des Nationalsozialismus und der Existenz im *real existierenden Sozialismus,* sondern auch im Hinblick auf die gegenwärtige Situation der bürgerlichen Welt und die Wende zu einer positiven Philosophie der Bürgerlichkeit diskutierbar sein.

Der Anspruch Brechts auf eine *wissenschaftliche*, d. h. marxistische Beschreibung der bürgerlich-kapitalistischen Welt in seiner Dichtung – hier im Gewand chonoiser Parabolik – und sein Anspruch auf die Revolutionierung der bürgerlichen Welt durch sein dialektisches Theater – expressis verbis im Epilog des Stücks sowohl in der Erstfassung wie besonders in der Variante von 1953 – bilden die Grundlage für die Darstellung der ethischen Systeme im Stück *Der gute Mensch von Sezuan*. Sie entsprechen genau den marxistischen Vorstellungen in seinen philosophischen Reflexionen und seinen theoretischen Schriften von der Aufgabe des Theaters in einem **wissenschaftlichen Zeitalter**. Das Ziel des Klassenkampfes bestimmt dabei die Festlegung der Schreibweise. Dichtung ist im Grunde klassenkämpferische Agitation, in Brechts Worten von 1938: **Die Wahrheit kann auf viele Arten verschwiegen und auf viele Arten gesagt werden. Wir leiten unsere Ästhetik, wie unsere Sittlichkeit, von den Bedürfnissen unseres Kampfes ab.** (GW 19, 349). Auch die für die Interpretation des Stückes relevanten Aufzeichnungen im *Arbeitsjournal* heben immer wieder die widersprüchliche Einteilung der Menschen in Klassen hervor und die Bedeutung ihrer klassenspezifischen Moralpraxis. Der marxistischen Konstruktion der Geschichte entspricht das Konstrukt einer bürgerlichen Gesellschaft, die aufgrund des sie beherrschenden bösen Prinzips der Ausbeutung vor dem weltgeschichtlichen Endgericht steht. Die dialektische Dramatik hat dabei die subsidiäre Aufgabe **die beste Totengräberin bürgerlicher Ideen und Institutionen** (GW 15, 212) zu sein. Die Analyse der Darstellung der bürgerlichen Welt und ihrer Ethik im *Guten Menschen* macht diese Zielvorstellung deutlich. Die darin zum Ausdruck kommende klassenkämpferische Systematik, die mit ihrem wirklichkeitsdenunziatorischen Potential und der dadurch bedingten Schwarzmalerei der vorgeführten Gesellschaft – letztlich ein Stück Säkularisierung der augustinischen Idee vom Reich des Teufels im Gegensatz zum Gottesstaat –, bedarf der eingehenden ideologiekritischen Auseinandersetzung im Hinblick auf vergangene und gegenwärtige Wirklichkeit, wenn sie nicht einfach als historisch und für die Gegenwart irrelevant abgetan werden soll. Die Diskrepanz von politisch-ästhetischem Anspruch und der Notwendigkeit sozialethischer Praxis, von Bild und Abbild der Gesellschaft, deren Erkenntnis für Brecht schon während der Konzeption des Stücks ermittelbar sein konnte, aber durch seine unterschiedslose Verurteilung jeder existierenden Form der bürgerlichen Gesellschaft und ihrer Wertvorstellungen verhindert wurde, macht das Stück zu einem weiteren Beispiel für tragische Blindheit seiner politischen Ästhetik. Wenn Brecht von Ideologien als Gedankensystemen spricht, die von der Wirklichkeit **erledigt** werden (GW 18, 155), dann gilt dies für die Botschaft des Stücks von der Wertlosigkeit der Nächstenliebe in einer als wertlos deklarierten Gesellschaft. Vor dem Hintergrund des nationalsozialistischen und sozialistischen Totalitarismus und seiner unmenschlichen Praxis und der trotz aller Fallibilität weiter lebendigen bürgerlich-humanen Tugenden, gerade auch bei der Reinstitution in den ehemaligen Herrschaftsgebieten des Totalitarismus, trifft BRECHTS Diagnose seine politische Ästhetik: **An der Wiege und am Sarg jeder Ideologie sitzt die Praxis** (ebd.). Nur eine Ethik der modernen Welt, auf der Grundlage einer nachmetaphysischen Philosophie und mit deren **Mut zur eigenen Bürgerlichkeit** (O. Marquard)[70], kann mit ihrer Absage an den Dogmatismus und in der von ihr geforderten Anerkennung und Offenheit gegenüber der wirklichen Welt auch noch die dogmatisch begrenzte Optik BRECHTS diskutabel machen, die dazu führt, dass die Nächstenliebe wie im *GUTEN MENSCHEN VON SEZUAN* als praktisch folgenlose Wohltätigkeit und die Wohltäterin als Almosenier dargestellt wird, der die schlechten Verhältnisse in einer schlechten Gesellschaft mit Güte stabilisiert und sich selbst dabei ruiniert. In einem wirklichkeitsoffenen Horizont der modernen ethischen Diskussion kann gegenüber der Parabel vom *GUTEN MENSCHEN VON SEZUAN* wieder die Parabel vom Barmherzigen Samariter als Beispiel einer humanen Ethik stehen. Die Denunziation von Nächstenliebe, Güte, Gewaltlosigkeit in Gestalten wie Johanna[71] und Shen Te war eine vorläufige.

## 4.5 Die Kategorie des Gesellschaftlichen (Bild 1, 2, 5, 6 und 10)

### *4.5.1 Die sozialen Ordnungen*

(Arme: Besitzende, Erniedrigte: Mächtige)

Wie schon oben angedeutet, entspricht dem ethischen System des Stücks mit seiner Schwarz-Weiß-Typik von Gut und Böse – einer Typik, die das Parabelspiel dem Märchenspiel annähert – die Aufspaltung der Gesellschaft in Arme und Reiche. Die Gesellschaft Sezuans ist nach dem Bild, das sich der Marxismus von der Sozialordnung der bürgerlichen Gesellschaft überhaupt macht, Abbild einer antagonistischen Klassengesellschaft, die in Besitzende und Besitzlose, Kapitalisten und Proletarier, Ausbeuter und Ausgebeutete, Bürger und Deklassierte zerfällt. BRECHT arrangiert das Figurenensemble des Stücks nach diesem Klassenmodell in verschiedenen Positionen, die sich nach der jeweiligen sozialen Lage oder der Veränderung dieser Lage durch sozialen Auf- oder Abstieg einer der beiden Klassen zuordnen lassen. Auf der untersten Stufe des Proletariats, noch unterhalb der eigentlichen Arbeiterklasse, von der aus dem oben genannten Grund nur an wenigen Stellen die Rede ist (7, 114 f.), steht ein Lumpenproletariat, das als Schmarotzer, Prostituierte, Diebe, Obdach- und Arbeitslose weitgehend das Volk von Sezuan repräsentieren muss. Die *Massenszenen* im 1., 2., 3., 6. und 10. Bild sind für seine Handlungsweise charakteristisch. Besonders die Mitglieder der achtköpfigen Familie sind typische Vertreter dieser untersten Schicht. Als Ärmste der Armen, **ohne Obdach, ohne Freunde** (20), sollen sie in ihrer deklassierten und demzufolge demoralisierten Existenz die marxistische Auffassung von einer allgemeinen Verelendung der Massen unter der Herrschaft des Kapitals verkörpern. Wang bestätigt die generalisierende Theorie vom Massenelend ausdrücklich, wenn er gleich zu Anfang des Stücks die allgemeine soziale Lage von Sezuan so beschreibt: **In unserer Provinz herrscht überhaupt große Armut** (7). Auch Shen Te/Shui Ta weist darauf hin, wenn sie sagt, **daß die Not in dieser Stadt zu groß ist, als daß ein Einzelner ihr steuern könnte** (33 f.).

Die Armut der vielen ist nach marxistischer Lehre zwangsläufig die Folge des Reichtums der wenigen. Der Masse der Armen, im Stück immer wieder in einer Art *Straßenszene*[72] vorgeführt, stehen nur wenige Wohlhabende gegenüber, in deren Händen sich das Kapital unversehens akkumuliert. Shu Fu, von dem zunächst nur als von einem **dicken Barbier**, der mit der Brennschere hantiert, also von einem Handwerker die Rede ist (56), wird ganz unvermittelt zu einem Kapitalisten, **der zwölf Häuser besitzt** (67), offenbar also noch andere als die Elendsbaracken hinter dem Viehhof (75, 111, 120), die den Grundstock für Shen Tes/Shui Tas Tabakfabrik bilden. Auch Shui Ta/Shen Te wird in kürzester Zeit reich genug um **zwölf neue Läden** (132) aufzumachen. Die heilige Zahl zwölf wird die magische Zahl des Kapitalismus, die märchenhaften Besitz und Reichtum andeuten soll. Dieser Privatbesitz aber ist des Teufels, die kapitalistische Ordnung, für die Sezuan steht, **eine Hölle** (73). Sie besteht aus Übervorteilung, Erpressung, Ausbeutung, Lug, Betrug und Mord (134), wie das Volk von Sezuan urteilt. Die heilige Zahl ist zur Unheilszahl geworden, denn Besitz beruht, wie Shen Tes/Shui Tas Transaktionen zeigen sollen, vor allem auf Diebstahl, Scheckbetrug und Ausbeutung billiger Arbeitskräfte. Das Interesse Shu Fus an den Geschäften Shui Tas und seine Beteiligung daran lässt ahnen, wie er zu seinem persönlichen Reichtum gekommen ist. Er verfügt jedenfalls über scheinbar unbegrenzte Barmittel, wie die Sache mit dem Blankoscheck und mit dem Darlehen (126) verrät (97). Er kann die ökonomischen Bedingungen diktieren, nach denen sich Shen Te/Shui

Ta richten muss (126). Shu Fu und im kleineren Zuschnitt die Hausbesitzerin Mi Tzü sind die gemachten und tonangebenden Leute der führenden bürgerlichen Klasse. Trotz offenbaren Unrechts (Misshandlung Wangs durch Shu Fu, versuchter Rufmord Shen Tes durch Mi Tzü) können sie ihre Position durch Verbreitung von Furcht (60) und Einschüchterung (76, 25) unangefochten behaupten. Als **einflussreicher Herr** (134) hat Shu Fu und als **Präsidentin des Fürsorgevereins** (ebd.) hat Mi Tzü ein gewichtiges Wort bei Gericht, das selbstverständlich ein Instrument der Klassenjustiz und im Übrigen bestechlich ist (132 f.). Dass Reichtum zugleich gesellschaftliche Macht bedeutet, macht auch der Aufstieg Shen Tes in der Maske Shui Tas von der Straßendirne zum Fabrikherrn und Besitzer einer Ladenkette sowie zum zweiten Vorsitzenden der Handelskammer und zum Friedensrichter (134) deutlich.

Dabei kann der Aufstieg von einer Klasse in eine andere, wie am Beispiel Shen Tes entsprechend der sozio-ökonomischen Gesetzmäßigkeit, die in Konkurrenzdenken und Ausbeutung und im Verzicht auf Selbstverwirklichung zum Ausdruck kommt, nur durch Gefühllosigkeit, List und Brutalität geschehen. So führt Shen Tes Aufstieg zum sozialen Abstieg ihrer Mitmenschen: Die bisherige Ladenbesitzerin Shin und der Schreiner Lin To werden deklassiert, die Obdachlosen zu Arbeitssklaven herabgewürdigt. Die Gesetze der Ökonomie machen Liebe und Güte zum Verlustgeschäft. Das Kapital ist der Widersacher der guten Seele: Der Aufstieg Shen Tes auf der sozialen Stufenleiter deklassiert sie in moralischer Hinsicht; der **Engel** wird zugleich zur **Geißel** der Vorstädte.

Folgt man dieser Interpretation bürgerlicher Existenz, dann gilt Jan Knopfs Feststellung: **Brecht gelingt es, im *gespaltenen Menschen* die reale Spaltung des bürgerlichen Menschen, des bürgerlichen Individuums in eine private (moralische) und eine öffentliche (geschäftliche) Hälfte im Bild zu zeigen.**[73] Die ehemalige Prostituierte steigt mithilfe des *göttlichen* Kapitals unaufhaltsam auf, ihre guten Taten sind nur noch moralische Rückzugsgefechte oder, wie Gert Ueding meint, Ausdruck **jenes bürgerlichen Dranges, der sich in Wohltätigkeitsbasaren, Armenspenden und karitativer Freizeitgestaltung äußert.**[74] Der Weg von der Straßendirne am Ende der sozialen Stufenleiter über die Position der Händlerin und Kleinbürgerin zu der einer Fabrikbesitzerin und Großbürgerin mit besonderen Ehrenstellungen ist der Weg des Shui Ta. Der Akkumulation von Produktionsmitteln und Kapital entspricht die Akkumulation von Macht und Ehre. Shen Te wird in der Gestalt des Shui Ta zum Prototyp des Kapitalisten Marx'scher Prägung. Mit **Gos-**

**senwasser gewaschen**, am **Rinnstein aufgewachsen** (73), verfügt sie kraft dieser Erfahrung über genügend Intelligenz und Verschlagenheit, sie selbst nennt es **Brutalität** (73), um die Gesetze des Marktes zu durchschauen und anzuwenden, die den Menschen zur Ware machen. Prostitution (die wahre Liebe wird zur Ware Liebe) – ihr eigenes Schicksal – und Ausbeutung (der wahre, das heißt selbstbestimmte Mensch wird zur Ware Mensch) – das Schicksal Suns – sind in der Meinung BRECHTS charakteristische Exempel für dieses gesellschaftliche System. Die Selbstverwirklichung als *guter Mensch* oder als *guter Flieger* ist nicht möglich. Die Folge ist Entfremdung: Shen Te, die Personifikation des Guten, muss mit den bösen Prinzipien des Shui Ta zu überleben versuchen; Sun, ein Genie technischen Könnens, muss als Heiratsschwindler oder Aufseher sein Auskommen sichern. Allein dem persönlichen Vorteil verpflichtet stellt er sich ganz einer Klasse zur Verfügung, die Konkurrenzdenken an die Stelle von Solidarität, Ausbeutung an die Stelle von Gerechtigkeit gesetzt hat. Dem **menschenunwürdigen Zustand unberechtigter Privilegien** entsprechen nach BRECHT die **schiefen Denkweisen** dieser Klasse. In ihren Augen sind die Armen und Erniedrigten nichts als **Abschaum** (134) oder **Gesindel, Bittfürmichs, Wracks und Stümpfe** (120). Es ist bezeichnend, dass BRECHT bei dieser bösen Charakterisierung der unteren Klasse gerade die Aufpasser und Handlanger (den Polizisten und Sun) zu Sprechern der herrschenden Klasse macht. Wer seine Klasse verrät und sich zum Werkzeug des Klassenfeindes macht, ist nach marxistischem Verdikt **ganz verkommen** (136). Aus dem romantischen Träumer Yang Sun ist **der schlimmste Antreiber, den es je gegeben hat** (136), geworden. Wie bei Shen Te bedeutet sein sozialer Aufstieg zwangsläufig die moralische Deklassierung.

Die brutale Handlungsweise der Protagonisten Shui Ta, Shu Fu und Yang Sun und das Urteil des Volkes über sie am Schluss (10. Bild) soll die Unversöhnlichkeit der Klassengegensätze bewusst machen.

Was bleibt, ist zunächst die Resignation oder Korruption des Redlichen und Fleißigen, wie es das »Lied vom Rauch« (27) oder das »Lied vom Sankt Nimmerleinstag« (91) suggerieren. Der gespaltene Mensch, der zwischen der natürlichen Güte des Armen und der Skrupellosigkeit des Aufsteigers hin- und hergerissen wird, ist Repräsentant und zugleich Opfer der bürgerlich-kapitalistischen Gesellschaftsordnung. Im Hinblick auf die Entfremdung des Menschen von sich selbst und seinen Mitmenschen, auf seine **schreckliche Zerreißung** (BRECHT, s. o.) und seine Verzweiflung am Schluss kann man das Stück eine soziale Tragödie nennen.

### *4.5.2 Der Konflikt zwischen Mensch und Gesellschaft – Abbild einer verkehrten Welt*

Die Typik der sozialen Gegensätze und des Figurenensembles, die grotesken Genreszenen in Tabakladen, Hochzeitsrestaurant und Gerichtslokal, das durchgängige Verwandlungsspiel, die Durchbrechung des fiktionalen Rahmens durch Selbstvorstellung, Publikumsansprache, ironisierendes Zitat oder Nachäffen der handelnden Personen, durch Parodie und Epilog, die Struktur des Stückes insgesamt als Experiment und eine Art Gesellschaftsspiel, als Spiel im Spiel, verweisen aber auch auf die Möglichkeit das Stück **überhaupt auf die Komödie hin zu inszenieren**[75], ein Vorschlag, den BRECHT kurz vor seinem Tod GIORGIO STREHLER im Hinblick auf alle Stücke seines epischen Theaters gemacht hat. In der Tat ist die komödienhafte Welt und komödiantische Darstellung im engen Zusammenhang mit der Musik PAUL DESSAUS[76] ein wesentlicher Auslöser der theatralischen Wirkung und des Vergnügens an ihr. Natürlich kann im Stück von einer gattungsspezifischen **Aufhebung des Konflikts**[77] nicht die Rede sein, auch nicht von einem **nur scheinbaren Konflikt, der nach der Entlarvung der Scheinwerte und Unzulänglichkeiten des Menschenlebens mit heiterer Überlegenheit über menschliche Schwächen gelöst wird.**[78] Der Inhalt des Stücks ist nicht **heiter**, sein Ausgang nicht **glücklich.**[79] Die immer wieder durchbrechende, apokalyptische Redeweise (61, 65, 73, 130 f.) ist nicht formelhaft wie die lamentio in der Tradition der Komödie.

Dennoch ermöglichen die Strukturmerkmale der Komödie eine Interpretation und Inszenierung **auf die Komödie hin**. Der Text gestattet den komödiantischen Aufführungsstil.

Lassen wir zunächst die für das Stück konstitutive Doppelrolle beiseite, übrigens wie der Typ ihrer Trägerin als gute und selbstlose Dirne ein charakteristisches Komödienmotiv, und wenden wir uns den Figuren zu, die die Gesellschaft von Sezuan repräsentieren sollen. Dass sie gerade in ihrer Anlage Stoff zur komischen Darstellung, d. h. zur Verfremdung im Sinne des epischen Theaters bieten[80], zeigt die Inszenierungspraxis. Dazu einige Beispiele:

Bereits die von BRECHT mit Regieanweisungen und persönlicher Anerkennung begleitete Inszenierung von Hans Schweikart (München 1955) spielt den komischen Aspekt der Götterfiguren voll aus, wenn sie die **Erleuchteten** ihren **Suchauftrag nach dem guten Menschen mit der Unlust überbeanspruchter Nachmittagsbriefträger erfüllen** lässt (Mat. 152). Auch die Inszenierung von Bruno Besson (Berlin 1970), die am folgerichtigsten den komödienhaften Zug des Stücks bei der Gestaltung der Figuren betont, zeigt die Götter als **joviale Dunkelmänner**, die nach und nach abgebaut werden; zu Gericht sitzen sie bereits mit durchlöcherten Schädeln (Mat. 188). Das Prinzip der Verfremdung der Repräsentanten der bürgerlichen Klasse geschieht durch Vermummung und Verpuppung: Die Darsteller tragen wie die Darsteller der Commedia dell'arte **starre Kopfmasken, ihre Kostüme, ihre Glieder sind popanzmäßig ausgestopft** (ebd.). Diese Grundausstattung wird durch eine komische Spielweise ergänzt: Der Barbier Shu Fu tritt **als geschniegelter Biedermann** auf, der **lispelt und in hohen Tönen Süßholz raspelt [...] und auf einem Beinchen wippend über seine Wohlanständigkeit räsoniert** (Mat. 189). Der Kontrast von Ehrenmann (74) und Schurke, von Brutalität (56) und Schmeichelei (78), von sexueller Gier (74, 78) und erotischem Misserfolg (80) kommt in diesem biedermännischen Popanz und seinem hohlen Gerede deutlich zum Vorschein. Als Repräsentantin von Besitz und Sexgier wird auch die Hausbesitzerin Mi Tzü in ihrer **Verpuppung in ungeheueres Fleisch** (Mat. ebd.) hervorgehoben. Ihre Betonung der Wohlanständigkeit (25, 38) erweist sich schon durch den Auftritt als bloßes Gerede. Zu diesem Ensemble grotesk-lächerlicher Figuren gesellen sich der Polizist, charakterisiert **durch ein übergroßes sanguinisches Biedermannsgesicht mit martialischem Schnurrbart und Fleischerpratzen statt Händen** (Mat. 90), und die geschwätzige Witwe Shin mit dem **äußeren Aussehen einer Elster** (ebd.). Das Prinzip der Vertierung menschlicher Gestalt entspricht wie die zur Groteske vorangetriebene Kostümierung und Gestik den Prinzipien der Commedia dell'arte (findet sich ansatzweise auch schon bei ARISTOPHANES) und den Vorstellungen BRECHTS von der tierischen Natur der bürgerlichen Klasse, die er gelegentlich sogar als **Ungeziefer** (!) bezeichnet (G 956).

Typenhaft in der Tradition der Commedia dell'arte ist nicht nur Shu Fu (Typ des Pantalone) in seiner Doppelrolle als Alter und Verliebter, der das komödiantische Spiel von Greis und Mädchen bestimmt, sondern auch Sun (Typ des Capitano und später des miles gloriosus) in seiner Rolle als Räsoneur, dessen Tiraden des Eigenlobs und der Verfluchung, auch des Prahlens mit seiner sexuellen Ausstrahlungskraft in komischem Widerspruch zu seinem tatsächlichen Vermögen stehen. Auch Wang (Typ des Dieners) steht mit seiner Eilfertigkeit und Durchtriebenheit und zugleich Gutmütigkeit in der Komödientradition wie auch das ganze groteske Ensemble der Parasiten in der 1. und 6. Szene. Die Auffassung des Theaters als Spaß, als Unterhaltung, Genuss und Vergnügung (BRECHT, *KL. ORGANON*, 3) bedingt diese **Unterwanderung der Tragödie durch die Komödie**[81]. Das mit den Mitteln der sogenannten *volkstümlichen* Komik provozierte Lachen des Publikums kann eine Art Vorverständnis für das **Gesellschaftlich-Komische**[82] wecken: Im amüsierten Anschauen der Figuren und der Situationskomik kommt ein erstes Bewusstsein von unvernünftiger im Gegensatz zu vernünftiger Welt zustande, ein wesentliches Ziel jeder Komödie. Dass die karikaturartige Verfremdung wie beim Gesellschaftsbild von George Grosz, auf dessen Affinität zu Brecht schon hingewiesen wurde, das Gegenteil bewirken kann, gerade im Hinblick auf die **einfühlbare Figur** Shen Tes (s. u.), sei am Rande vermerkt.

Brecht benutzt außer der Figurenkomik noch weitere Mittel der Komödie zur spielerischen Darstellung des Konflikts von Mensch und Gesellschaft. Es sind die Mittel der Verfremdung. Neben den schon erwähnten Fiktionsdurchbrechungen, die den Spielcharakter des Stückes von Anfang an betonen, werden zusätzliche dramaturgische Tricks angewandt, die man als Verfremdung der Verfremdung bezeichnen kann: Das Rollenspiel Shen Tes wird von ihr selbst **lachend** (67) vorgetragen und das gattungsspezifische gute Ende wird als Handlungsschema durch die verschiedenen doppelsinnigen Anspielungen im Epilog ins Lächerliche gezogen (144). Dem bloßgelegten Handlungsklischee entspricht auch die komische Brechung der sprechenden Namen der Hauptfiguren. K. Bräutigam hat im Anschluss an eine sinologische Auslegung auf ihre Bedeutung im Kontext des Stückes hingewiesen[83]. Die **Heilige Tugend** (Shen Te) erweist sich als heilige Einfalt oder unheilige **Gier** (139), das **angenehm Erreichbare** (Shui Ta) wird zum unangenehm Abweisenden, der **Ozean**-Flieger Yang Sun (Yang = Ozean), der den **Freunden im fernen Land die freundliche Post** bringen soll (52), bleibt wie der Kranich mit lahmen Flügeln am Boden (46) und muss sich als Arbeitskraft (112) und Sexualobjekt (136) verkaufen. Der **junge Onkel** (Shu Fu) ist in Wahrheit ein Alter, der hinter einem jungen Mädchen her ist, und der **König** (Wang) zeigt sich als Diener vieler Herren. Der komische Kontrast von personaler Benennung und gesellschaftlicher Wirklichkeit weist auf eine verkehrte Welt.

In diesen Zusammenhang gehört auch der demaskierende Sprachgebrauch, der die Strukturen der Gesellschaft von Sezuan und ihr Ethos bloßlegt. Mit der Sprache der Repräsentanten dieser bürgerlichen Gesellschaft stehen die Gesellschaftsordnung und ihr Wahrheitsanspruch auf dem Prüfstand. Ihre der Wahrheit in Wirklichkeit entgegengesetzte Taktik der Verschleierung, ihre im Grunde tiefinnerliche Verlogenheit hat viele Möglichkeiten des Ausdrucks. Er reicht von der hohlen Phrase, dem unehrlichen Drumherumreden, der schamlosen Heuchelei bis zum raffinierten Betrug und zur selbstbetrügerischen Verlogenheit, die zur zweiten Natur der Gesellschaft geworden sind. Alle Figuren des Stücks werden so auf die eine oder andere Weise zu betrogenen Betrügern.

Prototypisch für das Pharisäertum und die Selbstbespiegelung der bürgerlichen Gesellschaft ist die Rede Shu Fus an das Publikum mit ihren poesiealbumhaften Floskeln. So wird die Absicht schamloser durch die Not bedingter Ausbeutung Shen Tes im Stil der Goldschnittliteratur umschrieben: **Zwei Seelen finden sich über den Blumen des Tisches** (77). Ein Akt der Prostitution wird so lyrisch verbrämt. Die Lüge als Lebenslüge wird auch durch die Parodie der Sprache der Klassiker entlarvt, deren bürgerliche Rezeption als Leitbild für öffentliches Reden und Handeln sich als verlogen dekuvriert. Nicht nur die Götter zitieren HÖLDERIN (31), auch Frau Yang führt den Klassiker Mot-zu (116) an, die Sprecher des Lumpenproletariats singen Verse aus NIETZSCHES Nihilismus-Gedicht (27 f.), und Shen Te/Shui Ta wird der Vierzeiler des Klassikers Po-Chu-yi (34) in den Mund gelegt (vgl. auch G 618). Die Entlarvung der Gesellschaft kulminiert aber immer wieder in der uneigentlichen Art der Rede, die *Vermögensverhältnisse* meint und **echte Neigung** sagt (67, 78). Die Vernunftehe, die Shen Te eingehen soll, ist als lächerliches Zerrbild der Liebe Symbol einer Gesellschaft, die die Synonymität von *wahrer Liebe* und *Ware Liebe* bereits akzeptiert und internalisiert hat. Die Hochzeitsszene im 6. Bild verdeutlicht diese Diagnose in komischer Verfremdung:

> **In keiner anderen seiner Hochzeitsszenen hat Brecht das für ihn objektiv Komische der bürgerlichen Ehe (das Individuum vermeint, in einer Art Freiraum innerhalb der unmenschlichen Gesellschaft eine menschliche Privatrolle spielen zu können) derart klar herausgearbeitet wie in dieser Szene des *GUTEN MENSCHEN VON SEZUAN*, wo es zu einer Hochzeit schließlich gar nicht kommt.**[84]

Die Hochzeitsgesellschaft gruppiert sich **zu einem statischen Bild, das in Bewegung kommen will, dies aber nicht kann.**[85] Sie erinnert so an die Illustrationen Callots zur Commedia dell'arte, die das völlige Erstarren der Spieler zeigen, das im nächsten Augenblick umschlagen kann in exzentrische Bewegung.[86] Das erstarrte Tableau der Szene kann dagegen erst jenseits der Bühnenrampe in Bewegung geraten. Es bleibt auf der Handlungsebene Dokument der Erstarrung einer im Grunde überflüssigen Gesellschaftsordnung. Ihre Alternativen heißen nur Prostitution oder Ehe, Kittchen oder Fabrik (112), Deklassierung oder Aufstieg. Die Umkehrung der Verhältnisse erfolgt erst am **Sankt Nimmerleinstag,** wenn die zur Aktion aufgerufenen Zuschauer wie die Figuren des Stücks in gesellschaftlicher Erstarrung verharren. Sun und seine

Mutter Frau Yang bleiben am Ende als betrogene Betrüger ihrem Schicksal überlassen.

Dass das komische Motiv der Betrogenen und des betrogenen Betrügers von Anfang an für die Handlung des Stückes bestimmend bleibt, ergibt sich aus der These, dass die Menschen in der bürgerlichen Gesellschaft durch eine solche Gesellschaft um ihre Lebenschancen betrogen sind. Shen Te wird von der Shin betrogen (19), Shui Ta von der Hausbesitzerin Mi Tzü (70 f.), Shen Te von Sun (72, 88), Sun von Shen Te (6. Bild), Wang und die Obdachlosen von Shui Ta (107) und Shu Fu (75, 105), Shu Fu durch Shen Te/Shui Ta (119, 125). Dieses Motiv ist eng verknüpft mit der doppelbödigen Doppelrolle, die Shen Te im Stück zu spielen hat. Was ist an dieser **schrecklichen Zerreißung** (BRECHT) komisch außer dem schon von der traditionellen Komödie erkannten äußeren Reiz der Hosenrolle, dem aufregenden Spiel zwischen Sein und Schein?

In seinen Katzgraben-Notizen erläutert BRECHT seinen Komödienbegriff. Er schreibt: **Wir haben alle Konflikte verschärft, alle Krisen vertieft; ich habe zuweilen den Ausdruck ›bis zum Tragischen‹ verwendet und immerfort auf den Ernst der oder jener Lage oder Frage hingewiesen [...] Die Komödie braucht nicht alles heiter zu machen; nur das Heitere.**[87]

### *4.5.3 Der Aspekt des Gesellschaftlich-Komischen*

Was ist heiter an der Gesellschaft von Sezuan? Christian Giese bringt in seiner marxistischen Interpretation des Stücks ganz im Sinne BRECHTS den Begriff des **Gesellschaftlich-Komischen** ins Spiel. Er sagt:

> **Zwar wird Entfremdung als Spiel vorgeführt, mit Kostümwechsel auf offener Bühne und Wendung zum Publikum, nie aber entsteht so eine Komik, die im *befreiten Lachen* ausgekostet werden könnte. Entfremdung wie deren sichtbares Resultat Existenzspaltung ist für sich ein durchaus ernstes Motiv – erst in einer dezidiert optimistischen Perspektive, was die gesellschaftliche Fortschrittsfähigkeit betrifft, kann es zu einem komischen werden.**[88]

Die komischen Darstellungsmittel gewinnen nach dieser Ansicht erst im Zusammenhang mit der gesellschaftsverändernden Perspektive eine über das bloß Dramaturgische hinausgehende Bedeutung. Giese definiert: **Komödie bei BRECHT wäre bestimmbar als eine Kombination satirisch-kritischer und utopisch-antizipierender Bestandteile.**[89] Max Wekwerth, gleich Giese marxistischer Interpret, fragt in seinem Selbstinterview zur Züricher Aufführung(1976) ebenfalls nach der Bedeutung des Komischen für die Interpretation des Stückes. Mit dem Hinweis auf die von Brecht offensichtlich beabsichtigten Komödienzüge des Stücks und die der Komödie grundsätzlich eigene Perspektivität vernünftigen Handelns, das auf die Herstellung vernünftiger sozialer Lebensbedingungen zielt, schreibt er:

> Was ist komisch an der Armut? Daß sie eigentlich unnatürlich ist. Daß es eigentlich normal sein sollte, zu anderen freundlich zu sein und dafür Mittel zu haben. Daß es eigentlich keiner besonderen Tugenden, Opfer, Anstrengungen bedürfen sollte, um das Einfachste der Welt zu machen: zu sich und anderen Menschen menschlich zu sein. Die Verhältnisse aber machen aus dem Normalen das Anormale, aus dem Naheliegenden das Abwegige, aus dem Vernünftigen das Verrückte. So reden denn auch die Bekannten der Shen Te auf sie ein, endlich zur Besinnung zu kommen und ihre Verrücktheiten zu unterlassen und sich dem *normalen* Gang der Geschäfte zu unterwerfen. Und sie tun das im Brustton tiefster Überzeugung und Moral: Ist das nicht komisch? [...] Wenn man in einer solchen Welt, wo der einzelne seiner Jahre Zahl damit herumbringt, den *Platz an der Sonne* zu erkämpfen, den ein anderer längst besetzt hat, Sprüche empfiehlt wie *Liebe deinen Nächsten wie dich selbst,* so ist das nicht nur riskant, sondern auch komisch.[90]

Aus BRECHTS Anspruch auf die kritische Distanz des Autors gegenüber den eigenen Figuren und auf die des Zuschauers gegenüber den auf der Bühne vorgeführten Bildern und Figuren ergibt sich die Möglichkeit perspektivischen Sehens, das entsprechend der Dialektik der Komödie die Gesellschaft **aus einer erstarrten in eine variable Größe** verwandelt (GW 7, 909).

Akzeptiert man BRECHTS gesellschaftskritischen Ansatz und seine Fortschrittsgläubigkeit und die seiner marxistischen Interpreten und Befürworter nicht, genügt nach den Erfahrungen im **Jahrhundert der Wölfe**[91] eine **auf rein irdische Lösungen von Schwierigkeiten bedachte Haltung** (GW 15, 241) – was immer diese simplifizierenden Begriffe in Wirklichkeit bedeuten mögen – eben nicht, dann erweist sich die Lösung durch das **Gesellschaftlich-Komische** als nichts als **ein Bonmot** (HANDKE)[93], die Aufhebung der Tragik als **nur scheinbar** (GRIMM)[93,] die Dialektik als Methode der Weltinterpretation als schlagkräftig, aber nicht überzeugend. Resümierend gesagt: **Das stimmt ja alles nicht!** (FRISCH)[94]; oder speziell auf die **Dramaturgie des wissenschaftlichen Zeitalters** bezogen: **Sie hat keine Beweiskraft, sondern nur Demonstrationsfähigkeit. Sie kann propagieren, das ist alles, was sie ihrer Methode verdankt, [...] ihrer inneren Struktur nach gehört sie mehr dem dogmatischen Zeitalter an** (DÜRRENMATT)[95]. Dogmatismus im Gewande utopischer Perspektivität erscheint im Lichte der dogmatischen Irrwege unserer Zeit nicht als komisches Gedankenspiel, sondern als blutiger Ernst. Gerade der Widerspruch von marxistischem Welt- und Menschenbild und sozialistischer Praxis bestätigt Walter H. Sokels Interpretation der Doppelrolle Shen Tes als ein Beispiel der tragischen Existenz des Menschen und des verschwiegenen Eingeständnisses des Autors, dass auch **der Kommunismus die tragische Existenz nicht** überwinden kann.[96]

Die Anlage der Shen Te-Figur widerspricht der im Sinne der Theorie vom **Gesellschaftlich-Komischen** notwendigen Umdeutung in eine Figur mit einem in der Perspektive des Sozialisten überholten bürgerlichen Helfersyndrom. Die Güte Shen Tes und ihre tragische Verzweiflung sind anderer Qualität. Die von BRECHT übernommene Einsicht Hamlets, dass die Welt aus den Fugen ist – im Kontext des SHAKESPEARE-Dramas nicht nur eine Diagnose der gesellschaftlichen Verhältnisse –, könnte die Folie abgeben, vor der die von Regisseuren, Schauspielern und dem Publikum erkannte tragische Qualität einer Mutter Courage und einer Shen Te verständlich wird.[97] Darin kommt die Ahnung zum Ausdruck, dass der Mensch ein Mängelwesen ist – etwa im Sinne der realistischen Einsicht des Paulus: **Wollen das Gute habe ich wohl, aber vollbringen das Gute finde ich nicht** – und deshalb wird die menschliche Existenz als eine tragische erfahren, die auch in der klassenlosen Gesellschaft durch keinen *guten Schluss* aufgehoben werden kann. Dies erklärt vielleicht die Rigidität von BRECHTS politischer Ästhetik. Mit dieser Auffassung schränkt er das komplexe Gebilde der menschlichen Lebenswelt parabolisch auf den sozial-ethischen Gegensatz von Arm und Reich, Gut und Böse ein und stellt die Dramaturgie seiner Zeit auf Kapitalismuskritik und Klassenkampf ab. Die Flucht in die Abstraktion vor der geschichtlichen Wirklichkeit, d. h. der Wirklichkeit des Menschen, ist Kennzeichen eines Theaters, das Vergangenes (ein frühkapitalistisches Genrebild) zeigt, Zukünftiges (die Utopie eines anderen Menschen, einer anderen Welt, anderer Götter: Epilog) evoziert, aber die Gegenwart außer Acht lässt. Schon 1955 hat Erich Franzen bei einer Theaterdiskussion im Wiener PEN-Club-Weltkongress seine Bedenken dazu so formuliert:

Sollte man nicht glauben, das Thema für den echten Dramatiker bestehe darin, was die Menschen aus ihren Ideologien machen, wenn sie versuchen, sie in die gesellschaftliche Wirklichkeit umzusetzen? Das wäre doch erst ein *realistisches* Thema und im besonderen Sinne ein *geschichtliches.* Denn während der ganzen Geschichte der Menschheit ist es immer so gewesen, daß die Revolutionäre und Freiheitskämpfer sich in Despoten und Bürokraten verwandelt haben und die Idealisten in Schelme. Man mag das beklagen – oder, wenn man Shakespeare ist, den Stoff zu großen Tragödien darin finden –, aber gewiß liefert nur die Besinnung auf die elende Begrenztheit der menschlichen Natur das Fundament für einen Realismus und zugleich für eine echte Humanität, die sich auf die Erkenntnis der immer gleichen Lage stützt.[98]

Volker Klotz, einer der ersten Interpreten des *Guten Menschen von Sezuan,* fasst seine Deutung des Stücks mit der Feststellung zusammen, dass auch **die Parabel der Existenzspaltung des modernen Menschen [...] einen Hauptnerv des tragischen Selbstverständnisses des Menschen unserer Zeit** treffe und **der versteckte Lösungsversuch des marxistischen Autors, durch eine Veränderung der Gesellschaftsordnung einen Weg aus dem Dilemma zu weisen, [...] sich als Teillösung** entpuppe.[99]

### *4.5.4 Die Grenzen der marxistischen Gesellschaftsanalyse*

Die Analyse der Figur der Shen Te zeigt, dass ihre Anpassungsversuche an die Erfordernisse der Gesellschaft immer wieder aufgrund ihrer guten Natur scheitern müssen, dass zugleich ihr Widerspruch gegen den Anspruch der realitätsbesessenen Vertreter der Gesellschaft, gegen die totale Kommerzialisierung ihrer Person, sie in die ausweglose Lage des mit seiner moralischen Entscheidung allein Gelassenen und an Gott und den Menschen Verzweifelnden führt. Davon unberührt bleibt ihr grundsätzliches Bekenntnis zur Möglichkeit des **freundlichen Menschen trotz des großen Elends** (49) aufgrund ihrer frühkindlichen Erfahrung menschlicher Güte (ebd.), ihre immer erneute Infragestellung der Doppelexistenz und die letzte Konsequenz, mit der sie ihr eigenes Glück opfert um den Betrug an den beiden Alten zu verhindern. Diese Unbedingtheit im moralischen Willen hat nichts mit den Normen Sezuans, nichts mit der ihr vorgeworfenen besinnungslosen Gutmütigkeit bourgeoiser Wohltäterinnen (21) zu tun. Sie ist der Anlage ihrer Figur entsprechend eine Idealisierung des Menschlichen oder genauer gesagt des Weiblichen in der Tradition der Antigone und Iphigenie. Das allein schon macht ihr ein Aufgehen in der Rolle des Bösen unmöglich. **Bosheit ist bloß eine Art Ungeschicklichkeit** (49)[100], lautet ihre idealistische Sicht menschlichen Versagens. Die Fülle der Indizien, die für ihren *guten Charakter* durch Handlung und Kommentar beigebracht werden, machen die Höhe ihres moralischen Falls in die Rolle des Shui Ta und die Tragik ihrer Verirrung umso eindringlicher. Man denke an ihr Verständnis für die Armen und Hilflosen (1. und 3. Bild), ihre spontane Empörung über Unrecht und Gewalt (61), die Aufrichtigkeit in ihren Gefühlen (80, 81), ihr Vertrauen auf das Gute selbst im *schlechten* Menschen (82) und ihre fraglose Mütterlichkeit gegenüber dem noch ungeborenen Kind (98 f.).

Die immer erneute, aber vergebliche Mobilisierung aller ihrer guten Kräfte erscheint überzeugender als die allzu bereitwillige Maskerade, das tragische Bewusstsein der Ausweglosigkeit stärker als ihr komödiantisches Rollenspiel. So anstrengend es ist, böse zu sein, so angestrengt wirkt die Konstruktion des bösen Alter ego. Die moralische Demontage ihrer Figur ist zu vordergründig gesellschaftlich motiviert um stimmig zu sein. Der im Grunde unvermittelte Sprung in die böse Rolle erweist sich als abstrakte Verfremdung, weil nur von außen durch die Ideologie gefordert. Shen Te bleibt gegen alle marxistische Interpretation und Selbstinterpretation durch den Theoretiker BRECHT mehr als nur ein bloßes Demonstrationsobjekt für die behauptete Nutzlosigkeit der Güte in einer kapitalistischen Gesellschaft.

Gerade mit der von ihr immer wieder betonten und geübten Güte ist sie für den Darsteller wie für den Zuschauer eine unmittelbar einfühlbare Figur. Die Verfremdung durch die Maske des Vetters kann dieser Identifikationsfähigkeit ebenso wenig anhaben wie die Eigendemontage in der großen Lamentation am Schluss (139 f.). Gegen den fantasievollen Ausdruck ihrer Güte im ganzen Stück wirkt diese Rede mit ihrer parolenhaften Sprache und raffinierten Rhetorik eigentümlich aufgesetzt und unstimmig. Sie muss als unangemessener Versuch der Demontage des Bildes eines Menschen qualifiziert werden, der mit seinem unbedingten Willen zum Guten in jeder nur möglichen Welt scheitern muss. So wenig wie die Tugend sozial nutzlos ist, so wenig ist der Verzweiflungsschrei vorläufig. Den Fehlschluss der marxistischen Theoretiker, der der im Epilog ausgesprochenen Hoffnung zugrunde liegt, das es in einer klassenlosen Gesellschaft keine Verzweiflung mehr geben kann[101] und dass es darin keiner Tugenden mehr bedarf, hat SOLSCHENIZYN, ein in der klassenlosen Gesellschaftspraxis erfahrener Zeitgenosse BRECHTS, als geradezu fatal entlarvt. Deshalb sein Votum gegen eine Literatur, die die Probleme der menschlichen Wirklichkeit in das Prokrustesbett gesellschaftswissenschaftlicher Reflexion presst: **Die Aufgabe des Schriftstellers**, sagte er vor den Mitgliedern des Sekretariats des Schriftstellerverbandes 1967,

> **besteht nicht darin, die verschiedenen Methoden der Verteilung des Sozialprodukts positiv oder negativ zu bewerten, und auch nicht darin, sich für die eine oder die andere Gesellschaftsform zu engagieren. Der Schriftsteller wählt universale und ewige Themen, die Geheimnisse des menschlichen Herzens und Gewissens, die Begegnung des Lebens mit dem Tode, die Überwindung seelischer Schmerzen, die Gesetze der Menschlichkeit in der Geschichte.**[102]

Menschliches Leben, menschlich gelebt, ist nach aller geschichtlichen Erfahrung mehr als eine gesellschaftliche Größe, es gehört nicht restlos zu **den gesellschaftlich beeinflußbaren Vorgängen** (BRECHT, *KLEINES ORGANON*, 43). Das Bewusstsein sieht sich gerade auch im Hinblick auf die Erfahrungen der jüngsten Vergangenheit auf die je persönliche *Ge-*

*schichte des Menschen mit sich selbst* verwiesen. Eine Figur wie Shen Te widersetzt sich in den Augen des Betrachters deshalb, vom Autor gewollt oder ungewollt, dem Aufgehen in einer Rolle, die ihr die Parabeldramatik mit ihren vereinfachten gesellschaftspolitischen Konstellationen und Entscheidungen vorschreibt. Das von der Gesellschaft geforderte angepasste Rollenverhalten verweist auf den Hang des Menschen den Weg des geringsten Widerstandes zu gehen, das vom Einzelnen geleistete Gute zugleich auf seine moralischen Fähigkeiten zu überprüfen. Die Sympathie des Betrachters für Shen Tes Grundhaltung, die in einer umfassenden Nächstenliebe zum Ausdruck kommt, und sein Mitleid mit ihrem Scheitern entspringen einem durch die Geschichte geschärften Bewusstsein, dass Tugend und Schwäche, Gut und Böse und die durch sie ausgelösten Gewissensreaktionen – im Stück durch die Gefühle der Bestätigung oder der Verstörung angezeigt – nicht bloß gesellschaftlich bedingt und in der Perspektive des **Gesellschaftlich-Komischen** überwindbar sind. Um die tragischen Untergänge des Menschen spannt sich eben nicht **der Rundhorizont Morgen.**[103] Gerade die **Niedrigkeiten** (G 1144 f.), begangen auf dem Weg in dieses Morgen, zeigen die Notwendigkeit, den Menschen in seinem So-Sein realistisch zu akzeptieren.

In dem Maße, wie der Mensch im Kraftfeld gesellschaftlichen Zwangs den Abbau seiner personalen Qualität leidend erfährt, verliert die Gesellschaft den Geltungsanspruch eines nicht hinterfragbaren Prinzips. Das Hinterfragen der Figur der Shen Te, ihrer Handlungsweise und ihres Scheiterns führt nach den Erfahrungen mit der Persönlichkeitsspaltung gerade in der marxistischen Gesellschaftspraxis, der auch hier wirksamen **absoluten Kollision zwischen Individuum und Gesellschaft** (BRECHT, GW 6, 224)[104], nicht in die Richtung hoffnungsvoller Perspektivität. Das marxistisch interpretierte *Prinzip Hoffnung* erweist sich als Illusion. Allein Shen Tes unermüdliche Anstrengungen zwischen Nächstenliebe und Selbstgefühl, zwischen Liebe und Hass, zwischen Hoffnung und Verzweiflung ihre Identität zu finden machen sie für den heutigen desillusionierten Zuschauer zu einer verständlichen Figur. Sie gerät durch ihr Verhalten in die Nachbarschaft von ALEXANDER SOLSCHENIZYNS Novellenfigur Matrjona, dem Guten Menschen von Talnowo. Von ihr heißt es am Ende der Novelle *MATRJONAS HOF:*

> **Unverstanden, allein gelassen sogar von ihrem Mann, hatte sie [...] ihr hilfreiches Wesen aber nicht eingebüßt, ihren Schwestern und Schwägerinnen fremd, eine lächerliche Person, die dumm genug war für andere ohne Entgelt zu arbeiten [...] Wir alle haben neben ihr gelebt und nicht begriffen, dass sie jene Gerechte war, ohne die, wie das Sprichwort sagt, kein Dorf bestehen kann. Und keine Stadt. Und nicht unser ganzes Land.**[105]

Anders jedoch als Brechts ambivalente Konzeption der Shen Te-Figur macht Solschenizyn schon durch seine religiöse Metaphorik die Herkunft seines Menschen- und Frauenbildes deutlich. Das im weitesten Sinne christliche Alternativprogramm zum neuen *sozialistischen* Menschen betont ausdrücklich seinen Traditionszusammenhang.

Matrjonas selbstlose Hilfsbereitschaft macht sie zum Opfer der Rücksichtslosigkeit und Habgier der Menschen in der sozialistischen Gesellschaft der Sowjetunion. Ihr widersinniges Ende lässt den Schluss zu, dass menschenwürdiges Leben nur in der Freiheit von der Gesellschaft möglich ist, eine aufschlussreiche Parallele zu der auch aus Brechts Stück zu gewinnenden Erkenntnis, dass die Shen Tes und Matrjonas in jeder Gesellschaft notwendige, wenn auch tragische Figuren bleiben. Zugleich sind sie Beweis für die Unumgänglichkeit persönlicher Entscheidung für das Gute, wie naiv, wie spontan auch immer, und damit, trotz aller Bewusstseinsbrüche, für die Notwendigkeit personalen Menschseins.

Damit steht Shen Te auch in einer Reihe mit der stummen Katrin in *Mutter Courage* und der Magd Grusche im *Kaukasischen Kreidekreis*. Wie das spontane Mitleid Katrins mit den Kindern der von Vernichtung bedrohten Stadt Halle und die fraglose Barmherzigkeit der Grusche, mit der sie das hilflose Gouverneurskind in äußerster Gefahr rettet, **weil ein Christenmensch (!) sich bückt und die Brotkruste aufhebt, dass nichts umkommt** (GW 2, 2050), sich eindeutig der negativen marxistischen Bewertung der *bürgerlichen Tugenden* entziehen, so ist auch Shen Tes Güte von einer personalen Kraft und Überzeugungskraft, die mit der Kategorie des Gesellschaftlich-Ökonomischen letztlich nicht fassbar und relativierbar ist. Die Folge ist eine unmittelbar mögliche Identifikation des Zuschauers und wohl auch des Darstellers mit diesen protagonistischen Frauenfiguren.

### *4.5.5 Shen Tes traditionelle Frauenrolle in einer Männergesellschaft*

Was ist die Ursache, dass es Brecht nicht gelingt, die Liquidierung des menschlichen Charakters der Shen Te-Figur zu bewerkstelligen? Warum sind die **menschliche Plastik** (Walther Hinck)[106] und die tragische Qualität (Reinhold Grimm)[107] dieser Figur eindrucksvoller als ihre Fixierung auf die gesellschaftliche Fragestellung?[108] Mit anderen Worten: Warum funktioniert der V-Effekt als **soziale Maßnahme** (Brecht, Mat. 16) nicht? Liegt es nur an einem **naturalistischen Mißverständnis der Handlung**[109], dem *falschen Bewusstsein* des Betrachters, der falschen *Einfühlung* gegenüber dem Stück? Die Beantwortung der Frage nach dem *Sitz im Leben,* nach den subjektiven Grundlinien, die in der ambivalenten Konzeption der Shen Te-Figur sichtbar werden, könnte hier Aufschluss geben.

Ute Wedel hat in einer Arbeit über *Die Rolle der Frau bei Bertolt Brecht* nachgewiesen, wie **in den Darstellungen der protagonistischen Frauenfiguren [...] das Verfahren der Verfremdung zugunsten einer Reproduktion des Selbstverständlichen traditioneller Frauen-Bilder, traditioneller Wirklichkeitsvorstellungen, traditioneller Sichtweisen auf weibliche Existenz in einer von Männern beherrschten Gesellschaft zurück(tritt).**[110] Ausgehend von einer Analyse von Brechts Weiblichkeitsverständnis, dokumentiert in seinen Tagebüchern und autobiografischen Aufzeichnungen, und seiner realen Beziehungen zu Frauen – im thematischen Zusammenhang besonders interessant die Analyse seines Verhältnisses zu Ruth Berlau und Margarete Steffin[111] –, untersucht sie die Frauenfiguren in seinen Stücken und kommt zu folgender Schlussfolgerung:

> **Die Brechtsche Darstellung protagonistischer Frauenfiguren verstößt gegen die Kategorie der Historizität, da die Frau in ihr als *Sehnsuchtsmotiv* funktionalisiert wird, eine Funktionalisierung, die sich auf *ewig weibliche* Tugenden – die Frau als Garantie des Guten –, auf ein unzerstörtes und unzerstörbares – damit aber auch u n v e r ä n d e r b a r e s** (gesperrt von der Verf.n) **– weibliches Prinzip beruft.**[112]

In diesem Zusammenhang ist die Übertragung der Shen Te-/Shui Ta-Metaphorik durch Brecht auf seinen Beziehungskonflikt mit Ruth Berlau besonders aufschlussreich. Er schrieb ihr nach einer öffentlichen Auseinandersetzung – sie hatte ihn vor Mitgliedern des Berliner Ensembles und seiner Frau Helene Weigel geohrfeigt – vorwurfsvoll in einem Brief: **Einmal warst du Shen Te, dann kam der Vetter, jetzt ist nur noch der Vetter da.**[113] In dieser eher kurzschlüssigen, aber für ihn offensichtlich existenziell bedeutsamen Deutung kommt Brechts traditionelles Verständnis der Rolle der Frau zum Vorschein, das für die Konzeption der Shen Te-Figur mitbestimmend war. Wenn die Frau die von ihr erwartete Rolle des sich hingebenden[114], des liebenden, alles duldenden und verzeihenden Menschen nicht spielt, d. h. wenn sie sich gegen das Anspruchsdenken des Mannes und einer männlich geprägten Gesellschaft wehrt, verliert sie ihre Identität, wird sie zum *bösen* Vetter. Das Eigeninteresse, das in einer solchen Erwartungshaltung zum Ausdruck kommt, bedingt gleichzeitig eine Idealisierung der Frau und ihre Unterwerfung unter ein traditionell stereotypes Handlungsmuster. Brechts spürbarer, der Tradition verhafteter Sicherheitsabstand gegenüber einer realistischen wie gesellschaftsphilosophischen Festlegung der Shen Te-Figur ermöglicht ihm eine idealisierende, d. h. im Grunde eine weitergehende ideologische Konzeption als die nur klassenspezifische. Diese gestattet einem an traditionellen literarischen Frauendarstellungen orientierten Publikum Einfühlung und Bewunderung. Die Ursache für die Idealisierung der Shen Te wie für die Ermächtigung des Vetters beruht so auf einem falschen Rollenverständnis von Mann und Frau, ein Grund, warum die im Stückkontext als lebensnotwendig angedeutete Shui Ta-Komponente der Shen Te-Figur letztlich nicht Bestand haben kann. **Shen Te ist als diejenige Figur der *split-character*-Gruppe im Werk Brechts zu werten, in der sein *Programm* der Weiblichkeit und Männlichkeit, das ausschließlich traditionell gängige Geschlechtsstereotype und -klischees reproduziert, verarbeitet ist.**[115]

Schon Hellmuth Karasek hat auf die **männlich-bürgerliche** Doppelmoral des **sozialistischen** Stückeschreibers hingewiesen, wenn er der Idealisierung der Muttergestalt im Stück *Die Mutter* und den darin verarbeiteten stereotypen Ansprüchen an die Frau die **besitzanmaßende, selbstherrliche Manneshaltung** Brechts[116] gegenüberstellt. Charakteristisch in diesem Zusammenhang ist für Karasek Brechts reduktionistisches Verständnis von der Realität weiblicher Existenz, das sich in den von ihm in seinen Stücken bevorzugt dargestellten drei Grundtypen widerspiegelt, den **Huren, Jungfrauen, Müttern**. Shen Te verkörpert alle diese Typen von Weiblichkeit, und zwar entsprechend der Bilderbogenstruktur des Stücks eher additiv als integrativ. Ihre besondere Veranlagung (Brecht, Mat. 14) zum Gutsein, ihre altruistische Natur – **die kann nicht nein sagen** (12), sagt Wang von ihr – entspricht Brechts Bild von einer **Hure mit Herz**[117], das er bereits mit Marie und Auguste *(Trommeln der Nacht)* und Jenny *(Die Dreigroschenoper)* vorgestellt hatte. Ihre fast asexuelle Menschenfreundlichkeit (48 ff.) und ihr heiliger Zorn gegen Ungerechtigkeit (61) stellt sie in eine Reihe mit dem Jungfrauentypus einer Johanna Dark *(Die heilige Johanna der Schlachthöfe)* und einer Simone Machard *(Die Gesichte der Simone Machard)*. Durch ihre Schwangerschaft gehört sie auch noch zum Typus der Mutter wie Pelagea Wlasowa *(Die Mutter)*, Teresa Carrar *(Die Gewehre der Frau Carrar)* und Anna Fierling *(Mutter Courage und ihre Kinder)*. Ihre Nähe zur Jungfrau-Mutter Grusche *(Der kaukasische Kreidekreis)* wird besonders deutlich in der pantomimischen Vorstellung des Mutter-Kind-Verhältnisses (98 f.). Man kann die Reduktion des Frauenbildes auf wenige stereotype Verhaltensweisen und Rollen eine undialektische Festschreibung traditionalistischer Klischees nennen, zumal diesem einseitigen Frauenbild im *Guten Menschen von Sezuan* ein ebenso einseitiges Männerbild entspricht.

In seiner Abhandlung *The Alienated Woman: Brecht's The Good Person of Setzuan* weist John Fuegi auf diesen Sachverhalt hin: **Das Stück ist offensichtlich auf einer Reihe von gesellschaftlichen Klischees aufgebaut.**[118] **Die Metapher des gespaltenen Charakters macht Shen Te als Frau praktisch zu einer Personifikation des Gefühls, während Shui Ta als Mann einfach zu einer Personifikation von Ratio und Kalkül wird.**[119] Die marxistische Interpretation der Notwendigkeit von Shen Tes Verwandlung als Folge kapitalistischer Gesellschaftsverhältnisse lehnt er als ideologische Verschleierung ab, weil sie das weiterreichende Problem der Anpassung und Selbstentfremdung der Frau in einer von Männern und deren Rollenzuweisung bestimmten Gesellschaft umgeht und die individuellen Beziehungen zwischen Mann und Frau zu einem bloßen Ausdruck von ökonomischen Produktionsverhältnissen reduziert. Shen Tes verzweifelte Situation ist letztlich auf die Anpassung an eine von Männern beherrschte Gesellschaft zurückzuführen. **Nur weil sie bereit ist, sich als Frau aufzugeben und im wörtlichen wie übertragenen Sinne der Mann Shui Ta zu werden, wird der ›gute Mensch‹ ernstgenommen von der Geschäftswelt Sezuans.**[120]

Der Unterwerfungs- bzw. Herrschaftsaspekt in den Beziehungen von Frau und Mann wird besonders deutlich in dem Verhältnis von Shen Te zu Yang Sun. Die Sprache, die Yang Sun spricht, verrät ein Bild von der Frau, das in seiner brutalen Betonung ihrer Abhängigkeit weniger **sozial** motiviert, als vielmehr **unabänderlich**[121] in den Augen Brechts ist. Die Rücksichtslosigkeit und Gefühlsrohheit, mit der die Frau z. B. auf sexuelle Funktionen reduziert wird, **die Macht der Liebe** und **der Kitzel des Fleisches** (72) gleichgesetzt werden, hat biografische Qualität. Yang Sun spricht die Sprache der Brecht'schen Tagebücher[122], wenn er von Shen Te sagt: **Wenn ich ihr die Hand auf die Schulter lege und ihr sage ›Du gehst mit mir‹, hört sie Glocken und kennt ihre Mutter nicht mehr** (72). Shui Tas/Shen Tes Hinweis auf ihre Ergebenheit quittiert er wie ein Macho, der die Frau als bloßes Sexualobjekt beurteilt: **Wollen wir sagen, weil ich die Hand am Busen habe** (73). Shen Tes unbedingtes Bekenntnis zu ihrer Liebe ist nur die Rechtfertigung des besitzanmaßenden Verhaltens Yang Suns. Es entspricht einer traditionellen Idealvorstellung von einer Frau, die alles aus Liebe für den Mann tun und leiden kann, wenn Brecht sie sagen lässt:

> Ich will mit dem gehen, den ich liebe.
> Ich will nicht ausrechnen, was es kostet.
> Ich will nicht nachdenken, ob es gut ist.
> Ich will nicht wissen, ob er mich liebt.
> Ich will mit ihm gehen, den ich liebe. (80)

Dass eine Idealisierung uneigennütziger und aufopfernder Liebe einhergehen kann mit einer totalen Instrumentalisierung der Frau und der Ablehnung jeder Moral durch den Mann, haben die Untersuchungen von Leben und Werk BRECHTS von Karasek, Schneider und Wedel im Einzelnen gezeigt.[123]

Die Ambivalenz der Shen Te-Figur gestattet dem heutigen Leser und Zuschauer in dem Stück mehr als nur ein historisch interessantes Lehrstück marxistischer Kapitalismuskritik zu sehen oder ein Beispiel für die komische Darstellung überholter Gesellschaftsstrukturen. Für den kritischen Blick auf BRECHT, wie er z. Z. nicht nur von seinem ehemaligen Theater, dem Berliner Ensemble, gefordert wird, wäre eine grundsätzliche Überprüfung der großen Stücke aus der Exilzeit, zu denen *DER GUTE MENSCH VON SEZUAN* zählt, notwendig. Dazu gehörte neben einer Aufarbeitung des Themas *Spurenverwischung* im biografischen Bereich – besonders beim Arbeitsanteil seiner Mitarbeiterinnen – nicht nur eine ideologiekritische Überprüfung seiner Gesellschaftssicht, sondern auch seines Frauenbildes, besonders im Hinblick auf ein nicht mehr durch einen vorgeblichen Klassiker *belehrbares* Publikum.[124]

# 5 Funktion und Gestaltungsmittel des epischen Theaters

## 5.1 Brechts Konzeption des epischen Theaters

BRECHTS Theater will politisches Theater sein. Seine Dramaturgie will den Zuschauer über seine gesellschaftliche Rolle aufklären, seine Kritik an den bestehenden bürgerlichen Verhältnissen und deren ideologischen Überbau herausfordern und ihn zur Veränderung der als menschenunwürdig erkannten kapitalistischen Gesellschaftsordnung aktivieren. Diese Zielsetzung bestimmt BRECHTS Theatertheorie und Theaterpraxis, wie er sie besonders in *MESSINGKAUF*, im *KLEINEN ORGANON FÜR DAS THEATER* und den *NOTIZEN ÜBER DIE DIALEKTIK AUF DEM THEATER* erörtert hat. In einer Diskussion über **Formprobleme des Theaters aus neuem Inhalt** bestimmt BRECHT eindeutig die politische Funktion des Theaters, wenn er sagt, **daß die Frage, was für Kunstmittel gewählt werden müssen, nur die Frage sein darf, wie wir Stückeschreiber unser Publikum sozial aktivieren (in Schwung bringen) können** (GW 7, 1147). Nach BRECHTS marxistischer Grundüberzeugung heißt das die Funktionalisierung der Theaterkunst als Waffe im Klassenkampf.

Im Gegensatz zum Theater des Naturalismus, dessen soziale Thematik BRECHT in seinen Stücken fortsetzt, dessen Darstellung sozialer Problematik er aber ablehnt als **groben und flachen Realismus, der die tieferen Zusammenhänge niemals aufdeckte** (GW 7, 214), fordert er die Anwendung einer wissenschaftlichen Methode im Theater um die den Menschen bestimmenden gesellschaftlichen Gesetzmäßigkeiten erkennbar zu machen. Die Grundfrage des *GUTEN MENSCHEN VON SEZUAN:* **Was ist das für eine Welt?** (73) lenkt in diesem Sinne den Blick des Zuschauers eindeutig vom individuellen Verhalten des Menschen auf den gesellschaftlichen Zustand und damit auf die Ursache menschlichen Verhaltens. Dabei gilt für BRECHT als unbestreitbare Voraussetzung für den wissenschaftlichen Blick der Marxismus als die **Wissenschaft über das gesellschaftliche Zusammenleben der Menschen** (GW 7, 530).

Dementsprechend werden die im traditionellen Drama dargestellten zwischenmenschlichen Beziehungen als im Wesentlichen soziale beschrieben. Die Charaktere werden als Typen gesellschaftlich-sozialen Klassen zugeordnet und zu Sprechern ihrer Klasse funktionalisiert. Die Lösung bleibt dem gesellschaftlich motivierten Zuschauer vorbehalten.

Er darf nicht Zuschauer bleiben, er soll zum politischen Mitspieler außerhalb des Theaters werden. Die *Dramaturgie der Veränderung* entspricht der revolutionären Zielsetzung der marxistischen Theorie.

Es versteht sich, dass das epische Theater Brechts nicht einfach *moralische Anstalt* im Sinne eines idealistisch-philosophischen Theaters sein will. Es will auch nicht eine naturalistische **Ausstellung** sozialer Problematik sein (GW 7, 214), die nur das Mitleid des Zuschauers mit den sozialen Unzulänglichkeiten und Unverträglichkeiten menschlicher Existenz erregt. Im Gegensatz zu den **Rauschgiftbuden** des Naturalismus (GW 7, 514) soll sein episches Theater **eine Lehr- und Publikationsstätte** sozialer Problematik auf der Grundlage der marxistischen Gesellschaftsdoktrin sein, welche **die praktikablen Abbildungen der Gesellschaft (macht), die dazu imstande sind, sie zu beeinflußen** (*Kleines Organon*, § 24). Indem es die antagonistischen Strukturen der bürgerlichen Gesellschaft zum Gegenstand der Abbildung und Diskussion macht – die Parabel vom gespaltenen Menschen von Sezuan ist ein solches Abbild – und diese zugleich in der Perspektive der Überwindbarkeit zeigt – die komische Verfremdung der Repräsentanten Sezuans ist dafür Indiz –, will es das **eingreifende** Denken und Handeln des Zuschauers befördern.[125] Brechts Ablehnung der naturalistischen Dramatik und Dramaturgie bedingt seine Ablösung vom traditionellen Theater, das er meist undifferenziert als **bürgerliches Theater** (GW 7, 706) bezeichnet. Seinem antibürgerlichen Affekt entsprechen der schrille Ton und die marxistische Terminologie seiner Kritik dieses Theaters als Spielstätte einer **Menschenfresserdramatik: Der physischen Ausbeutung der Armen folgte die psychische** [...]. **In den Ekel über den Armeleutegeruch mischte sich die Rührung über das Mitleid des Autors** [...]. **Das *Milieu als Schicksal* erzeugte Mitleid, jenes Gefühl, das *man* hat, wenn man nicht helfen kann** (GW 7, 214). Die marxistisch-revolutionäre Sicht der gesellschaftlichen Wirklichkeit machte für Brecht auch eine andere Form des Theaters notwendig. Was der Naturalismus nur versucht hatte – in den Augen Brechts **sein wichtigstes Fortschrittselement** (ebd.) –, nämlich **die Realität zum Sprechen zu bringen** (ebd.), wollte er mit seinem epischen Theater erreichen. In dem folgenden, schon 1931 aufgestellten und 1938 noch einmal revidierten Schema unternahm er es, die Gewichtsverschiebungen vom **dramatischen zum epischen Theater** (GW 7, 1009) zu verdeutlichen:

| Dramatische Form des Theaters | Epische Form des Theaters |
|---|---|
| – Die Bühne *verkörpert* einen Vorgang | – Sie erzählt ihn |
| – verwickelt den Zuschauer in eine Aktion und | – macht ihn zum Betrachter, aber |
| – verbraucht seine Aktivität | – weckt seine Aktivität |
| – ermöglicht ihm Gefühle | – erzwingt von ihm Entscheidungen |
| – vermittelt ihm Erlebnisse | – vermittelt ihm Kenntnisse |
| – der Zuschauer wird in eine Handlung hineinversetzt | – er wird ihr gegenübergesetzt |
| – es wird mit Suggestion gearbeitet | – es wird mit Argumenten gearbeitet |
| – die Empfindungen werden konserviert | – bis zu Erkenntnissen getrieben |
| – der Mensch wird als bekannt vorausgesetzt | – der Mensch ist Gegenstand der Untersuchung |
| – der unveränderliche Mensch | – der veränderliche und verändernde Mensch |
| – Spannung für den Ausgang | – Spannung auf den Gang |
| – eine Szene für die andere | – jede Szene für sich |
| – die Geschehnisse verlaufen linear | – in Kurven |
| – natura non facit saltus | – facit saltus |
| – die Welt, wie sie ist | – die Welt, wie sie wird |
| – was der Mensch soll | – was der Mensch muss |
| – seine Triebe | – seine Beweggründe |
| – das Denken bestimmt das Sein | – das gesellschaftliche Sein bestimmt das Denken |

Im Gegensatz zur Forderung eines kritisch betrachtenden Zuschauers im epischen Theater zeigen die einzelnen Formulierungen des Textes jedoch bereits eine eher manipulative Tendenz: Da ist von **erzwingen** und **treiben** die Rede. Besonders auffällig ist die doktrinäre Formulierung marxistischer Prägung am Schluss. Das **Prinzip einer den Zuschauer dirigierenden Tätigkeit**[126], das W. Hinck in der Theorie und Praxis des epischen Theaters erkennt, ergibt sich aus seiner politischen Wirkungsabsicht: Die Doktrin schränkt das Experiment mit dem Zuschauer ein.

In seiner Theorie von einem dialektisch ausgerichteten Theater versucht BRECHT der Eigenständigkeit des Zuschauers mehr Rechnung zu tragen, indem er auch Erscheinungen wie Einfühlung und Identifikation berücksichtigt. So werden z. B. in unserem Stück durch gebrochene Figuren (z. B. die Doppelrolle Shen Te/Shui Ta) und eine besondere Betonung des offenen Schlusses (vgl. den Epilog) diese Reaktionen zugleich ermöglicht und gebremst: **Unsere eigentliche Bewegung wird durch die Erkennung und Erfüllung des zwiespältigen Vorgangs ent-**

**stehen** (GW 7, 900). Auf diese Weise kann das epische Theater eine **Schule der Emotionen** (GW 7, 927) sein. Die pädagogische Tendenz bleibt auch im Bereich der Wirkungsästhetik unüberhörbar.

Eine als Ergänzung zum obigen Schema gedachte Gegenüberstellung von dramatischem und epischem Theater will die unterschiedlichen Wirkungsweisen auf den Zuschauer und seine Reaktionen darauf verdeutlichen:

> *Der Zuschauer des dramatischen Theaters sagt:* Ja, das habe ich auch schon gefühlt. – So bin ich. – Das ist natürlich. – Das wird immer so sein. – Das Leid dieses Menschen erschüttert mich, weil es keinen Ausweg für ihn gibt. – Das ist große Kunst: Da ist alles selbstverständlich. – Ich weine mit den Weinenden, ich lache mit den Lachenden.
> *Der Zuschauer des epischen Theaters sagt:* Das hätte ich nicht gedacht. – So darf man es nicht machen. – Das ist höchst auffällig, fast nicht zu glauben. – Das muß aufhören. – Das Leid dieses Menschen erschüttert mich, weil es doch einen Ausweg für ihn gäbe. – Das ist große Kunst: Da ist nichts selbstverständlich. – Ich lache über den Weinenden, ich weine über den Lachenden. (Brecht, GW 7, 265)

Brecht betont im Gegensatz zu seinen überspitzenden und deshalb missverständlichen Formulierungen in den Schemata,

> daß episches Theater nicht einfach undramatisches Theater ist, den Kampfruf *Hie Vernunft – hie Emotion* (Gefühl) erschallen läßt. Es verzichtet in keiner Weise auf Emotionen. […] Es verzichtet so wenig darauf, daß es sich sogar nicht auf ihr Vorhandensein verläßt, sondern sie sogar zu verstärken oder zu schaffen sucht. Die *kritische Haltung,* in die es sein Publikum zu bringen trachtet, kann ihm nicht leidenschaftlich genug sein. (GW 7, 1144)

Ein Meisterbeispiel dialektischer Gedankenführung; ob es auch die Lösung der vielfältigen Probleme des Zuschauerverhaltens im Theater bietet, bleibt der Diskussion überlassen. Festzuhalten ist, dass die **kritische Haltung** nur sinnvoll auf der Basis marxistischer Theorie wirksam werden kann, d. h. dass die Emotionen in klassenkämpferischer Richtung verstärkt und kanalisiert werden müssen. Deshalb fordert BRECHT die Wahl eines **Standpunktes** für den Stückeschreiber, den Schauspieler und Zuschauer des epischen Theaters **außerhalb des Theaters** (*KLEINES ORGANON,* § 56).

## 5.2 Dialektik und Verfremdung

Das epische Theater BRECHTS will dialektisches Theater sein, in dessen Dienst die epischen Darstellungsmittel stehen. Als Kronzeugen für die Richtigkeit des dialektischen Denkansatzes für seine Theatertheorie zitiert BRECHT in geradezu scholastischer Manier in einem Zusatz zu seinem *KLEINEN ORGANON* LENIN:

**Bedingung der Erkenntnis aller Vorgänge in der Welt in ihrer Selbstbewegung, in ihrer spontanen Entwicklung, in ihrem lebendigen Sein ist die Erkenntnis derselben als Einheit von Gegensätzen** (GW 7, 707).

Die Berufung auf LENIN und dessen Formeln des dialektischen Materialismus als letzte Instanz für die Grundlegung der Poetik macht die bewusst ideologische Engführung von BRECHTS Theatertheorie und -praxis deutlich. Konsequent in diesem Sinn ist es deshalb, wenn er kategorisch behauptet, dass **Darstellungen ohne Kenntnis der Dialektik – und ohne Dialektik zur Kenntnis zu bringen (sic!) – nicht befriedigend ausfallen** (GW 7, 707) und jede andere Darstellung **schief, fragmentarisch, dunkel** und sogar **asozial** sei (ebd.). Konsequent ist daher auch im Sinne LENINS die konkrete politische Indienststellung von BRECHTS Theater und seiner Person, wie er sie noch in seinem letzten Lebensjahr in einer seiner Ergebenheitsadressen an das Regime der DDR hervorhebt. In einem Brief an Otto Grotewohl, den Ministerpräsidenten, betont er ausdrücklich das unverrückbare Ziel seiner **marxistischen Dramaturgie auf materialistisch-dialektischer Basis** (Br. 689) und empfiehlt sich als eine Art Politruk junger Theatertalente. In aller Deutlichkeit bekennt er: **Ich wollte ihre Produktion überwachen (sic!) und versuchen, sie weltanschaulich zu qualifizieren** (ebd.). Das epische Theater BRECHTS ist per definitionem marxistisch-leninistisches Weltanschauungstheater. Die proklamierte Befreiung des Schauspielers und Zuschauers aus der Faszination der Rolle erweist sich als wort- und trickreicher Umweg zu einem ideologisch genau festgelegten und politisch überwachbaren Kurs, auf den Schauspieler wie Zuschauer geführt werden sollen. Die lebenslang eingefügte Nomenklatur der Theorie macht das epische Theater BRECHTS letztlich zum Werkzeug und Opfer der sozialistischen Nomenklatura jeglicher Provenienz.

Es ist wichtig, diese ideologische Ausrichtung in Theorie und Praxis im Auge zu behalten, den **Standpunkt außerhalb des Theaters** (s. o.), um die im Einzelnen oft bestechenden Formulierungen von BRECHTS Dramaturgie im richtigen Kontext zu sehen und zu bewerten. Das gilt besonders von Begriffen wie *Verfremdung* und *Produktivität.* Im Gegensatz zu der Darstellung des traditionellen Theaters, die nach BRECHT **immer auf die Verschmierung der Widersprüche** (GW 7, 706), d. h. der gesellschaftlichen Widersprüche, ausgeht, soll sich die Fabel im epischen Theater **in widerspruchsvoller Weise, in Wendungen und Sprüngen entwickeln** (GW 7,707). **Vermieden wird jene banale Durchidealisierung (ein Wort gibt das andere) und Ausrichtung von unselbständigen, rein dienenden Einzelteilen auf einen alles befriedigenden Schluß** (ebd.).

Das Gegenmittel zu einer **banalen Durchidealisierung** ist die Verfremdung. Sie soll nicht einfach nur die von der aristotelischen Poetik geforderten Einheiten von Ort, Zeit und Handlung und die dort ebenfalls geforderte Notwendigkeit der Charaktere aufheben, sondern einer neuen, sogenannten gesellschaftswissenschaftlichen Sicht auf die menschlichen Verhältnisse Bahn brechen: **Diesen Blick, so schwierig wie produktiv, muß das Theater mit seinen Abbildungen des menschlichen Zusammenlebens provozieren. Es muß sein Publikum wundern machen und dies geschieht vermittels der Verfremdungen des Vertrauten** (*Kleines Organon*, § 44). Dies aber setzt den dialektisch geschulten Schauspieler und Zuschauer voraus: **Echte, tiefe, eingreifende Verwendung der Verfremdungseffekte setzt voraus, daß die Gesellschaft ihren Zustand historisch und verbesserbar betrachtet** (GW 7, 706). Der Klassenstandpunkt kommt ins Spiel: **Die echten V-Effekte haben kämpferischen Charakter** (ebd.). Brecht sieht die Kritik, **daß das *Doktrinäre* hier über das *Unterhaltende* dominiere** (Br. 505), tut sie aber als Ergebnis **der Klassenspaltung im Publikum** (ebd.) ab. Der circulus vitiosus der Klassenkampfideologie lässt die geforderte **realistische Haltung gegenüber dem Publikum** (ebd.) zu einer rabulistischen Selbsttäuschung verkommen.

Daher wird verständlich, warum auch eine **realistische Haltung gegenüber dem Thema** (ebd.) im *Guten Menschen von Sezuan* nicht gefunden werden kann. Brechts Interpretation der Parabel verrät in ihrer Begrifflichkeit den Klassenkampfcharakter, den ihr Brecht zugedacht hat: **In einem Gleichnis wird einfach realistisch eine historische (vorübergehende, d. h. zum Vorübergehen zu zwingende) Situation abgebildet. Die Zerreißung der Shen Te ist ein schrecklicher Akt der bürgerlichen Gesellschaft!** (Br. 505). Dabei bleibt der Begriff *realistisch* schillernd und undifferenziert. Brechts **dialektischer Realismus** (ebd.) erinnert in der begrifflichen Unschärfe an den *sozialistischen Realismus* in der parteiamtlichen Kunstdoktrin. Hier wie dort dienen die theatralischen Mittel der politischen Orientierung.

Der grundlegenden Verfremdungstendenz der Parabel vom *Guten Menschen*, die die *Entfremdung* des Menschen in der bürgerlichen Gesellschaft demonstrieren soll, entsprechen die einzelnen Verfremdungen durch die verschiedenen Strukturen des Textes. Die Darstellung der Widersprüche der unterschiedlichen Wirklichkeitsebenen (Sezuan – moderne Welt, soziale Situation – Traum- und Legendenwelt, Handlung – Kommentar, Realität – Ideologie, Moral – Geschäft, privates – öffentliches Leben, Götterbild – Götterwirklichkeit, Charakter – Kunstfigur) ermöglicht eine **Häufung der Unverständlichkeiten, bis Ver-**

**ständnis eintritt (Umschlag von Quantität und Qualität)** (GW 7, 360), wie Brecht wiederum in enger Anlehnung an die marxistische Doktrin behauptet. Die Bewusstseinsveränderung beim Zuschauer kann dabei nur durch einen gestischen Rollenaufbau des Schauspielers erreicht werden. **Die Voraussetzung für die Hervorbringung des V-Effektes ist, daß der Schauspieler das, was er zu zeigen hat, mit dem deutlichen Gestus des Zeigens versieht** (GW 7, 341). Eine episch-dialektische Spielweise muss dem Stückaufbau, der Fabel- und Figurenkonzeption des Stückes entsprechen, die ihrerseits von dem Prinzip der Verfremdung bestimmt wird. Die gesellschaftspolitische Orientierung des Zuschauers bleibt der Endzweck aller Dramatik und Dramaturgie, welche die nach marxistischer Lehre erkennbaren typischen Verhaltens- und Sprechweisen der Gesellschaft, ihren **gesellschaftlichen Gestus** sichtbar machen will. **Es ist der Zweck des V-Effekts, den allen Vorgängen unterliegenden gesellschaftlichen Gestus zu verfremden. Mit sozialem Gestus ist der mimische und gestische Ausdruck der gesellschaftlichen Beziehungen gemeint, in denen die Menschen einer bestimmten Epoche zueinander stehen** (GW 7, 346).

Was bedeutet das für die epische Dramaturgie? Walter Benjamin kommentiert: **Gesten erhalten wir umso mehr, je häufiger wir einen Handelnden unterbrechen. Für das epische Theater steht daher die Unterbrechung der Handlung im Vordergrund.**[127] Mittel solcher Unterbrechung sind die Songs (27, 50, 65, 91, 116), die direkten Ansprachen der Figuren an das Publikum (s. u. Kap. 5.5.2), die Kommentare (Bild 1, Bild 8, 20, 21, 101), die pantomimische und poetische Einlage (54, 57, 98 ff.), die Zwischenspiele (30 f., 53 ff., 65 f., 81 f., 93 ff., 109 f., 130 f.), die grundsätzliche Selbstständigkeit der Einzelszene gegenüber der Gesamthandlung (vgl. bes. 6. u. 8. Bild) und die sprachliche Gestaltung (s. Kap. 5.5). Die Fülle des gestischen Materials, die das Stück dem Schauspieler zur Verfügung stellt, soll eine zugleich künstlerische und politische Spielweise möglich machen. **Der epische Schauspieler nimmt die Menschen nicht wie der naturalistische oder in alter Weise stilisierende Schauspieler als unveränderbare Naturen an. Er sieht sie als durchaus änderbare und die unveränderbaren als beseitigbare (sic!) an** (GW 7, 373). Seine gestische Spielweise macht die Probe aufs Exempel. **Die Geste demonstriert die soziale Bedeutung und Anwendbarkeit der Dialektik** (W. Benjamin)[128]. Nicht zu übersehen ist im *Guten Menschen von Sezuan* außer einer aufklärerisch-komischen Vorführung der **unänderbaren Naturen** die klassenkämpferisch-terroristische Absicht. Neben die Lächerlichmachung der Repräsentanten einer nach marxistischer Auffassung überlebten Gesellschaft tritt die Methode der

Liquidierung, wie sie in der Demontage der Figur des Arbeiterverräters Sun angewendet wird. Der **unbedingte Spaß** (*Kleines organon*, § 3), den das **amüsante Lehrtheater** (GW 7, 267) bereiten soll, bleibt angesichts der fatalen Umsetzung der Theorie der Beseitigung in die Wirklichkeit und die damit verbundenen physischen und moralischen Verwüstungen in der angeblich neuen Gesellschaft des real existierenden Sozialismus für den heutigen Zuschauer ein zweifelhaftes Vergnügen. Was den Reiz politischer Ästhetik ausmachen soll, die Entdeckung unbekannter und unerwarteter Aspekte des menschlichen Miteinanders, erweist sich als bloße Demonstration einer als grundsätzlich behaupteten Unvereinbarkeit von Humanität und moderner Lebens- und Arbeitswelt. Das wirklichkeitsdenunziatorische Grundpotential des episch-dialektischen Theaters, besonders deutlich im 8. Bild unseres Stückes, bezieht seine Kraft letztlich aus einer illusionistischen Vollkommenheitsphilosophie, deren Scheitern das Ende von Faschismus und Kommunismus markiert. Deshalb konnte das epische Theater Brechts seinen Anspruch schon vom Ansatz her nicht einlösen, **Theater des wissenschaftlichen Zeitalters** (*Kleines Organon*, § 21) zu sein.

## 5.3 Die 8. Szene – eine epische Musterszene

Die in der folgenden Analyse benutzten Begriffe wie *bürgerlich, kapitalistisch, faschistisch, antagonistische Klassengesellschaft, herrschende Klasse* werden unkritisch im Sinne von Brechts marxistischem Denkansatz verwendet. Nur eine Analyse der Szene, die eine ideologische Terminologie im Sinne Brechts gebraucht, kann die Begrenztheit seiner Position und ihre Kontraproduktivität im Hinblick auf den heutigen Leser und Zuschauer und die gelegentliche Überschätzung als klassisches Stück der Moderne durch die Literaturkritik deutlich machen. Wenn man Brecht beim Wort nimmt, wird wie in dieser Schlüsselszene marxistischer Ästhetik **im ganzen Stück das marxistische Weltbild im großen Umfang erkennbar**[129], was Marianne Kesting schon zu Anfang aller Interpretationsversuche festgestellt hat. Die 8. Szene ist eine für die Interpretationen entscheidende Schlüsselszene des Stücks und zugleich eine Musterszene des episch-dialektischen Theaters.

### *5.3.1 Die Darstellungsmittel einer politischen Ästhetik*

In seinem *Arbeitsjournal* notiert Brecht zur Wiederaufnahme der Arbeit am *Guten Menschen von Sezuan:* **Es ist scharadenarbeit [...], ich kann aber dabei die epische technik entwickeln und so endlich wieder auf den standard kommen** (Mat. 13). Der Aufbau der 8. Szene reflektiert in seinen verschiedenartigen Episierungstechniken – Bericht,

Kommentar, Ansprache an das Publikum, Song – diesen Standard und wird damit dem Prinzip des dialektischen Theaters gerecht. Die Zerlegung der Handlung in einzelne, sich gegenseitig verfremdende Szenen, das Aufbrechen der Erzählung durch dramatische Episoden, der Widerspruch von dramatischem Bild und kommentierender Aussage, der Unterschied von episch-dramatischem Wirklichkeitsausschnitt und dem auf einen größeren geschichtlich-gesellschaftlichen Zusammenhang deutenden Bühnenbild geben der Szene nicht nur das Gewicht einer **epischen Musterszene** (Jan Knopf[130]), sondern zugleich eines Lehrbeispiels für die politische Ästhetik von BRECHTS dialektischem Theater.

Inhaltlich thematisiert die 8. Szene in Parallelität zum Aufstieg Shen Tes/Shui Tas die Geschichte des sozialen Aufstiegs Yang Suns. Während aber Shen Te eine restlose Verwandlung in den bösen Kapitalisten ablehnt, passt sich Sun mit letzter Konsequenz an die kapitalistische Ausbeuterpraxis an, zunächst als selbst ausgebeuteter Hilfsarbeiter, dann als Verräter und schließlich als Unterdrücker seiner eigenen Klasse. Was bei Shen Te als schmerzhafte Erfahrung hervorgehoben wird – sie leidet bis zur Verzweiflung an dem Widerspruch von ihr persönlich ernst genommener ethischer Forderung und gesellschaftlicher Praxis –, wird bei Sun als fraglose und vollkommene Anpassung an diese Praxis gezeigt. Die Normen der bürgerlichen Ethik, von der Mutter Suns verbalisiert, erscheinen dabei nur als Ausdruck von Verblendung oder als Vorwand und Kaschierung egoistischer Macht- und Besitzinteressen. **Ehrliche Arbeit** (112, 115, 117), **Intelligenz** (115), **Bildung** (ebd.) und **Erfüllung der Pflicht** (ebd.) erweisen sich als Verschleierungsvokabeln rücksichtsloser Konkurrenz- und Ausbeutungspraxis. Im Widerspruch von Bericht und dramatischer Kurzszene, von Interpretation und Wirklichkeit, von Kommentar und Publikumseinsicht soll der Tugendkatalog der bürgerlichen Gesellschaft als ein Wörterbuch der Unmenschen entlarvt werden. Die epische Struktur der Szene gestattet es, dem Zuschauer zudem die Unaufhaltsamkeit des nach dem Gesetz des Konkurrenzkampfes verlaufenden Aufstiegs Suns in kurzer Zeit (epische Technik der Zeitraffung) und in äußerster Zuspitzung (filmische Technik der paradigmatischen Einblendung) vor Augen zu führen und damit die **gesellschaftlichen Zustände als Prozesse** (*KLEINES ORGANON*, 45) zu behandeln und **diese in ihrer Widersprüchlichkeit** (ebd.) zu verfolgen.

> Brecht knüpft [...] an die Technik des Films an und überträgt sie auf die Bühne [...]. Der Film hatte gezeigt, daß über die Zeit und über den Raum frei verfügt werden kann, daß die Kunst ganz andere Möglichkeiten zur Verfügung

**hat, als die Realität sie zu bieten vermag: Wo sie immer nur einen Ort bietet, vermochte der Film durch Überblendung viele Orte an einem Ort zu zeigen. Während in der Realität die Zeit nicht umkehrbar ist, kann der Film [...] verschiedene Zeiten gleichzeitig zeigen [...]. Brecht überträgt diese ganz und gar *unnaturalistischen Mittel* auf die Bühne, entfernt sich auch damit von der Realität und ihren Gesetzen (für die 8. Szene pflegte im traditionellen Theater der Botenbericht eingesetzt zu werden) mit dem Ziel aber: auf sie zu zeigen, ihre Gesetze s i c h t b a r zu machen** (gesperrt vom Autor Knopf)[131].

Wie Ort und Zeit der Handlung sind auch die Personen der Handlung durch einen besonderen sozialen Gestus bestimmt: Sie zeigen die gesellschaftlich bedingten Regeln und Verhaltensweisen beim Aufstieg (Sun) und seiner Rechtfertigung (Frau Yang). Ihre jeweiligen Rollen haben stellvertretende Funktion. Sun soll zugleich Repräsentant und moralisches Opfer kapitalistischer Ausbeutung, Frau Yang zugleich Sprecherin und Opfer des Selbstbetrugs bürgerlicher Ideologie sein. Was als Aufstieg dargestellt wird, dekuvriert sich in Wirklichkeit als menschlicher Abstieg: Rücksichtslosigkeit und Verblendung sind die gefährlichen Komponenten der bürgerlichen *Persönlichkeit,* die in der Rolle von Sun und der seiner Mutter auf ihr soziales Maß gebracht und in ihrer Funktionalität durchschaubar gemacht werden soll. Die Spaltung des bürgerlichen Menschen **in eine private (moralische) und eine öffentliche (geschäftliche) Hälfte** (Knopf[132]), die im gespaltenen Menschen Shen Te/Shui Ta in einer Figur im Stück vorgeführt wird, wird in der 8. Szene auf eine andere Weise gezeigt: Der Gewissenskonflikt des guten Menschen zwischen gut sein und gut leben zu wollen ist durch gewissenlose Anpassung an die öffentliche Praxis und Sprachregelung gelöst. Das Endstadium bürgerlich-kapitalistischer Perversion des menschlichen Fortschritts kommt ins Bild.

Diese Abbildung der ökonomisch-gesellschaftlichen Verhältnisse soll **eine Begutachtung und Stellungnahme des Zuschauers ermöglichen** (Brecht[133]). Der Zuschauer gerät dabei nicht nur in ein dialektisches Spannungsverhältnis durch die widersprüchlichen Vorgänge auf der Bühne, sondern auch dadurch, dass die ihm ungewohnt erscheinenden Abbildungen gesellschaftlicher Wirklichkeit sein eigenes gesellschaftliches Bewusstsein, seine eigenen Denk- und Sprechweisen zur Diskussion stellen. Einerseits wird er z. B. von der Rampe her durch die Yang expressis verbis zum Zeugen für die Richtigkeit bürgerlicher Wertvorstellungen aufgerufen, andererseits fordert die durch Bühnenbild und Szenenfolge dargestellte Wirklichkeit in einer ihm ungewohnten Fremdartigkeit sein dezidiertes Urteil über diese bürgerliche Ethik heraus: Die Fabrik wird als ein KZ-ähnliches Arbeitslager, die Arbeiter werden als Arbeitssklaven, die sozialen Aufsteiger als Verräter ihrer Klasse und brutale Leuteschinder, die Etablierten, durch unlautere Mittel im Besitz der wirtschaftlichen Macht, als soziale Verbrecher und die Schönredner als betrogene Betrüger gezeigt. Dieses provokative Abbild der bürgerlich-kapitalistischen Gesellschaft entsteht durch ein Zusammenspiel mehrerer Ebenen auf einer Art Simultanbühne. Mehrere temporal verschiedene Schauplätze garantieren eine wechselseitige Verfremdung und damit die Darstellung mehrerer Aspekte des sozialen Feldes. Der Zuschauer kann mit seinem Urteil dazwischenkommen.

Der Schauplatz des Hintergrundes (Arbeitslager) und der Ort epischer Verlautbarung im Proszenium (Frau Yangs Standort und Standpunkt) vergegenwärtigen auf verschiedene Weise das Ergebnis kapitalistischer Entwicklung und ideologischer Rechtfertigung dieses Zustandes. Die eingeblendeten Episoden, die Suns Aufstieg bis in die unmittelbare Gegenwart markieren, spielen in der Vergangenheit, werden aber in ihrer Bedeutsamkeit für Gegenwart und Zukunft durch den Kommentar seiner Mutter deutlich. Besonders der epilogartige Schluss der Szene bringt die Zukunft zur Sprache, zwar nur indirekt, aber mit der gleichen Dringlichkeit wie der Epilog am Schluss des Stücks. Auf den ersten Blick scheint zwar die apodiktische Redeweise der Frau Yang geradezu dem offenen Schluss des Stücks zu widersprechen, aber durch die auf die Spitze getriebene Ruhmredigkeit wird die Kritik des Zuschauers dialektisch herausgefordert und geradezu in Richtung eines **eingreifenden Denkens** (GW 8, S. 714 ff.) gelenkt: Dieses letzte Wort darf nicht das letzte Wort sein.

### *5.3.2 Die verschiedenen Ebenen des Spiels*

Betrachten wir die einzelnen Ebenen, die der Beschreibung des gesellschaftlichen Feldes dienen, noch näher:

1. Die Ebene des Schauplatzes

Die Art der Hintergrundszenerie ist charakteristisch für BRECHTS Auffassung von der Rolle des Bühnenbildes. Es soll nach BRECHTS eigenen Worten **geschichtlich oder gesellschaftlich Interessantes aussagen** (*KLEINES ORGANON*, § 72). Entsprechend BRECHTS Kapitalismuskritik und Faschismustheorie wird der Faschismus in einer Art Lagerkulisse **als nacktester, frechster, erdrückendster und betrügerischster Kapitalismus** (BRECHT[134]) ins Bild gebracht: **In den Baracken des Herrn Shu Fu hat Shen Te eine kleine Tabakfabrik eingerichtet. Hinter Gittern hocken, entsetzlich zusammengepfercht, einige Familien** (111). Die Welt der Arbeit wird als Arbeitslager gedeutet. Folgerichtig hat

G. Strehler in seiner Mailänder Inszenierung des *Guten Menschen von Sezuan* (1982) die Fabrik Shen Tes als KZ mit Gitterzaun, Stacheldraht und Scheinwerfern auf die Bühne gebracht. Durch eine riesige **Shui-Ta-Tobacco**-Leuchtreklame wurde durchaus im Sinne Brechts noch zusätzlich einem antiamerikanischen Affekt Rechnung getragen. Das faschistische Lager und der amerikanische Monopolkapitalismus erscheinen als Endstation bürgerlicher Gesellschaftsentwicklung. Da das 8. Bild gleichsam das Ergebnis des bisherigen Handlungsverlaufs darstellt – die Kleinbürgerin Shen Te ist zum Fabrikherrn, Yang Sun, der Lumpenproletarier, zum Aufseher, der Friseur Shu Fu zum Großinvestor in dieser Fabrik aufgestiegen –, wird es gleichnishaft der Ort bürgerlicher Zielvorstellungen. Im Besitz der Produktionsmittel diktieren die Mächtigen mithilfe ihrer Erfüllungsgehilfen die entsetzlichen Lebens- und Arbeitsbedingungen der Lohnabhängigen. Die Vorstellung von den Armen als willenlosen Objekten der Ausbeutung und Verelendung wird in den als Häftlinge gehaltenen Arbeitssklaven in ihrer letzten Konsequenz in Szene gesetzt. Dieses KZ-Bild bildet während der ganzen 8. Szene die Folie für die Vorgänge auf der Bühne und die Berichte von der Bühnenrampe. Es bleibt dem Zuschauer als Endzustand der Entwicklung der bürgerlichen Eigentums- und Produktionsverhältnisse drohend vor Augen.

2. Das Wechselspiel von epischer und dramatischer Ebene

Von der Bühnenrampe wendet sich Frau Yang direkt an das Publikum und berichtet von der Entwicklung ihres Sohnes Sun. Ihrem bürgerlichen Verständnis nach ist es ein sozialer und moralischer Aufstieg, die Verwandlung von **einem verkommenen Menschen in einen nützlichen** (111). Das soll sie dem Publikum einreden. Ihren Bericht illustriert sie durch die Inszenierung von vier kleinen dramatischen Bildern, die in ihren Bericht eingeblendet werden, gleichsam um den Wahrheitsbeweis ihres Berichts anzutreten. Sie lässt die letzten drei Monate in Suns Leben Revue passieren. Aus der Berichterstatterin wird so eine Art Spielleiterin, aus dem Zuhörer im Publikum der Zuschauer. Das Spiel im Spiel nötigt ihn den Bericht mit dem Berichteten, das Gehörte mit dem Sichtbaren, das Vergangene mit dem Gegenwärtigen zu vergleichen. Da dabei Widersprüche augenscheinlich werden – Frau Yang ist nicht überlegene Spielleiterin, sondern Partei –, beginnt der Zuschauer mehr zu sehen und besser zu urteilen als Frau Yang, die mit den Augen der Mutter (Mutterstolz) sieht und dem Verstand der Kleinbürgerin urteilt (Leistungsstolz).

Zugleich sieht der Zuschauer auch mehr als die Personen der dramatischen Handlung. Ihre Handlungsweise könnte, für sich gesehen, als Ausfluss persönlicher Mängel, wie Egoismus und Brutalität erscheinen. Im Zusammenspiel der verschiedenen Ebenen soll aber deutlich werden, wie ihr Verhalten sozial geprägt und systembedingt ist: Ihr gegenseitiges Verhältnis ist auf ihre gesellschaftlich bedingte Stellung und Stellungnahme reduziert. Ihr Verhalten ist typisch, nicht individuell.

So auch das Verhalten des Fabrikbesitzers Shui Ta, der die Notlage des durch die sozialen Umstände (Arbeitslosigkeit) zum Gesetzesbrecher (Bruch des Heiratsversprechens und Erschleichung von 200 Silberdollar) gewordenen Fliegers Sun ausnutzt um eine billige und willfährige Arbeitskraft zu bekommen. Die soziale Alternative lautet Kittchen oder Fabrik. Der Bericht der Frau Yang spricht dagegen von **unendlicher Güte** (112), die Gelegenheit zu **ehrlicher Arbeit** (ebd.) geboten hat. Der Widerspruch von Bericht und gespieltem Bild macht den Zuschauer gleich zu Beginn der 8. Szene auf den typischen Grundwiderspruch der gezeigten Gesellschaft aufmerksam, den Widerspruch von Ideologie und Wirklichkeit. Frau Yang selbst verwandelt sich in dieser ersten Szene von der Erzählerin zur Akteurin. Sie will dadurch als Augenzeugin und Mithandelnde ihrer Aussage noch zusätzlich Gewicht geben, macht aber auch ihre Rolle als Parteigängerin offensichtlich. Zugleich kann sie ihren Anteil am Aufstieg ihres Sohnes zeigen, der in einem wortreichen Eingeständnis seiner Schuld und einer ebenso wortreichen Dankesbezeugung für die Güte des Herrn Shui Ta besteht, d. h. in der Bekundung ihres Einverständnisses mit der gesellschaftsüblichen Resozialisierungspraxis: unterbezahlte Arbeit bei hohem Leistungsanspruch. Frau Yang selbst nennt diese Arbeitsbedingungen hart (112). Die Angepasstheit der Mutter an die kapitalistische Einstellungspraxis nimmt die Anpassung des Sohnes vorweg, der die harten Arbeitsbedingungen nicht nur akzeptiert, sondern in zunehmendem Maße versteht, **was die Firma benötigt** (115). Es ist typisch, dass der Zwang zu **ehrlicher Arbeit** (117) keinen ehrlichen, sondern einen **nützlichen Menschen** (111) aus Sun macht, ein Nonplusultra bürgerlicher *Persönlichkeitsentfaltung.*

Im Gegensatz zum Wortreichtum, der die Intervention der Mutter in dieser Szene kennzeichnet, ist der Dialog zwischen Shui Ta und Sun auf ein knappes Frage-und-Antwort-Spiel beschränkt. Dieser Dialog ist kein Gespräch im Sinne gegenseitiger Verständigung, sondern eher ein Katz-und-Maus-Spiel. Von Anfang an bestimmt die kalte und lapidare Art von Shui Tas Fragen und Antworten die stichomythische Wechselrede. Die innere Erregung über die ihm von Shui Ta demonstrierte Ausweglosigkeit seiner Situation, noch im Ansatz in seinen beiden ersten

Fragen spürbar, wird kompromisslos unterdrückt. Übrig bleibt das resignative Einverständnis mit jeder angebotenen Arbeit. **Wo ist mein Arbeitsplatz?** (112) ist das letzte Wort in diesem Einstellungsgespräch, das den Flieger zum Kuli macht. Die Sprachform dieses Gesprächs, das auf sieben Kurzsätze beschränkt ist, spiegelt die Abhängigkeit des Arbeitnehmers von seinem Arbeitgeber wider. Die Sprachform des Mächtigen ist apodiktisch in Frage und Antwort. Die Sprachform des Abhängigen ist die resignierende Frage, die eigentlich keine Antwort, nur Abfertigung erwartet. Das Zusammenwirken von kleinbürgerlicher Ethik (Frau Yang) und nun großbürgerlicher Ausbeutungspraxis (Shui Ta) führt zur totalen Fremdbestimmung: **Sun folgt Shui Ta in die Fabrik** (112).

In den nächsten beiden Szenen sieht der Zuschauer, was im Sinne bürgerlichen Leistungsdenkens unter einem **guten Arbeiter** (113) verstanden wird. Der Arbeiter wird als Gehilfe funktionalisiert, der sich im Interesse der Firma und im eigenen Interesse emporarbeiten kann, und sei es auf Kosten anderer. Dazu gehören Skrupellosigkeit, die selbst die Rolle eines agent provocateur einschließt (113), Liebedienerei, die andere beiseite drängt (ebd.), Heuchelei (114) und Verrat an der eigenen Klasse (115). Indem sich Sun bei seinem Aufstieg aller dieser Handlungsweisen bedient, erweist er sich als geeignetes Werkzeug der herrschenden Klasse und zugleich als Demonstrationsfigur für die Doppelsinnigkeit bürgerlicher Moralbegriffe. Was als **Erfüllung der Pflicht** (115) von Frau Yang interpretiert wird, ist Menschen verachtender Egoismus. Allein der Erfolg zählt hier für die Beurteilung. Die Szene mit dem naiven Schreiner (113), den Sun brutal und berechnend mit seinem Arbeitseifer aussticht, dient als Schlüsselszene für die Darstellung systembedingter Verhaltensweisen: Konkurrenzdenken und Rücksichtslosigkeit führen zur Erhöhung der Arbeitsnorm und damit der Produktivität: Der alte Schreiner muss drei statt zwei Ballen Tabak schleppen. Auch die Denunziation des arbeiterfreundlichen Aufsehers (114) ist im Interesse der Firma und im eigenen Interesse: Sun bekommt die Stelle des Aufsehers. Das Prinzip des *gegenseitigen Interesses* ist das Prinzip des Aufstiegs, eines Aufstiegs, der über Leichen geht.

Im Gegensatz dazu steht die Flugmetaphorik, die Frau Yang dazu benutzt, um ihren Sohn zu weiterem sozialen Aufstieg zu motivieren, in dem sie eine Art von fliegerischer Leistung und von Höhenflug sieht. Ihre Worte – **Du bist ein Flieger. Zeig, daß du auch, wo du jetzt bist, in die Höhe kommen kannst!** (115) – machen aus dem Flieger, der **die freundliche Post** (52) den Freunden bringen sollte, einen sozialen Überflieger, der andere unfreundlich überrunden soll. **Bildung und**

**Wissen** (115), in Suns Fall rein technisches Wissen, sollen in den Dienst der Ausbeutung der Armen und des Aufstiegs zu **den besseren Leuten** (ebd.) gestellt werden.

In der vierten Szene wird Sun auf dem Höhepunkt seines bisherigen Aufstiegs gezeigt. Nach Frau Yangs Kommentar verrichtet er **wahre Wunderdinge** (115). Sie bestehen aus einer weiteren Erhöhung der Arbeitsnorm durch eine fließbandartige Arbeitsorganisation. Jede vorhandene Arbeitskraft wird mobilisiert. Selbst die Alten und die Kinder werden nutzbringend eingesetzt. Das Bild des **breitbeinig** hinter den Arbeitern stehenden Sun, der mit den Händen klatscht um den Arbeitsrhythmus zu bestimmen, erinnert an den Aufseher von Zwangsarbeitern und KZ-Häftlingen. Der Höhenflieger endet so in den Niederungen einer KZ-artigen Produktionsstätte, sein Wissen verkommt zur Technik der Ausbeutung, sein Aufstieg ist in Wahrheit der moralische Abstieg. Frau Yangs Resümee: **Heute ist Sun ein ganz anderer Mensch als vor drei Monaten** (114), ist in den Augen des kritischen Zuschauers *tragische Ironie,* um einen Begriff des alten Theaters zu gebrauchen. Der **andere Mensch** ist in Wirklichkeit der total entfremdete Mensch, ein Unmensch. Seine Entwicklung hat die gesamtgesellschaftliche Wirklichkeit, die das Bühnenbild die ganze Zeit vor Augen hielt, eingeholt. Ort und Zeit der verschiedenen Ebenen des Spiels sind wieder deckungsgleich. Nach Jan Knopfs Ausführungen spiegelt sich in der Entwicklung Suns die historische Entwicklung der bürgerlich-kapitalistischen Gesellschaft wider: **Der durch die technische Entwicklung erhoffte Fortschritt erstarrt in den Massenlagern Hitlers, die für Brecht ein Spiegelbild der kapitalistischen Produktionsweise darstellen,** [...] **der erhoffte gute Mensch hat sich als blonde Bestie entpuppt.**[135]

### *5.3.3 Einzelne Struktureinheiten*

Der Song

Ein wichtiges Mittel, das den Vorgang auf der Bühne aus einer weiteren Perspektive kommentieren kann, ist der Song. Im »Lied vom achten Elefanten« verdeutlicht er die Rolle, die der zum Aufseher und Antreiber *aufgestiegene* Arbeiter und damit zum Gehilfen des Klassenfeindes verkommene *Arbeiterverräter* im gesellschaftlichen Kräftespiel einnimmt. Die Verfremdung, die durch die Unterbrechung der Handlung und durch die mithilfe der Musik hervorgehobene Sprechebene entsteht, erreicht mit einer Art kabarettistischer Einlage zugleich Entspannung und besondere Aufmerksamkeit des Publikums. Eine Atmosphäre **vergnüglicher** Reflexion im Sinne des epischen Theaters entsteht (Kleines Organon, §§ 3, 21, 22). Im Vortrag einer gleichnishaften

Tierfabel[136] deutet das Lied, unterstützt durch einen lapidaren Refrain, den Fall Suns als Modellfall. Im Gegensatz zu anderen Songs im Stück, die man als **nicht eingeschmolzene Bestandteile der Handlung** (W. Hinck[137]) bezeichnen könnte, ist dieser Song direkt an die Handlung gebunden: Als Ausdruck ihres kritischen Bewusstseins, wie einzelne aggressive Formulierungen verraten, als Ausdruck persönlicher **Anfeindung** und **Schmähung** (115) ihres Sohnes, wie es Frau Yang sieht, singen die von Sun zu schnellerer Arbeit angetriebenen Arbeiter das Lied; den Refrain der dritten Strophe singt Sun lachend mit; in der letzten Strophe **beschleunigt** (117) er durch rhythmisches Händeklatschen das Tempo von Lied und Arbeit. Der Umfunktionalisierung vom Menschen zur Arbeitskraft entspricht die Umfunktionalisierung der Musik zum Produktionsmittel.

Der Song ist trotz seiner auffälligen Einfachheit ein raffiniertes Kunstgebilde. Der Aufbau der einzelnen Strophen gliedert sie in drei Teile: eine Erzählstrophe, einen Refrain und als eine Art Bindeglied zwischen diesen beiden Teilen einen eingeschobenen Befehls- bzw. Fragesatz, der auf die Funktionalisierung des Liedes zur Steigerung eines immer schärfer werdenden Arbeitstempos aufmerksam macht. Der Song weist mehrere Gattungsmerkmale auf: Inhalt, Aufbau und Sprachform der Erzählstrophen erinnern in der Einfachheit der sprachlichen Fügung und der Bildmotive und durch das eingängige Reimschema auf **–acht–** an ein Kinderlied. Der Refrain mit der unveränderten Wiederholung der gleichen Sequenz und des stumpfen Reims auf **wald – bald** hat Couplet- oder Marschliedcharakter: Im Zusammenhang mit der erinnerten KZ-Szenerie kann das »Lied der Moorsoldaten« in seiner Bedeutung für die Häftlinge und seine Funktionalisierung durch ihre Bewacher assoziiert werden. Die Botschaft des »Liedes vom achten Elefanten« wird in der Form der Fabel dargeboten, die im Gesamtzusammenhang des Stücks die Funktion einer Parabel in der Parabel hat: Sie zeigt die Unmenschlichkeit und damit die Unhaltbarkeit der gesellschaftlichen Situation, die das Verhältnis zwischen Arbeitern, Antreiber und Arbeitgeber bestimmt.

Die Rolle des **zahmen** achten Elefanten soll dabei die Rolle des gezähmten, ins bürgerlich-kapitalistische System der Ausbeutung eingebundenen Arbeiters verdeutlichen. Dieser überwacht die Arbeit der übrigen Arbeitselefanten – **stand faul auf der Wacht und sah zu, was sie hinter sich brachten** (116). Wenn sie sich weigern die Arbeitsnorm zu erfüllen, genügt eine Gratifikation (vgl. 114) – **ein Schaff Reis** (116) – um die Aufgabe des Büttels für den Herrn zu übernehmen – er **schlug die sieben zuschanden** (117). Wie einfach die Ausbeutung der Abhängigen funktioniert, wird parabolisch vorgeführt. Einer, schon äußerlich hervorgehoben – er **ritt hoch auf dem achten** (116) – (Herr Dschin, Shui Ta, der Kapitalist schlechthin) –, verfügt über die Produktivkräfte und Produktionsmittel (sieben Elefanten, die Arbeiter, den Wald, die Rohstoffe); einer hilft ihm bei der Organisation der Arbeit und besorgt die Disziplinierung der Arbeiter (der achte Elefant, Sun, der typische Vorarbeiter in der Funktion des Aufsehers); die Masse (die sieben Elefanten, die Arbeiter) muss das Dasein von Sklavenarbeitern führen. Der Simplizität dieses Modells entspricht die Typisierung der handelnden *Personen.* Schon rein äußerlich sind sie auf eine bestimmte soziale Rolle festgelegt. Wie der achte Elefant zusieht, was die sieben Elefanten **hinter sich brachten**, steht Sun **breitbeinig** (115) hinter den Arbeitern. Wie dieser im Befehlston die andern antreibt, besteht seine Sprache nur in der Befehlsform der Kommandos (ebd.). Wie der achte Elefant die übrigen **zuschanden** schlägt, richtet seine Menschenschinderei Männer, Frauen, Kinder, Alte zugrunde (ebd.). In der Positur des Antreibers entspricht er der Menschen verachtenden Haltung seines Arbeitgebers. Wie Herr Dschin – **er stand dahinten und lachte** (117) – hält sich auch Shui Ta zunächst im Hintergrund um dann **gemächlich schlendernd und eine Zigarre rauchend** (ebd.) in den Vordergrund zu treten. Er hat die Fäden auch im Hintergrund jederzeit in der Hand. In Habitus und Gangart ist er typischer Vertreter der herrschenden Klasse. Selbst die unvermeidliche Zigarre als Statussymbol fehlt nicht: eine Karikatur aus der Zeichenmappe von George Grosz.

Die sozialen Verhaltensweisen des Protagonisten der bürgerlichen Gesellschaft, in der ganzen 8. Szene und in nuce im »Lied vom achten Elefanten« vorgeführt, sollen auf das Gesellschaftlich-Komische aufmerksam machen. Wenn Sun den aggressiven Ton des Liedes überhört, ist es nur aufgrund seiner Machtposition und seiner Überheblichkeit über den Klassenstandpunkt der **ungebildeten Menschen** (115), oder kommt darin die Haltung eines mit Blindheit Geschlagenen zum Ausdruck, der das sich im Protestsong ankündigende neue Bewusstsein nicht versteht? Brecht hatte ursprünglich auch die Einbeziehung anderer, politisch eindeutigerer und richtungsweisender Lieder in den Text des Stückes erwogen, wie z. B. des »Solidaritätsliedes« (G. 369).[138] Im Sinne einer Anwendung der dialektischen Methode auf dem Theater und der damit zu befördernden Aktivierung des Zuschauers schien ihm die durchgängige parabolische Verfremdung des Sachverhalts in den Songs sinnvoller. So ermöglicht nicht nur die Parabolik des Liedes selbst, sondern auch die Doppelbödigkeit und Doppelsinnigkeit von Suns Verhalten während des Gesangs der Arbeiter dem Zuschauer eine zugleich diagnostische und utopische Sicht der Dinge. Die selbstbewusste Haltung des Arbeiterverräters trägt zugleich das Stigma der Überholtheit. Das Gleiche gilt von der Haltung der Herren Dschin und Shui Ta.

Dialektisch gesehen sind sie ebenso betrogene Betrüger wie Frau Yang. Der Selbstbetrug der bürgerlichen Klasse hat eben zwei Aspekte: 1. Einen bedrohlichen – die Masse der Menschen wird **zuschanden geschlagen**, denn **das Neue, was die Bourgeoisie hervorgebracht hat, war der Faschismus** (Br. 503); das Bühnenbild weist darauf hin. 2. Einen komischen – das Gesicht der herrschenden Klasse, charakterisiert durch Aufgeblasenheit und Überheblichkeit, erweist sich am Ende als lächerlich; die karikaturartige Maskierung der Figuren soll das deutlich machen.

Der Epilog

Wie eng das Bedrohliche und das Komische, das Erhabene und das Lächerliche in einer kranken Gesellschaft beieinanderliegen, kommt in dem epilogartigen Schlusswort der Frau Yang zum Ausdruck. Sie beendet ihre Ansprache an das Publikum, in der sie um dessen Zustimmung zu den in ihren Augen positiven Erziehungsmethoden Shui Tas wirbt, mit denen er ihren Sohn **zu ehrlicher Arbeit gezwungen** (117) hat, mit einem Zitat aus der chinesischen Philosophie. Dieses Zitat, das schon bei dem chinesischen Philosophen Mo-tzu ironisch gemeint ist und der Denunziation des asozialen Verhaltens der Konfuzianer dient[139], gewinnt im Zusammenhang mit den verschiedenen Ebenen des Spiels eindeutig parodistische Bedeutung. Die Erwähnung des **Edlen** (ebd.) im Kontext von Unrecht, Verrat und Menschenschinderei erscheint fremd, unangemessen, geradezu abnorm. Das Verhalten der Frau Yang bekommt **etwas Unnatürliches** (*Kleines Organon*, § 40). Der Widerspruch von Schein und Sein, Wort und Wirklichkeit führt in letzter Konsequenz zu Verlogenheit und Selbstbetrug. Das Pathos der Rechtfertigung wirkt unfreiwillig abstoßend und komisch zugleich. Die bürgerliche Ideologie ist somit zum Ausdruck einer extremen Selbstentfremdung des Menschen geworden. Überdeutlich wird der Zuschauer aufgefordert, dieses letzte Wort der Frau Yang nicht auf sich beruhen zu lassen. Das Vergnügen besteht nicht in der Übereinstimmung, sondern darin, **daß die zutage tretenden Regeln** im Zusammenleben der Menschen **als vorläufige und unvollkommene behandelt sind. In diesem läßt das Theater den Zuschauer produktiv, über das Schauen hinaus** (*Kleines Organon*, § 77).

## 5.4 Die Rolle aller Struktureinheiten

Die Rolle aller Struktureinheiten als Vermittlungsformen des episch-dialektischen Theaters wurde bereits im Zusammenhang der Behandlung der verschiedenen Themenkomplexe, besonders bei der Analyse des 8. Bildes, aufgezeigt. Hier soll noch einmal zusammenfassend bzw. ergänzend ihre wirkungsästhetische Funktion beschrieben werden.

### *5.4.1 Die Rolle des Zuschauers*

Ziel aller Veranstaltungen des episch-dialektischen Theaters ist die Intellektualisierung und im Sinne der Theorie des späten BRECHT auch die emotionale Sensibilisierung des Zuschauers. Wichtig für BRECHT war dabei weniger der formal-ästhetische als der gesellschaftlich produktive Aspekt bei der Arbeit mit dem Zuschauer. Eine neue soziale Denk- und Fühlweise sollte erreicht werden: ein revolutionäres Bewusstsein. Alle Mittel der Episierung sollten den Zuschauer daran hindern, sein gewohntes Leben innerhalb und außerhalb des Theaters weiterzuführen. Die durch gestische Strukturen und Spielweisen erreichte distanzierte Haltung des Zuschauers gegenüber dem Bühnengeschehen sollte in eine interessierte, kritische, urteilsbereite und produktive Haltung überführt werden. Direkt an den Zuschauer gerichtete Adressen rufen ihn zugleich zu Zeugenschaft und Urteil auf. Das Theaterpublikum bekommt nicht nur die Rolle des Mitwissers, sondern auch des Mitrichters. Der Prozesscharakter vieler Stücke BRECHTS und das Motiv der Gerichtsszene innerhalb der Szenenfolge haben hier ihren Ursprung. Dies gilt auch für unser Stück. Zugleich wird durch die besondere poetische Form dieser Publikumsadressen ihre Bedeutung als Kommentar des Autors kenntlich, wobei seine Absicht gerade durch die extreme Pointierung des *gesellschaftlichen Gestus* nicht verborgen bleibt: Er möchte vorsagen, was der Zuschauer zu tun habe: die gesellschaftlichen, d. h. nach BRECHTS marxistischer Grundüberzeugung die bürgerlich-kapitalistischen Verhältnisse zu ändern.

### *5.4.2 Die Songs (Lieder)*

Die Songs sind wohl das bekannteste Merkmal des BRECHT'SCHEN Theaters. In unterschiedlichem Maße mit der Handlung verknüpft sind sie vor allem Adressen an das Publikum von besonderer gestischer Bedeutung. BRECHT sagt dazu: **Den allgemeinen Gestus des Zeigens, der immer den besonderen gezeigten begleitet, betonen die musikalischen Adressen an das Publikum in den Liedern** (*KLEINES ORGANON*, § 71). Schon nach Inhalt und Form (vgl. die Strukturelemente von Reim und

Refrain) beanspruchen sie eine besondere Aufmerksamkeit des Zuschauers: Sie gehen in ihrer verallgemeinernden, oft parabolischen Form über die szenische Situation hinaus. Meist an der Bühnenrampe gesungen verstärkt eine von der Musik PAUL DESSAUS nahegelegte parodistische Interpretation noch den Zugriff auf den Zuschauer.[140] Die Songs haben so in ästhetischer und reflektorischer Hinsicht Eigenwert als Aussage des Stückeschreibers zu der auf der Bühne demonstrierten Situation. Deshalb fordert BRECHT von den Schauspielern im *MESSINGKAUF:*

**Trennt die Gesänge vom übrigen!**
**[...] Die Schauspieler**
**Verwandeln sich in Sänger. In anderer Haltung**
**Wenden sie sich an das Publikum, immer noch**
**Die Figuren des Stücks, aber nun auch offen**
**Die Mitwisser des Stückeschreibers.** (G 795)

Im *GUTEN MENSCHEN VON SEZUAN* thematisieren die Songs im Wesentlichen die Klage über die **Unbewohnbarkeit der Welt.** Als Parabeln in der Parabel variieren sie diese Grunderfahrung der Masse der armen Leute. Sowohl das »Lied vom Rauch« (27 f.) als auch das »Lied vom Sankt Nimmerleinstag« (91 f.) zeigen die totale Trostlosigkeit, welche die Welt für diejenigen bereithält, die untätig auf eine bessere Welt warten und sich von den sie beherrschenden Ideologien vertrösten lassen. Auch Shen Tes »Lied von der Wehrlosigkeit der Götter und Guten« (65 f.) dient letztlich der Desillusionierung. Der aggressive Ton untermalt zwar die notwendig gewordene Verwandlung in den bösen Vetter, zeigt jedoch nicht den Beginn einer wirklich revolutionären Aktion an. Selbst das »Lied vom achten Elefanten« (116 f.) bleibt trotz der revolutionären Untertöne letztlich resignativ. Die Sänger verhalten sich systemkonform und steigern gehorsam im Rhythmus des Liedes ihr Arbeitstempo. Die Songs betonen die Herrschaft eines Systems, dessen fraglose Anerkennung totale Hoffnungslosigkeit und Resignation zur Folge hat. Selbst der Protestsong wird noch zum Indiz der Festigkeit der Ausbeutungspraxis. Nach dem Gesetz der dialektischen Wirkung aber kann der Zuschauer diese gezeigte Resignation nicht teilen: Er kann nur in konträrer Abwandlung eines Bibelzitates (Röm 12, 15) sagen: **Ich lache über die Weinenden** (Brecht GW 7, 265).

Das »Lied des Wasserverkäufers im Regen« (50, 121) hat außer der Klage über die widrigen ökonomischen Bedingungen seiner Existenz (das Gesetz von Angebot und Nachfrage) noch eine besondere Funktion innerhalb des Stücks: **In der 3. Szene zeigt das Lied auf die spontane Liebe Shen Tes und Suns: Shen Te kauft dem Wasserverkäufer**

**trotz des Regens sein Wasser ab und durchbricht damit die Gesetze der (bürgerlichen) Vernunft; in der 9. Szene zeigt es auf die Entfremdung zwischen Shen Te (als Shui Ta) und Sun; diesmal hält sich Shen Te an die Vernunft und kauft nicht. In der Wiederholung des Liedes, das mit der veränderten Situation konfrontiert ist, wird die Kluft, die die Abläufe geschaffen haben, sichtbar.**[141] Dass die Melodie dieses Liedes in der Pantomime (100) **die Funktion übernimmt, den nicht vorhandenen Wasserverkäufer zu verdeutlichen**[142], scheint gelegentliche Inszenierungspraxis zu sein, ist aber am Text nicht belegbar.

Allgemein gesprochen sollen die Songs in ihrer Pointierung der negativen Erfahrungen mit der Welt auf eine unhaltbare gesellschaftliche Situation und die Notwendigkeit ihrer Überwindung hinweisen. Ob sie in ihrer klassenkämpferisch gedachten Larmoyanz dem heutigen Zuschauer bei der Deutung sozialer Zusammenhänge hilfreich sein können oder nicht vielmehr ein nur kulinarisches Vergnügen wie das Haifischlied aus der *Dreigroschenoper* bieten – das kann wohl besonders durch die Rhythmik beim Elefantenlied geschehen –, muss vor Ort im Theater überprüft werden.

Ein Sonderfall innerhalb der Songreihe im *Guten Menschen von Sezuan* ist das »Terzett der entschwindenden Götter auf der Wolke« (142). Es hat als Imitation von Goethes Altersstil in seiner Himmelfahrtsrhythmik am Ende des *Faust* deutlich parodistische Funktion. Form und Inhalt stehen in engem Zusammenhang mit der Bedeutung des *theologischen Rahmens* für das Stück.

### *5.4.3 Publikumsgerichtete Reflexionen*

Neben den Songs unterbrechen zahlreiche epigrammatisch geformte Reflexionen den Gang der Handlung. Sie sind im Text deutlich markiert und z. T. musikalisch unterlegt. Paul Dessau forderte ihre melodramatische Behandlung.[143] Formal gesehen handelt es sich um Gedichte in rhythmischer Prosa oder Versform. Sie wurden deshalb auch in den Gedichtsammlungen Brechts aufgenommen. Inhaltlich erreichen sie **eine philologische Ebene**, die die **Illustration von Thesen marxistischer Klassiker**[144] hinter sich lässt und damit auch die Ebene des Klassenkampfes, die noch in der Poesie der Songs deutlich wird. Als Publikumsansprachen erfüllen sie sowohl eine **handlungsfördernde** (z. B. 80) als auch eine bloß **kommentierende** (z. B. 21) Funktion innerhalb des Stücks.[145] Ihre lebensphilosophische Bedeutung geht aber über die Funktion einer Entschlüsselung der in der Parabel verborgenen Wahrheit (unmittelbaren Kontext) weit hinaus. Sie gehören zu dem Besten, was Brecht zur deutschen Gedankenlyrik beigetragen hat. Wenn man das Stück auch nicht als Kompendium geflügelter Worte ausschlachten soll, so könnte doch eine gelegentliche Interpretation dieser *Epigramme* außerhalb des dramatischen Kontextes das Format der dichterischen Leistung BRECHTS zeigen. Von besonderer gedanklicher und rhetorischer Prägnanz sind die folgenden Texte, welche in die Gedichtsammlung von Suhrkamp mit folgenden Titeln aufgenommen wurden: »Shen Tes Gedanken, als sich arme Leute bei ihr einquartierten« (20, 21,29); »Lied von der Nachsicht« (22); »Angesichts des Elends« (47); »Oh ihr Unglücklichen« (61); »Was ist das für eine Welt?« (73 f.); »Ich will mit dem gehen, den ich liebe« (80); »Das ist gut« (81); »Lied vom Freundlichsein« (101 f.).

Diese Gedichte zwischen Lyrik und Epik bilden die gedanklichen Höhepunkte des Stücks. Sie sind zugleich klassische Ausprägungen einer Didaktik, die mehr Raum lässt für die Reflexion des Zuschauers als für die politische Ästhetik des marxistischen Lehrtheaters. Eher auf sie als auf die Songs trifft zu, was Bräutigam von diesen sagt: **Sie sind Kristallen vergleichbar, die aus der geschlossenen Unterlage herauswachsen.**[146] Ihre im besten Sinne produktive Wirkung wurde z. B. deutlich, als ALFRED KANTOROWICZ seinen Bericht über den 17. Juni 1953 unter die Worte Shen Tes stellte: **Oh ihr Unglücklichen! Euren Brüdern wird Gewalt angetan, und ihr kneift die Augen zu.**[147] Ihm ist es zwar nicht gelungen, BRECHT selber beim offenen Wort zu nehmen. Aber BRECHTS Worte aus diesem Text **Wenn in einer Stadt ein Unrecht geschieht, muss ein Aufruhr sein** haben sich am Ende in einer Gesellschaft erfüllt, die er als die neue und bessere in seinem Epilog II zum *GUTEN MENSCHEN* gefeiert hatte.[148] Die herausragende Bedeutung der lebensphilosophischen Reflexionen im *GUTEN MENSCHEN VON SEZUAN* liegt in ihrer diagnostischen Schärfe und prophetischen Kraft.

### *5.4.4 Pantomimen*

Schon Dae Kim hat in seiner Untersuchung über den Einfluss der fernöstlichen Theaterkunst auf BRECHT festgestellt, dass das Stück *DER GUTE MENSCH VON SEZUAN* eine direkte Anwendung des ursprünglich japanischen No-Spiel-Modells ist.[149] Wie die Selbstvorstellung der Figur (7), die Unterbrechung der Handlung durch Lieder und Kommentar entstammt die eingespielte Pantomime Shen Tes mit ihrem ungeborenen Kind (98 f.) dem asiatischen Theater. BRECHT selbst hat die Bedeutung dieses Theaters für sein episches Theater hervorgehoben. Er sagt: **In stilistischer Hinsicht ist das epische Theater nichts besonders Neues. Mit seinem Ausstellungscharakter und seiner Betonung des Artistischen ist es dem uralten asiatischen Theater verwandt** (GW 7, 272).

Die Methode des deutlichen Gestus, des doppelten Zeigens wird besonders in der Pantomime vorgeführt, und zwar auf eine Weise, **daß die ganze szenische Aktion eines Schauspielers den Charakter eines Zitats annehmen kann**[150]. Das bedeutet besondere Beanspruchung des Zuschauers.

Shen Te zeigt, was dem Blick des Zuschauers noch verborgen ist: das zukünftige Glück des Kindes, wenn es verstehen lernt die Mechanismen der Wirklichkeit zu durchschauen. Wiederum erscheint das Fliegerglück – ein Lieblingsmotiv Brechts – als Inbegriff menschlicher Produktivität und Glückseligkeit, das in der Unterwerfung der Natur durch den Menschen besteht (vgl. Flieger = **Eroberer der unbekannten Gebirge**, 98). Das Fliegerglück als Ziel steht jedoch am Ende eines Kampfes gegen die einengenden Verhältnisse. Die pantomimisch vorgeführte Lektion vom Kirschendiebstahl, bei der das Kind mit den richtigen Verhaltensweisen gegenüber den Reichen und der in ihrem Dienste stehenden Polizei vertraut gemacht wird, soll eine zugleich praktische und humorvolle Demonstration eines Stücks *Expropriation der Expropriateure* sein. Der Mensch hat Zukunft, wenn er nicht mehr Objekt, sondern Subjekt seines Handelns ist. Er kann nach den Wolken greifen, wenn er gelernt hat nach den Kirschen zu greifen. Diese *fröhliche Wissenschaft* wird durch das »Pflaumenlied«, eine Art naiven Kinderreims, eigens betont. Die Gesten der Figuren bei dieser Pantomime verdeutlichen eindrucksvoll den gesellschaftlichen Grundgestus dieser Szene, wie ein Vergleich der Szenenanweisungen **zum Publikum** (98, 100, 103) zeigt.

### 5.4.5 *Zwischenspiele*

Auch die Zwischenspiele mit den Traumgeschichten Wangs unterbrechen die Handlung. Wangs Berichterstattung über den Fortgang der Handlung, seine Auseinandersetzung mit den Forderungen der Götter, insgesamt die Überbrückung von Raum- und Zeitdistanzen eröffnen dem Zuschauer eine neue Perspektive auf das Bühnengeschehen, ermöglichen eine weitere Distanz für Reflexion und kritische Stellungnahme. Zugleich wird die Welt des Wunderbaren – *das Leben ein Traum* – als Theaterzauber vorgeführt. **Damit ist aber die ästhetische Realität des Dramas als Aufführung noch um eine weitere Abstufung bereichert. Die dramatische Ebene, die über die epische der Publikumsansprachen auf die konkrete Realität des Zuschauers bezogen wird, relativiert ihrerseits noch einmal eine Sphäre des Traumhaft-Unwirklichen** (Hinck[151]).

### *5.4.6 Offener Schluss*

In keinem seiner Stücke hat BRECHT die Offenheit des Schlusses so betont. Zum Sprichwort ist das Resümee geworden: **Den Vorhang zu und alle Fragen offen** (144). Müller weist darauf hin, dass zur konsequenten Verwirklichung der Parabel **der offene Schluss** gehört. Er kommentiert den offenen Schluss des *GUTEN MENSCHEN VON SEZUAN* so:

> Die Parabel ist als Form notwendigerweise offen. Sie macht die Wirklichkeit nur transparent, ermöglicht das Erkennen ihrer Gesetzmäßigkeiten (hier des gesellschaftlich bedingten Selbstentfremdungszwanges). Die Lösung muß in der Wirklichkeit selbst entdeckt und realisiert werden, sie ist also vom Zuschauer zu finden, ist aber natürlich nicht beliebig, sondern in dem dialektischen Theorie-Praxis-Verhältnis der gesellschaftlichen Erkenntnis angelegt, so daß sich aus dem ästhetisch vermittelten Wissen eine Handlungsanweisung ergibt.[152]

Dass die Handlungsanweisung auf der Basis und in Richtung der marxistisch-leninistischen Doktrin erfolgt, macht sie im Hinblick auf die weltweite Widerlegung durch die Praxis literatur- und ideengeschichtlich interessant, aber für die Zukunft praktisch folgenlos. Die Verhältnisse sind nicht so, wie uns dieser Parabelschluss im *GUTEN MENSCHEN VON SEZUAN* glauben machen möchte.

## 5.5 Sprache und Stil

### *5.5.1 Die Entwicklung der Dramensprache Brechts*

Martin Esslin begründet seine Bewertung des Autors als einen **der größten Dichter seiner Zeit** mit dem Hinweis auf **die Kraft und Einfachheit von Brechts Sprache, die Frische und Schönheit des sprachlichen Ausdrucks**, durch die seine **neue Konzeption des Theaters (die übrigens, wie er selbst oft betonte, gar nicht so neu ist) ihren wahren Wert** erhalte. Esslin, der sich bei dieser Wertung auf PAUL VALERY beruft, der eine Aussage dann als echte Dichtung bezeichnet, **wenn ihre Sprache an sich als wertvoll empfunden wird und um ihrer selbst willen wiederholt zu werden verdient, auch nachdem ihr Sinn verstanden und absorbiert worden ist.**[151]

Die dichterische Eigenart der Dramensprache BRECHTS sieht Esslin darin, dass es ihm gelungen sei, dem künstlichen Idiom der bisherigen Schrift- und Bühnensprache eine andere stark stilisierte Sprache gegenüberzustellen, die aufgrund der darin enthaltenen volkstümlichen Elemente natürlicher und echter als das Schriftdeutsche klingt ohne jedoch lokal gebundene Sprache zu sein.

Inwieweit diese Kennzeichnung der BRECHT'SCHEN Sprache auch im *GUTEN MENSCHEN VON SEZUAN* realisiert ist, wird noch zu prüfen sein. Fest steht zunächst, dass diese dramatische Sprache nicht ein von Anfang an fertiges und stets gleichartiges Produkt war, sondern das Ergebnis allmählicher Entwicklung und stets sorgfältiger Differenzierung, besonders in den späteren Dramen der Exilzeit, zu denen ja auch unser Parabelstück gehört.

So wie BRECHT in seinen frühen Stücken in seiner anarchisch-nihilistischen Schaffensperiode in der Dramenform wiederholt expressionistische Bauelemente verwertet, so ist auch die Sprache dieser Zeit noch stark expressiv, elementar, animalisch, mitunter auch naturalistisch und verrät den Einfluss BÜCHNERS ebenso wie den RIMBAUDS.[154] Mit der Zunahme der bei BRECHT ebenfalls vorhandenen satirischen und parodistischen Tendenzen in den 20er-Jahren wächst auch der Anteil von Montageelementen aus anderen Sprachschichten und -registern.

Ernest Bornemann[155] nennt z. B. vier Sprachbereiche, die BRECHTS dichterische Sprache bereichert haben: oberdeutsche Spracheigenheiten, Amtsdeutsch, Archaismen und konkrete Bilder, Anglizismen und exotische Wörter.

Man könnte diese Zusammenstellung wahrscheinlich noch erweitern, etwa um das Lutherdeutsch der Bibel, Einflüsse der Reklamesprache u. a. m. Gleichzeitig mit der Zuwendung zum Marxismus und der Anlehnung an den Epochenstil der Neuen Sachlichkeit vollzieht sich ein Wandel zu einer streng sachgerechten und kommunikativ direkten Sprache, die dem didaktischen Charakter der mittleren, marxistisch geprägten Schaffenszeit BRECHTS, besonders der didaktischen Absicht seiner *Lehrstücke*, besser entsprach als die expressive Ausdrucksweise der Anfangsphase. Die wiederholt gerühmte Schlichtheit und Prägnanz der Sprache BRECHTS hat hier ihre Grundlage.

Der Sprachwandel in den Dramen BRECHTS steht auch im Zusammenhang mit der zunehmenden Betonung des jeweils intendierten Sprachgestus seiner Stücke oder einzelner Textpartien. BRECHT und die Brechtforschung verstehen unter diesem *gestischen* Ausdruck die jeweilige sprachpragmatische (illokutive) Grundhaltung und Funktion der dramatischen Partien, als die Rainer Pohl[156] z. B. in den freien Rhythmen des *GUTEN MENSCHEN VON SEZUAN* **den Gestus der Freundlichkeit** und den **Gestus der Empörung** konstatiert. Wie Pohl in den Analysen der einzelnen Dramen BRECHTS bestätigt, zeigen sich auch im Einsatz der verschiedenen Sprachelemente im Zusammenhang ihres jeweiligen Sprachgestus unterschiedliche Entwicklungen.

1. Kommunikationsformen
Im Gegensatz zur traditionellen Dramatik anderer Autoren, deren Werke in ihrer Dialog- und Monologgestaltung relativ einheitlich sind, weisen die meisten BRECHT-Dramen unterschiedliche funktionale und formale Sprachpartien auf. Auch im *GUTEN MENSCHEN* lassen sich neben den handlungsbestimmenden und handlungsfördernden Dialogen reflektierende, kommentierende und appellierende Textpartien unterscheiden, die durch ihre sprachliche Eigenart voneinander abgehoben sind. Im Einzelnen lassen sich dabei folgende Merkmale ermitteln.

Handlungsdialoge
Ihre Funktion ist es, im Bezug auf Situation und Gesprächspartner zu agieren oder reagieren und so die Handlung voranzutreiben oder zu retardieren und zugleich dies dem Publikum aufzuzeigen. Solche Dialoge können zwischen zwei Sprechern vor sich gehen (wie in den meisten Szenen), und zwar im unmittelbaren Gegenüber oder als Gespräch zwischen mehreren Teilnehmern. Je nach der dargestellten Situation und dem Inhalt der Gespräche erscheinen diese Dialoge in ausgeweiteter Form, wie z. B. in den geschwätzigen Reden der Shin (vgl. z. B. 18 ff., 67 ff.) oder in knappen Redeszenen, wie etwa in den meisten Gesprächen des Shui Ta (vgl. z. B. 32, 34, 68 ff., 111 ff.).

Eine Besonderheit stellt der kontrastive gleichzeitige Dialog zwischen verschiedenen Partnern dar, wie er z. B. im 2. Bild (36 ff.) zwischen Shui Ta und dem Polizisten und den schmarotzenden Übernachtungsgästen in Shen Tes Tabakladen abläuft.

Ebenfalls eine Sonderform des Dialogs besteht im Übergang von ungebundener prosaischer Rede in eine rhythmisch und zeilenhaft (stichisch) gebundene Rede gegenüber dem gleichen Redepartner, vgl. z. B. S. 48, wo Shen Te ihr erstes Liebesempfinden gegenüber Sun in anaphorischen Versen formuliert (**Ich bin eine Reiche** [...]), oder S. 61, wo Shen Te die Umstehenden wegen ihre Passivität angesichts der Verletzung Wangs durch Shu Fu in rhythmisch-stichischen Versen schilt (**Oh, ihr Unglücklichen**), oder in Wangs Reden gegenüber den Göttern (54: **Kaum war da** [...]), als er Shen Tes Situation beschreibt. Mit derartigen Vorgängen des Wechsels der Sprachform bringt BRECHT bereits Elemente einer Verfremdung in die bisher natürlich wirkenden Dialoge, die im Kontext mit anderen Verfremdungen die Illusion einer szenischen Fiktion durchbrechen. Noch stärker geschieht das in den verschiedenen Publikumsansprachen.

Publikumsansprachen

Das an das Publikum gerichtete Beiseitesprechen (à part) war schon in der antiken Komödie (besonders b. Plautus) ein beliebtes Mittel zur Steigerung der Wirkung, vor allem, wenn es sich um Mitteilungen oder Kommentierungen handelte, die nicht für die übrigen Mitspieler bestimmt waren. Von diesen à-part-Formen unterschied sich die gezielte Publikumsansprache in Prologen und Epilogen oder in Anwesenheits- und Entscheidungsfragen, z. B. im Kasperlespiel. Die Publikumsansprachen in Brechts Parabelstück, auf die zuvor (5.4.3) schon hingewiesen wurde, unterscheiden sich in Redeweise und Funktion von diesen beiden Vorformen, denn sie erfolgen nicht im Gegensatz oder ohne Wissen der übrigen Figuren und sind auch keine direkten Appelle an das Publikum, sondern dienen seiner Information über den Handlungsverlauf oder -zusammenhang, so z. B. die Bildeinleitungen Wangs (7) oder Shen Tes (18, 81) oder Frau Yangs (111, 117), oder sie kommentieren das Verhalten der Figuren (z. B. Shen Tes Angaben zu den anderen Personen: S. 19, 21, 62). Andere Publikumsansprachen charakterisieren die soziale Situation oder weisen auf gemeinsame Notwendigkeiten hin und besitzen so größere Allgemeingültigkeit, so z. B. S. 22 f., 28, 47, 101. Wieder andere beziehen sich auf Shen Tes eigene Situation oder ihr eigenes Empfinden (S. 28, 57, 80, 81 f.) oder ihre Aussagen über ihren künftigen Sohn (98, 10). Auch Suns Reaktion auf die Nachricht von Shen Tes Schwangerschaft erscheint in der Form einer Publikumsansprache. Hier wie in anderen Fällen ersetzt diese die im traditionellen Drama dabei übliche Form des Monologs.

Mitunter bestehen solche Publikumsansprachen auch aus rhythmisch und stichisch gebundenen Redepartien, also aus Versen in freien Rhythmen, oder gehen aus der Prosa in solche über (vgl. z. B. 20, 21, 22 f., 29, 47, 62, 64, 101 u. ö.), was den Aussagen eine nachdrücklichere Wirkung verleiht.

Monologe

Die Form des Reflexionsmonologs (allerdings ohne besondere Regiebemerkung) ist dagegen in diesem Parabelstück verhältnismäßig selten (vgl. aber 103). Sie bewirkte ja, dass der Zuschauer sich in die monologisierende Person hineinversetzen müsste, was Brecht in der Form des epischen Theaters möglichst vermeiden will. Nur in Wangs Überlegungen bei der Quartiersuche für die Götter (11, 14) und im ersten Zwischenspiel (30) sowie in Shen Tes als Scheindialog vorgebrachten Absichtserklärungen gegenüber ihrem künftigen Kind (103 f.) finden wir derartige Monologe. Man könnte jedoch auch manche Publikumsansprachen, sofern sie mehr subjektiv reflektierend sind, als Monologe ansehen.

Lieder (Songs)

Im Unterschied zu den meisten Schauspielen Brechts ist der Text in *Der gute Mensch von Sezuan* reichlich musikalisch begleitet oder untermalt. Die Musik dazu stammt von Paul Dessau aus den Jahren 1947/48. Während hier die Lieder nach bestimmten Melodien in einem bestimmten Rhythmus gesungen wurden (wobei sich dieser im »Lied vom achten Elefanten« steigert, s. o.), werden die Verspartien in einem Sprechgesang vorgetragen und musikalisch nur untermalt. Sprachlich heben sich die Lieder vom übrigen Text durch eine Reihe von Merkmalen ab, deren äußere die grafische Sonderstellung, die strophische Gliederung und bei einigen Lieder auch der Refrain sind. Hinzu kommt bei den meisten Liedern die Reimbindung innerhalb der Strophen.

Inhaltlich betrachtet stehen die Lieder in unterschiedlichem Bezug zur Handlung (s. o., 5.4.2): Während das erste Lied, das »Lied vom Rauch«, in Ich-Form von den negativen Lebenserfahrungen der bei Shen Te Einquartierten berichtet und den Rauch symbolisch für die Vergänglichkeit auffasst, ist das »Lied vom Wasserträger im Regen«, ebenfalls in Ich-Form, unmittelbar auf Wangs gegenwärtige Situation bezogen, der im Regen nichts verdienen kann. Das von Shen Te gesungene ungereimte »Lied von der Wehrlosigkeit der Götter und Guten« ist als Klage über die Schwäche der Götter und Guten in dieser Welt nur allgemein auf die Handlung und das Thema des Stücks bezogen, ist jedoch in der Wir-Form eine kollektive Aussage, die zu gedanklichen Identifizierungen verleiten kann. Das vierte »Lied vom Sankt Nimmerleinstag«, das Sun nach der geplatzten Hochzeit singt, nähert sich bereits einer objektiven Form, die von der Handlungseinbettung fast gelöst ist. Das fünfte »Lied vom achten Elefanten« schließlich, das einer Ballade ähnelt, hat mehr einen analogen Bezug zur Handlung. Das »Terzett der entschwindenden Götter auf der Wolke« ist – wie bereits festgestellt wurde – stark parodistisch. Es weist gegenüber allen anderen Songs die glatteste Vers- und Reimstruktur auf, was bei Brecht, der glatte Reime wenig schätzte, oft schon ein Signal unernster Redeweise ist.

2. Figurensprache

Obwohl BRECHT den engagierten Einsatz der Naturalisten für die sozial Schwachen und Elenden schätzte, hat er deren *konsequenten Realismus* und *Sekundenstil* sowie die möglichst authentische Milieuspiegelung aufgrund anderer ideologischer Zielsetzungen und Kunstauffassungen nicht nachgeahmt. Dementsprechend ist auch seine Sprachgebung im *GUTEN MENSCHEN VON SEZUAN* sowohl im Ganzen als auch in den Einzelreden nicht streng der Wirklichkeit abgelauscht, sondern bleibt stets typisiert und auf ein über dem Alltäglichen liegendes Niveau gebannt ohne jedoch eine literarische Kunstsprache zu sein (bis auf die Verspartien und Lieder). Trotzdem erscheint die *Figurensprache* im Stück nach Situationen und Personen differenziert, wie die hier ausgewählten Beispiele verdeutlichen können.

Wang und die Götter

Der Wasserverkäufer in BRECHTS Parabelstück verfügt über ein Sprachvermögen, das seinen sozialen Rang weit überschreitet. In seiner Eingangsrede an das Publikum steigert er sich bereits von einfachen, aber vollständigen Sätzen mit ausgesuchter Wortwahl (vgl. z. B. 8: **mühselig, unaussprechlichen Freude**) zu kleineren Satzgefügen mit 1–2 Nebensätzen. Den Göttern gegenüber drückt er seine Servilität auch in sprachlichen Ergebenheitsfloskeln aus (z. B. 8: **Die Stadt steht zu euern Diensten, Erleuchtete**), verfällt jedoch auch in Kurzsätze und Ellipsen (z. B. 9: **Nur gegen die bösen Menschen, nicht wahr?** 111: **Nicht für euch!**). Anderen gegenüber ändert Wang mitunter seine Redeweise schnell. So wirbt er z. B. auch in Formen der merkantilen Werbesprache um ein Nachtquartier für die Götter (vgl. 11: **Überzeugen sie sich selber! Ein Blick genügt! Greifen sie um Gottes willen zu! Es ist eine einmalige Gelegenheit!**): Andererseits scheut er sich nicht im Zorn auch drastischer zu reden (vgl. 12: **Du schieläugiger Schieber! [...] Die Götter scheißen auf euch!**).

Die Götter dagegen unterscheiden sich kaum von der üblichen Diktion der gehobenen Figuren im Stück, allenfalls untereinander (vgl. Kap. 3.3). So bevorzugt der erste Gott Wang gegenüber zunächst imperative Formen (8: **Da benötigen wir also für heute nacht ein Quartier [...] Nimm das nächste Haus, mein Sohn! Versuch es zunächst mit dem allernächsten!**). Später stellt er die meisten Fragen und weist auch Wang barsch ab (vgl.z. B. 94: **Unsinn! Du schwacher, elender Mensch! Die Läuse und der Zweifel haben dich halb aufgefressen, scheint es**). Während der zweite Gott sich ähnlich verhält, wenn auch etwas weniger autoritär, sucht der dritte das Gespräch mit ihnen und mit Wang (vgl. z. B. 55: **Entschuldige den harten Ton heute! Wir sind übermüdet und nicht ausgeschlafen. Das Nachtlager!**).

### Shen Te/Shui Ta und Sun

Die Vorliebe BRECHTS für eine gehobene, natürliche Sprechweise zeigt sich besonders an der Hauptfigur Shen Te. Ihr ausgeglichenes Wesen spiegelt sich in ihren Reden, die durch eine anmutige und teilnahmsvolle partner- oder ichbezogene, mitunter auch belehrende ausdrucksweise gekennzeichnet sind. Selbst wo sie andere tadelt, tut sie es lachend oder noch verhältnismäßig freundlich (vgl. 19: **Seien Sie nicht zu zornig!**). Stärker kommt der Zorn bei sozialem Unrecht zum Ausdruck (vgl. 62: **Geht mir aus den Augen!**). Mitunter wirken ihre Reden ambivalent, z. B. als Shen Te die Aussage der Frau: **Gut, daß du den Laden hast!** (24) wiederholt: **Ja, gut, daß ich ihn habe**, wobei sie eher an die eigenen Hilfsmöglichkeiten denn an das Wohl der anderen denkt.

Kontrastiv hebt sich dagegen die Sprechweise Shui Tas davon ab, die mehr begriffliche oder umschreibende Ausdrucksformen bevorzugt. Einige Beispiele mögen das verdeutlichen:

(21) Shen Te (zum Arbeitslosen): **Das ist wichtig, ein neuer Mensch zu sein. Ich will meinen Laden mit Ihnen eröffnen, Sie werden mir Glück bringen.**

(33) Shui Ta: **Meine Kusine bedauert natürlich, das Gebot der Gastfreundschaft nicht auf unbegrenzte Zeit befolgen zu können.** Auch in den Gesprächen mit Sun werden solche Unterschiede deutlich, wobei Sun oft einen groben Jargon spricht.

(49) Shen Te: **Wenn jemand ein Lied singt oder eine Maschine baut oder Reis pflanzt, das ist eigentlich Freundlichkeit. Auch Sie sind freundlich.**

Sun: **Da gehört nicht viel dazu bei dir, scheint es.**

(68) Sun: **Glauben Sie, wir können noch 300 Silberdollar aus dem Laden herausschlagen?**

Shui Ta: **Darf ich fragen, haben Sie die Absicht, ihn auf der Stelle zu verkaufen?**

Sun: **Haben wir denn die 300 bar?**

Als Besonderheit in der Sprache Shen Tes wäre noch einmal der häufige Übergang in Publikumsansprachen oder in lyrische Formen zu erwähnen, der bei den anderen Personen selten ist (Ausnahmen: Wang 54, Shui Ta 73).

3. Andere Figuren

Shu Fu

Die gekünstelte Redeweise des Barbiers gehört zu den auffallendsten in diesem Stück. Obwohl er – wie der Hinauswurf Wangs (56) zeigt – recht grob sein kann, bemüht er sich meistens um eine (unnatürlich wirkende) preziöse Ausdrucksform. Das wird schon beim ersten Auftreten sichtbar:

(58) Shu Fu: **Ich bin betroffen, wie schön heute Fräulein Shen Te aussieht [...] Eine unglaublich sympathische Person!**

Damit kontrastiert aber sogleich sein grober Ton gegenüber Wang:

(58) Shu Fu: **Scher dich weg, Halunke!**

Im Gespräch mit Shui Ta kommt Shu Fu wieder auf diese gestelzte Sprechweise zurück, vgl. z. B.:

(74) Shu Fu: **Herr Shui Ta, der Zauber Fräulein Shen Tes besteht kaum in der Güte ihres Ladens, sondern in der Güte ihres Herzens.**

Dass der Barbier aber auch zu Shui Ta energisch sein kann, beweist die geschäftliche Unterredung im 9. Bild, vgl. z. B.:

(126) Shu Fu: **Ich habe Ihnen tausendmal gesagt, daß ich mit Ihnen nichts mehr, mit Ihrer Kusine dagegen alles zu besprechen bereit bin [...]**

Der Polizist

Der Polizist, der sonst nur eine Randfigur ist, muss einmal für eine Parodie des Obrigkeitsjargons herhalten, man vergleiche etwa:

> (41): [...] **Aber der Tatbestand bleibt: Es ist nicht respektabel. Warum? Erstens: Liebe verkauft man nicht, sonst ist es käufliche Liebe. Zweitens: respektabel ist, nicht mit dem, der einen bezahlt, sondern mit dem, den man liebt. Drittens, nicht für eine Handvoll Reis, sondern aus Liebe [...]**

4. Sprachliche Bildlichkeit

Brechts sprachliche Meisterschaft offenbart sich im *Guten Menschen von Sezuan* vor allem in der Vielzahl der hier eingesetzten sprachlichen Bilder. Sie sind recht verschiedener Art, dienen aber den gleichen Zielen, nämlich: das Gesagte anschaulicher und somit einleuchtender und wirksamer zu machen, den Gestus des Zeigens effektiver zur realisieren. Insofern wird mit der poetischen Verdeutlichung zugleich ein didaktisches Anliegen realisiert.

Die verwendeten Sprachbilder sind unterschiedlicher Natur, stammen aus unterschiedlichen Schichten und werden von allen Personen eingesetzt, wenn auch in unterschiedlichem Maße, bleiben aber stets an den Erfahrungsbereich der redenden Person und an den allgemeinen Wort- und Begriffsschatz gebunden.

Wir haben es dabei mit natürlichen, unmittelbaren Sprachbildern wie auch (häufiger) mit mittelbaren, übertragenen Sprachbildern (Metaphern) zu tun.[157]

Unmittelbare Natur- und Gegenstandsbilder sind allerdings hier selten, da es kaum Natur- und Gegenstandsbeschreibungen gibt. Trotzdem einige Beispiele:

(51) (Wang): **Dort die Weide tropft noch immer** [...]; **(63) Sehen Sie, das ist das morgendliche Postflugzeug.**

Häufiger stehen sie in lyrischen Partien oder Liedern und erhalten so zugleich eine ambivalente, nämlich eine konkrete und eine poetisch-symbolische Funktion, z. B.:

(50) [...] **und ich stehe hier im Regen; (74) Warum kreisen die Geier dort? Dort geht eine zum Stelldichein! (101) Die Stirnader schwillt an.**

Am häufigsten nutzt Brecht jedoch traditionelle bildhafte Wendungen, oft auch abgegriffene umgangssprachliche Metaphern, deren Bildgehalt er mitunter durch die passende Situationsbindung neu aktiviert. Aus der Masse solcher Wendungen folgende Beispiele:

**(22) stecken unter einer Decke; (24) saubere Verwandte; (25) legen die Hand für sie ins Feuer; (26) Wovon soll der Schornstein rauchen? (31) die an nichts ein gutes Haar läßt; (32 in der Regiebemerkung!) aus den Wolken fallend; (32) da hat sie uns angeschmiert; (33) die Festung haltend; (33) über die Lippen bringen; (40) ihr eine Hand reichen; nicht mit Gold aufzuwiegen; als Stütze der Obrigkeit ansehen; (45) Friß mich doch nicht gleich auf! (48) ein Stockfisch sein; (50) ob mir seine Nase paßte; (68) auf den Zahn fühlen; sie nimmt den Mund etwas zu voll; (73) er hat das Mädchen in seiner Hand; (74) muß ein Riegel vorgeschoben werden; (78) ein Subjekt hat den Laufpaß bekommen; (81) hatte mich Yang Sun wieder in die Arme geworfen; (83) der Barbier ist vor den Kopf gestoßen worden; (97) finden immer wieder einen Dummen; will an der Nase herumgeführt sein [...]**

Wie die letzten Beispiele aus dem Munde der Shin zeigen, ordnet Brecht manchen Figuren nur bestimmte bildhafte Wendungen zu. So gebraucht Sun häufig Bilder aus der Fliegersprache oder aus einem asozialen Jargon, z. B.:

**(46) Kiste (f. Flugzeug); den Hangarverwalter schmieren; (68) wenn ich ihm 500 Silberdollar ausspucke; (72) Kipp nicht aus den Schuhen, Alter! sie wäre mir ein Klotz am Bein; wie einen undichten Ölbehälter; (73) weil ich die Hand am Busen habe; Stopfs in deine Pfeife und rauchs!**

Auch als Prokurist fällt Sun gelegentlich in diesen Jargon zurück, vgl.

(120) unsere Bittfürmichs, Wracks und Stümpfe an die Luft setzen; (123) dieser ausgekochte Hund Shui-Ta [...]

Andererseits fällt Shu Fu anfangs auch durch seine gesuchten, z. T. kitschigen Sprachbilder auf, vgl. z. B.:

> (74) der Zauber [...] besteht in der Güte ihres Herzens; dieser Güte muß der Riegel erst recht eigentlich geöffnet werden; (77) Zwei Seelen werden sich finden über den Blumen des Tisches; (96) Sie haben ihr Liebesglück geopfert; Ihr Verlobter konnte sich nicht zu ihrer sittlichen Höhe emporarbeiten; (127) daß Sie sich diesen Entschluß abringen konnten.

Auch Shui Ta wählt oft Bilder, die nicht so abgenutzt sind, vgl:

> (69) Ihr Schicksal in Ihre Hände legen; (70) dem Zug ihres Herzens folgen; den Freuden der Liebe teilhaftig wird; (74) alle Gebote der Schicklichkeit [...] beiseite setzen; (77) Da sind frische Wunden; (137) weil sonst die Quelle versiegt wäre.

Brecht zeigt seine dichterische Meisterschaft aber noch stärker in der kreativen Nutzung neu geschaffener Sprachbilder. Allerdings weiß man über die Herkunft seiner Sprachelemente zu wenig, zumal er in seiner eklektischen Arbeitsweise alles ihm passend Erscheinende verwertete. Als neuartig muten z. B. folgende Sprachbilder oder bildhafte Wendungen an den Dialogen Shen Tes bzw. Shui Tas an:

> (23) Die Gerichte werden ihn nicht ernähren; (39) einen, der die Tiefe kennt, weil er aus ihr kommt; (53) Aber ein umsichtiger Gärtner tut auch mit einem winzigen Flecken wahre Wunder; (57) wenn man liebt, geht man auf Wolken; eure Stadt steht in der Stunde, wo sie sich vom Lager erhebt; (73) Shin, Sie sind am Rinnstein aufgewachsen; und so bin ich es; diese Stadt ist eine Hölle, aber wir krallen uns an der glatten Mauer hoch; (81) Sun hat wie ein kleiner Hurrikan in Richtung Peking meinen Laden einfach weggefegt.

Die meisten dieser kreativen Metaphern erscheinen allerdings auch hier in den lyrischen Partien, den Versen und den Liedern; vgl. z. B.:

> (22) Ein wenig Nachsicht, und die Kräfte verdoppeln sich.
> Sieh, der Karrengaul hält vor einem Grasbüschel:
> Ein Durch-die-Finger-Sehen und der Gaul zieht besser.
> Noch im Juni ein wenig Geduld, und der Baum
> Beugt sich im August unter den Pfirsichen.
> (27) [...] das Alter meine Haare bleichte / Hofft mit Klugheit ich mich
> durchzuschlagen; keine Klugheit reichte / Je, zu füllen eines
> armen Mannes Magen.
> (28) Doch uns Jungen, hör ich, steht das Tor weit offen / Freilich
> hör ich, steht es offen nur ins Nichts.
> (29) Der Rettung kleiner Nachen / wird sofort in die Tiefe gezogen:
> Zu viele Versinkende / Greifen gierig nach ihm.

(50 f.) Jetzt sauft ihr kleinen Kräuter / Auf dem Rücken mit Behagen / Aus dem großen Wolkeneuter.
(54) Kaum war da eine windgeschützte Stelle / Kam des ganzen winterlichen Himmels / Zerzaustes Gevögel geflogen und / Raufte um den Platz und der hungrige Fuchs durchbiß / Die dünne Wand und der einbeinige Wolf / Stieß den kleinen Eßnapf um.
(61) Ihr kneift die Augen zu! [...] Der Gewalttätige geht herum und wählt sein Opfer / [...] Wenn in einer Stadt ein Unrecht geschieht, / muß ein Aufruhr sein / Und wo kein Aufruhr ist, da ist es besser, daß die Stadt untergeht / Durch ein Feuer, bevor es Nacht wird!
(65) Warum haben die Götter nicht Tanks und Kanonen? [...] Warum erscheinen die Götter nicht auf den Märkten / Und verteilen lächelnd die Fülle der Waren?
(66) Ohne zwölf zu zertreten / Hilft keiner einem Elenden.
(100) Einer von morgen bittet euch um ein Heute!
(101) Ein gutes Wort / Entschlüpft wie ein wohliger Seufzer.
(104) Was ich gelernt habe in der Gosse, meiner Schule / [...] jetzt soll es dir dienen, Sohn. Zu dir / Will ich gut sein und Tiger und wildes Tier / Zu allen andern.

Hinzuweisen wäre hier auch auf die umgekehrten Sprachbilder in den Utopien des »Liedes vom St. Nimmerleinstag« (91 f.); vgl. z. B.: **Und das Gras sieht auf den Himmel hinab / Und den Fluß hinauf rollt der Kies.**

Eine Sonderform der makrostilistischen Bildverwendung bilden die kleinen eingefügten Erzählungen Shen Tes vom Kranich mit lahmem Flügel (46) und von der Hilfe des alten Mannes (49) sowie Wangs Erzählung vom Dornhain (93), insofern als sie innerhalb des Ganzen eigene Bilder liefern und epische wie symbolische Funktionen erfüllen.

Auch das Stilmittel des Vergleichs, das ebenfalls zum Bereich der sprachlichen Bildlichkeit gehört, wird von Brecht wiederholt genutzt, wobei er allerdings auch neue, chinesisch anmutende Vergleiche prägt, z. B.:

(23) Ein Mann wie ein Messer! (39) dabei wie ein Mäuschen, still wie eine Fliege; (41) Mir geht es wie dem Mann, der mit den Ratten fertig geworden ist, aber dann kam der Fluß. (46) seine Kiste auf den Boden aufsetzt, als wäre es sein Hintern; (57) wie ein nüchterner alter Handwerker, der seine Lungen mit frischer Luft vollpumpt und nach seinem Handwerkszeug greift, wie die Dichter singen; (81) wie ein kleiner Hurrican; (107) Das Edle ist wie eine Glocke, schlägt man sie, so tönt sie.

Als Vergleichswörter für Anreden und Beschimpfungen sind Tierbezeichnungen häufig, z. B.:

(35) **du Hund**; (51) **ihr Hunde**; (45) **Untier**; (45) **Ihr Schnepfen; Aasgeier**; (79) **Armes Tier**; (89) **Gäule.**

Bildhaft geprägt sind auch die Sprichwörter und sprichwortartigen Sentenzen, die BRECHT aufgreift oder verfasst und einfügt; vgl. z. B.:

> **(9) Wo Spinnen sind, gibt's wenig Fliegen; (23) Wirf ein Stück Fleisch in eine Kehrichttonne, und alle Schlachterhunde des Viertels beißen sich in deinen Hof. (41) Was hilft alle Weisheit, wenn die Milch verschüttet ist; (49) Man sagt: Ohne Hoffnung sprechen, heißt ohne Güte sprechen; (65) Wo die Teller leer sind, raufen sich die Esser; (68) Man sagt: Eile heißt der Wind, der das Baugerüst umwirft; (69) der hungrige Hund zieht den Karren schneller nach Hause.**

5. Andere rhetorische Mittel

Wie bewusst BRECHT an der Sprache des *GUTEN MENSCHEN* gearbeitet hat, zeigt auch die Einbeziehung von Stilmitteln der antiken Rhetorik, von denen nur einige auffallende Beispiele genannt seien:

Alliteration: (94) **Leid läutert**; (99) **Sachte, sachte, Sohn!**

Anaphern: Satz- und Verswiederholungen mit gleichen Wortanfängen sind besonders in den eingefügten Versen recht häufig anzutreffen, man vergleiche etwa: (38) **Ich bin eine Reiche, sagte ich. / Ich gehe allein. Ich schlafe allein** [...] (80) **Ich will mit dem gehen, den ich liebe, / Ich will nicht ausrechnen** [...] (= 5 x **Ich will** [...])

Aposiopese: (38) **Sie war eine ganz gewöhnliche** [...]; (95) **Alles nimmt ein gutes** [...]

Chiasmus: (26) **Je schlechter es ging, desto mehr wurden wir. Und je mehr wir wurden, umso schlechter ging es.**

Inversion (Wortumstellung): (93) **So erreichen sie alle nicht ihrer Jahre Zahl, sondern gehen auf halbem Wege zugrunde durch Säge und Axt.**

Oxymoron: (123) **meiner einstigen Zukünftigen**; (124) **Ihrer früheren Zukünftigen.**

Parallelismus: (45) **Selbst an diesem abgelegenen Platz fischen sie unermüdlich nach Opfern, selbst im Gebüsch, selbst bei Regen suchen sie verzweifelt nach Käufern.**

(104) **Ich habe ein Obdach für euch, was sagt ihr dazu? Schande sagen wir dazu.**

Tricolon: (96) **Kein Mann, kein Tabak, keine Bleibe**; (104) **Die Folgen des Leichtsinns, der Sinnlichkeit, der Eigenliebe.**

Weitere Untersuchungen würden wahrscheinlich noch andere sprachstilistische Gestaltungen BRECHTS entdecken.

# 6 Zur Rezeption des Dramas

## 6.1 Theateraufführungen

Die Rezeption des *Guten Menschen von Sezuan* in der Theaterwelt entsprach nicht ganz der der anderen Exildramen. Das lag wahrscheinlich nicht nur am Stoff und Thema des Stückes, die weder historisch noch unmittelbar zeitbezogen erscheinen, sondern auch an der Konzeption des *epischen Theaters,* die Brecht hier – ohne Hoffnung und entsprechende Rücksichtnahme realisiert hat.

Wider Erwarten wurde das Parabelstück noch während des Zweiten Weltkrieges auf einer deutschsprachigen Bühne uraufgeführt, nämlich am 4. 3. 1943 im Schauspielhaus Zürich, wo schon vorher am 19. 4. 41 die *Mutter Courage* und danach am 9. 9. 1943 das *Leben des Galilei* ihre Uraufführung erlebten. Die Regie hatte – wie auch bei der Baseler Aufführung am 10. 3. 1944 – Leonhard Streckel, der besonders die poetischen Partien und Gegensätze hervorkehrte, weniger Brechts Lehren, und deshalb von Brecht-Anhängern in Zürich (u. a. W. Langhoff) kritisiert wurde.

Es ist hier nicht möglich, auf die Vielzahl der späteren Inszenierungen des Parabelstücks – bis 1980 zählen W. Hecht und J. Knopf in ihren Materialien-Bändchen zum Stück rund 280 auf (inkl. rund 20 von Studentenbühnen) – im Einzelnen zurückzukommen. Interessant ist allerdings die nationale Distribution dieser Inszenierungen: Hier stehen 105 deutschen etwa 155 ausländische gegenüber.

Bei den deutschen Aufführungen entfallen 89 auf Bühnen der Bundesrepublik und nur 16 auf solche der einstigen DDR, wobei nur eine Inszenierung der DDR noch zu Brechts Lebzeiten stattfand – und zwar außerhalb Berlins – (Rostock, 6. 1. 1956, unter Benno Besson).

Worauf Brechts eigene Abstinenz gegenüber diesem Stück (das er einmal als sein bestes bezeichnet hat) zurückzuführen ist, ist letztlich unbekannt. Zu vermuten ist, dass die von Georg Lukacz schon 1945 publizierte und von Fritz Erpenbeck seit 1948 in mehreren Aufsätzen geäußerte Kritik an Brechts epischem Theater, dem man **Formalismus** vorwarf und den gewünschten **Realismus** absprach, Brecht bewog, sein episches Lieblingsdrama nicht zu inszenieren. Zudem passte die halb opernhafte, halb kabarettistische Lehrtheaterform, die das Stück nach Paul Dessaus Musik von 1947/48 erhalten hatte, nicht mehr recht in die Theaterwelt Ost-Berlins mit Stücken des deutschen (und sowjetischen) *klassischen Erbes* und des nach der sowjetischen Kulturpolitik Shdanows adaptierten *sozialen Realismus.* Die Rechtfertigungsversuche BRECHTS und seiner Anhänger und Schüler, dass es sich hier um eine andere Art von Realismus handle, blieben zunächst weniger wirksam.

Inzwischen hat das Stück jedoch, wie oben angezeigt, schon Hunderte von Inszenierungen in aller Welt erfahren, von denen nur einige als besondere Formen der Rezeption näher gekennzeichnet werden sollen. Nach den Schweizer Aufführungen in Zürich 1943 und Basel 1944 fand am 20. 3. 1946 eine Neuinszenierung in Wien statt, wo allerdings trotz des Zurückdrängens des Politisch-Lehrhaften die **theatralische Kälte** kritisiert wurde, die die leidenschaftlichen Emotionen der Shen Te-Darstellerin Paula Wessely nicht zum Ausdruck kommen ließ.[158] Mit einer Studentenaufführung in Uppsala/Schweden am 21. 3. 1945 begann die Reihe studentischer Inszenierungen, die besonders zwischen 1947 und 1953 in den USA beliebt waren. In Deutschland war die Inszenierung von Harry Buckwitz 1952 in Frankfurt die erste. Wie schon Steckel, so scheint auch Buckwitz die emotionalen und poetischen Möglichkeiten besonders betont zu haben.[159] Eine Inszenierung in Wuppertal am 31. 3. 1955 unter Franz Reichert veranlasste BRECHT in einer **Dramaturgischen Bemerkung** etwas dunkel auf die Beachtung der Intention des Autors und der Bedingungen seiner Zeit hinzuweisen. Eine Inszenierung, die BRECHT bei einem Besuch in München mit beeinflusst und gesehen hat, war die von Hans Schweikert am 30. 6. 1955. Obwohl sie nach Meinung eines Kritikers[160] nur eine **bittersüße Parabel** bot, **ohne bissige Unerbittlichkeit** in der Auseinandersetzung mit dem Kapitalismus, lud BRECHT Schweikert zu einem Gastspiel nach Berlin ein, was aber nicht zustande kam.

Der BRECHT-Schüler Benno Besson, der das Stück als erster in der DDR inszeniert hatte (6. 1. 1956 in Rostock), brachte es schließlich am 5. 10. 1957 mit dem Berliner Ensemble (aber mit der Rostocker Shen Te-Darstellerin Käthe Reichel) zur Darstellung. Diese Aufführung (die noch zweimal modifiziert wurde: Rostock 1957, Berlin 1970) galt dann als **Modellinszenierung.**[161] Besson begriff das Stück als aktuelles antikapitalistisches Werk mit einer Stoßrichtung gegen den westdeutschen Kapitalismus, was er zunächst in Form von Zeitungsausschnitten im Bühnenbild verdeutlichen ließ. H. Ihering[162], anerkannter BRECHT-Kommentator und -Kritiker seit den 20er-Jahren, sah hierin eine Entwertung der meisterhaften Sprache BRECHTS, die Besson auch im Vortrag manipuliert habe:

Er verschärfte, chargierte, überspitzte die Sprache, zerriß die Sätze und zerstörte mit der Poesie auch die Fabel [. . .] Die begabte Käthe Reichel zum Beispiel neigt zu hysterischen Verzierungen der Rede. Sie muß zur Ruhe angehalten werden. Wenn sie wie diesmal fast neckisch daherkommt, Laune und Schlauheit markierend, dann ist das falsch.[163]

(Arnold Bronnen, ein einstiger Freund BRECHTS, betonte dagegen: **Nichts ist verschmiert, verlogen, weder unter- noch überspielt.**[164] Besson hat in einer späteren Volksbühneninszenierung mit Ursula Karusseit als Shen Te/Shui Ta (17. 4. 1970 und 7. 10. 1971) die Exzentrik der Figur zurückgenommen oder in Masken verlagert, die Widersprüchlichkeit in die Person selbst verlegt, sodass Shen Te Züge von Shui Ta zeigt und umgekehrt.[165] Das Bühnenbild wird nun durch eine Plastiküberdeckung fast entkonkretisiert und so poetisiert; das chinoise Element, das BRECHT schon während der Entstehung des Stücks als Gefahr der Ablenkung von der sozialen Problematik angesehen hatte, wird nun ganz entfernt.

Inzwischen hatte sich das Bemühen um eine intentionsgerechte BRECHT-Adaption in der Aufführungspraxis nach Mailand verlagert, wo der mit der italienischen und Shakespear'schen Theatertradition vertraute Regisseur Giorgio Strehler vom Teatro piccolo nach intensiven BRECHT-Studien 1955 mit der Inszenierung mehrerer BRECHT-Stücke begonnen hatte. BRECHT selbst sah noch die Aufführung der *DREIGROSCHENOPER* 1956 und schrieb begeistert an Strehler, dass **es zweifellos die gelungenste Inszenierung eines Stückes gewesen** sei.[166] Strehlers *SEZUAN*-Inszenierung (vgl. auch seine Inszenierung in Hamburg, 11. 9. 1977) folgte getreu BRECHTS Vorstellungen vom epischen Theater und arbeitete die sozialen Widersprüche und Zustände eindrucksvoll heraus, besonders im Bühnenbild L. Damasianis und in den Kostümen (Wohlhabende in Schwarz, Arme in Grau, Götter anfangs in Bunt und in Masken, zuletzt abgegriffen und menschlicher).

Auf drei weitere *SEZUAN*-Aufführungen sei noch hingewiesen: zuerst auf eine nicht realisierte durch Hansgeorg Heyme (der das Stück schon 1961 in Heidelberg inszeniert hatte) 1981 in Köln, die die BRECHT-Erben in einer Art privatrechtlicher Zensur untersagt hatten, ferner eine Neuinszenierung Strehlers 1981 in Mailand[167] (und am 14. 4. 1981 in Modena[168]), wo er Shen Te wegen der charakterlichen Aushöhlung in der Doppelrolle zuletzt verrückt erscheinen lässt, und schließlich die Aufführung des Stücks als Komödie (mit poppigem Bühnenbild und unterschiedlichen Spielhöhen für Reiche und Arme) 1984 in Pforzheim, die nach der Kritik Jan Knopfs[169] **ganz der neuen Forschungsmeinung** entsprach und nicht als **Ulk** wirkte. Auch der Schlussgag, als die Götter (die schon Hans Schweikert in seiner Westberliner Aufführung von 1967 als komische Figuren dargestellt hatte) nicht in der Höhe des Himmels, sondern mit einem Mercedes 600 mit Regierungsfahne das Weite suchten, passte in den Rahmen dieser Inszenierung.

Abschließend sei der Kuriosität halber noch eine 1984 erfolgte studentische Inszenierung im Western Stil in Bloomington/Indiana erwähnt, die Peter Groth beschreibt.[170]

Die kleine Auswahl der verschiedenen Inszenierungen vermag so schon die Vielfalt der Interpretationsmöglichkeiten anzudeuten.

## 6.2 Die Rezeption in der Forschung

Die Brecht-Forschung hat inzwischen einen Umfang erreicht, der kaum noch übersehbar ist. Auch die Forschung zum *Guten Menschen von Sezuan* ist beträchtlich, obwohl dieses Werk gegenüber anderen weniger im Brennpunkt der Forschung steht. Hier kann nur auf ausgewählte Texte dazu hingewiesen werden.

Zu den frühesten Forschungsbeiträgen (noch Früheres s. in W. Hincks, **Vorwort**) gehört Volker Klotz' Studie über Brecht (1957), die auch eine kurze Abhandlung über den *Guten Menschen* enthält, mehrfach überarbeitet und publiziert wurde.[171] Klotz weist hier u. a. hin auf eine ähnliche Persönlichkeitsspaltung wie die Shen Tes bei Charles Dickens in seinem Roman *Grosse Erwartungen*, wo allerdings die Identität der Figur erhalten bleibt (ebenso wie bei Brechts Puntila). Shen Tes Dilemma offenbart sich nach Klotz auch in ihrer Liebe, die zur Ware (bei Prostitution wie bei Geldheirat) oder – bei freier Gefühlsentscheidung – zum teuren Luxus werde, weil sie durch den Geliebten Sun ebenfalls ausgebeutet wird. Auch die komisch gezeichneten hilflosen Götter, die Klotz wie eine **Personifikation des bürgerlichen Gewissens** erscheinen, beantworten Shen Tes Theodizeefrage nicht. Im Epilog sieht Klotz **die realisierte Absicht Brechts, durch eine Pseudoratlosigkeit eine fertige Antwort zu kaschieren**[172], die jedoch zu echter Ratlosigkeit führe.

Wiederholt greift auch Walter Hinck in seiner Untersuchung über *Die Dramaturgie des späten Brecht* (1959) im Zusammenhang seiner Analyse der Strukturelemente auf Einzelheiten des *Guten Menschen von Sezuan* zurück (bes. S. 45 ff., 85 ff.).

Rolf Geißler (1961) geht vom Lehrcharakter und vom offenen Schluss des Parabelstücks aus und hebt die verschiedenen Elemente und ihre Ebenen für die Erkenntnisfindung hervor.

Reinhold Grimm, der wiederholt über Brecht geschrieben hat,[173] wies in seinem Vortrag auf dem Germanistentag 1964 in Essen auf drei

Aspekte dieses Stücks hin: 1. Brechts Versuche zu einem Gegenentwurf zur Bibel (die schon den 15-Jährigen zu einem Einakter *Die Bibel* veranlassten), insofern hier nicht Gott die Welt, sondern die Welt (der Dichter) Gott richtet, der ihr eine gute Welt vorenthalten hat; 2. die von Brecht theoretisch geforderte Spaltung des Schauspielers werde an Shen Te praktisch realisiert, da sie dem Publikum den *bösen* Shui Ta zeige, und 3. zweifelt Grimm an der einseitigen marxistisch-optimistischen Auslegung des offenen Schlusses, der – wie auch immer realisiert (positiv als Gesellschaftsänderung unter großen Opfern) – eine ausweglose Tragik impliziere, selbst wenn die marxistische Annahme eines natürlichen Gutseins der Menschen (**nur die Verhältnisse, die sind nicht so**) zutreffe.

Problematischer sind die Ausführungen von Hermann Pongs[174] zu diesem Parabelstück, das er als Gegenstück zu Goethes *Faust* und als **Mysterienspiel** begreift, was sicher beides nicht zutrifft. Auch kann man aus Shen Tes Sicht kaum vom andringenden **niederdämonischen Bösen** (ebd. S. 195) sprechen, gegen das sie sich stelle. Auch ein **mythischer Ausgriff** in der Sprache der Hauptfigur, die in der **inneren Sprachform** eins sei in den zwei Rollen als Frau und Mann, ist nur schwer zu entdecken, auch wenn bei Pongs immer wieder östliches Einheitsdenken und westliche Spaltungen (etwa gemäß Thomas Manns *Doktor Faustus* oder in Brecht als Theoretiker und als Dichter) entgegengesetzt werden. Das soziale Anliegen Brechts kommt hier zu kurz.

Im gleichen Jahr (1969) erschien Kurt Bräutigams kleine Monografie zum *Guten Menschen von Sezuan*, die vor allem für Deutschlehrer geschrieben war. Bräutigam analysiert daher die Struktur und Thematik des Stücks (die er in der **Freundlichkeit** sieht), untersucht die Figuren und die Sprache und erörtert die Ethik des Guten und des Bösen und Brechts Verhältnis zur Klassik.

Es versteht sich von selbst, dass auch Biografien und größere Darstellungen dieses Parabelstück berücksichtigen, zwar meistens nur kurz mit Inhaltsangaben, Angaben zur Entstehung und Hervorhebung der Hauptgedanken. Eine solche nur biografische Darstellung ist die von Martin Esslin von 1962, in der nur passim auf den *Guten Menschen von Sezuan* eingegangen wird, wobei der Gegensatz von emotional und rational in der Hauptfigur übermäßig betont ist. Die 1969 in der damaligen DDR erschienene Biografie von W. Hecht, H. J. Bunge und K. Rülicke-Weiler bietet neben der Inhaltsübersicht nur Hinweise zur zögernden Fertigstellung und zur Episierung des Werkes. Nach einer Notiz von Werner Mittenzwei[175] hat die DDR-Germanistik (im Gegensatz zur westdeutschen Germanistik) nur zögernd einen Zugang zu BRECHT und zu seinem Parabelstück gefunden. Ein früherer Versuch war hier das Buch von Johannes Goldhahn *DAS PARABELSTÜCK BERTOLT BRECHTS* (1961), dem 1962 Hans Kaufmann mit seinem Buch *BERTOLT BRECHT. GESCHICHTSDRAMA UND PARABELSTÜCK* folgte. Ausführlicher geht Helmut Jendreiek in seiner 1969 erschienen Monografie auf den *GUTEN MENSCHEN VON SEZUAN* ein, wenn er diesem Parabelstück 40 Seiten widmet und hier die Struktur, die Funktion der Götter, den Antagonismus von **gottesfürchtiger Sittlichkeit und sozialökonomischer Wirklichkeit** sowie das Gericht der Götter über Shui Ta/Shen Te untersucht. Wieder knapper sind Frederic Ewens Ausführungen in seiner Biografie von 1970, die sich nur auf den Inhalt und das Problem der Schlechtigkeit der Welt beschränken ohne auf BRECHTS Episierung und sein soziales Anliegen einzugehen.

Die an Details ungemein reiche BRECHT-Biografie von Klaus Völker (1976) enthält leider kaum Aussagen über seine Werke, anders dagegen sein BRECHT-Kommentar von 1983 (s. u.).

Im Gegensatz zu Völkers Biografie konzentriert sich Gerold Koller (1979) in seinem dramentheoretischen Buch *(DER MITSPIELENDE ZUSCHAUER. THEORIE UND PRAXIS IM SCHAFFEN BRECHTS)* überwiegend auf den *GUTEN MENSCHEN VON SEZUAN*, dessen Text er sehr detailliert reflektierend interpretiert, mit ständigen Abschweifungen zu anderen Texten BRECHTS wie auch auf Wekwerths Aufführung des Stücks 1976 in Zürich. Koller sucht dabei die mögliche Wirkung auf den Zuschauer und seine eventuellen Reaktionen mitzureflektieren.

Hellmuth Karasek (1978) konzentriert sich vom Biografischen ausgehend auf die Spaltung Shen Tes als auf ein BRECHT'SCHES Grundmotiv, vernachlässigt aber ebenfalls andere Aspekte.

Ein Gegenstück ist die ausführliche Behandlung des *GUTEN MENSCHEN VON SEZUAN* im *BRECHT-HANDBUCH THEATER* (1980) von Jan Knopf, der sich auch sonst durch zahlreiche Arbeiten[176] um die BRECHT-Forschung verdient gemacht hat. Er bietet hier wichtige Informationen zur Textentstehung, zu möglichen Quellen, zur Textanalyse (die eine Erprobung der Welt, nicht des Menschen, und eine **Anthrodizee**, nicht eine Theodizee herausarbeitet und die Spaltung Shen Tes als Spaltung des bürgerlichen Individuums in eine private [moralische] und eine öffentliche [geschäftliche] Hälfte begreift), ferner zur Symbolik des Fliegens, zum scheinbaren Komödiencharakter, zu den epischen Mitteln, zur Musik DESSAUS und zu wichtigen Aufführungen. In einer weiteren, für Lehrer gedachten Interpretationshilfe (1982) spezifiziert er einzelne dieser Aspekte.

Der bereits genannte Klaus Völker liefert in seinem BRECHT-Kommentar (1983) u. a. eine Reihe gedanklicher Vertiefungen zum *GUTEN MENSCHEN*. Nach seiner Deutung geht es hier um **die Beantwortung der Frage, ob ein Mensch, der bedingungslos der Güte seines Herzens folgt, lebensfähig in einer Welt ist, die seinen Entwurf der Menschenwürde eben nicht zur Grundlage gemacht hat** (206). Es gelinge nicht, allenfalls durch die hier demonstrierte Spaltung des Menschen in eine private und eine öffentliche Hälfte. Aber: **Die Doppelrolle reflektiert als emblematisches Gleichnis sich selbst [...] Die Figur Shen Te/Shui Ta verkörpere dann eine Vielfalt, innerhalb derer sich eine im Wortsinn tragische, da nicht auflösbare Konfliktsituation ausgebreitet hat** (212), weil Shen Te an ihrer unrealisierten Nächsten-, Partner- und Selbstliebe festhalte und so immer wieder Shui Ta werden müsse. **Die inhumane absolute Liebe erscheint so wie eine Analogiebildung zum Wertesystem der unbedingten Wettbewerbsgesellschaft** (ebd.). Wang schlägt den Göttern zwar eine Verminderung der Lasten Shen Tes vor (109 f.), eine Abschwächung und Entpolarisierung der bürgerlichen Ideale, was aber nach Aussage der Götter noch schwerer zu realisieren sei. Für die vom Autor seitens des Publikums erwartete Lösung in einer Nach-Sezuan-Gesellschaft, für den **Blick auf die Zeit danach**, bietet BRECHT aber keine Ansätze.

Gert Ueding (1984) beginnt seine **neue Interpretation** (so Hinderers Buchtitel) wie die meisten anderen Untersuchungen mit der Werkgeschichte und dem **Experiment der Götter**, vergleicht es auch mit GOETHES *FAUST*, zudem er hier eine Widerlegung in der farcenhaften Aufhebung der Götter sieht, deren (möglicherweise ohnehin nur traumhafte) fiktive Existenz er in Zweifel zieht. Damit würde allerdings manche Handlungskonstruktion zusammenfallen, Shen Te wäre nur eine humane Dekoration des Geschäftsmannes Shui Ta, der der Fantasie der **Ladengäste** entstamme. Andererseits hat bei Ueding das Böse **keine andere Funktion als das Gute zu widerlegen. Shen Te und Shui Ta sind Moralmasken der menschlichen Existenz unter den Bedingungen Sezuans** (ebd. 186), die nur **ein Scheinleben** erlauben. Die Welt wird unbewohnbar, nicht nur durch die Reichen, sondern auch durch die Ausgenutzten und Unterdrückten. Ueding sieht hierin eine Absage BRECHTS an jede Verherrlichung des Arbeiters und an jede sozialistische Idolatrie, als Konsequenz aus **der Rolle des deutschen Proletariats unter dem Nationalsozialismus**. In der Auslassung des neuen Epilogs von 1953 in der späteren endgültigen Textausgabe habe BRECHT dies bestätigt. Da Ueding somit weder in den zu abstrakten göttlichen Gesetzen noch in einer revolutionären Neuordnung eine Lösung sieht, bliebe nur noch **das Gesetz des homo homini lupus**, wie es hier angewandt sei, und die Auffassung der gesuchten besseren Welt als Utopie.

Gleichsam als späte Zugabe zum Realismus-Streit um BRECHT in der DDR der 50er-Jahre (s. 6.1) hat 1984 Johannes Goldhahn eine **historisch-genetische Untersuchung** unter dem Titel *BRECHTS ›DER GUTE MENSCH VON SEZUAN‹. EINE REALISTISCHE PARABEL* veröffentlicht, in der er BRECHTS **Suchen und Versuchen** zur Erreichung einer kommunikativ-funktionalen realistischen Parabel aufzeigen will. Er wertet dabei bekannte und unbekannte Äußerungen BRECHTS zur Entstehung des Werkes aus und zeigt auf, durch welche symmetrische Architektur und kommunikative Intention dieser die Zuschauer zur gedanklichen Produktion anregt.

Das von Klaus Detlef Müller 1985 herausgegebene Beck'sche Elementarbuch über BRECHT bietet unter dem Zwischentitel **Verfremdung der Entfremdung** Hinweise zur Entstehung, zur Rolle der Götter (deren Gebote als naturgemäß und so überflüssig angesehen, aber von der Gesellschaft pervertiert werden), ferner zur Personenspaltung Shen Tes (die durch den Laden ihre Selbstverwirklichung beginnt, aber mit dem notwendigen Rollenwechsel wieder zur Selbstentfremdung gelangt) und zum offenen Schluss.

Die wissenschaftliche Forschung zu BRECHTS Parabelstück *DER GUTE MENSCH VON SEZUAN* zeigt somit nur relativ wenige Kongruenzen in der Interpretation dieses Textes.

In den literaturdidaktischen Publikationen zur Adaption BRECHTS im Deutschunterricht (mit Ausnahme der erwähnten Analysen von Bräutigam (1966) und Knopf (1982), vor allem in der detaillierten Monografie von Michael Sauer über *BRECHT IN DER SCHULE* (1984), wird *DER GUTE MENSCH VON SEZUAN* wenig berücksichtigt.[177]

# Unterrichtshilfen

## 1 Didaktische Aspekte

### *1.1 Die Behandlung des Dramas in der Sekundarstufe I (Kl. 10)*

Eine erste Hinführung in die Lektüre eines modernen Dramas kann in der Klasse 10 mit Parabelstücken wie MAX FRISCHS *ANDORRA* und BRECHTS *DER GUTE MENSCH VON SEZUAN* erfolgen, und zwar innerhalb des Schwerpunktthemas *Dichtung und Gesellschaft*. Die Parabelform gestattet es dem Schüler, zunächst Entscheidungen der im Drama vorgeführten Personen aus einer gewissen Distanz zu beobachten und zu beurteilen, bevor die eigene Betroffenheit zu der Frage führt: Wo liegt Andorra? Wo liegt Sezuan? Die besondere Konzeption der Hauptfiguren in den beiden Stücken ermöglicht dabei auch Identifikation und Mitleid im Sinne des traditionellen Dramas – im Lektürekanon ist im thematischen Zusammenhang HAUPTMANNS *DIE WEBER* vorgesehen. Zugleich fordern die verfremdenden Einschübe in beiden Stücken (Zeugenaussagen am Schluss jedes Bildes bei FRISCH, Publikumsansprachen und Zwischenspiele zwischen den einzelnen Bildern bei BRECHT) und verschiedene epische Stilmittel, besonders aber das durchgängige Gerichtsmotiv die Reflexion des Schülers und seine kritische Teilnahme an der Urteilsfindung. Textsignale und subjektive Reaktionen sollten dabei in ihrer Wechselwirkung thematisiert werden. Die Struktur der beiden Stücke macht eine besondere Strukturierung des Unterrichts möglich: Die Bilderfolge eignet sich zur Bearbeitung des Stücks in einzelnen Gruppen. Die für die Sekundarstufe II bei der Bearbeitung von Dramen wichtige arbeitsteilige Teamarbeit[178] kann auf diese Weise sinnvoll erprobt werden.

Dem Experimentalcharakter des Spiels vom *GUTEN MENSCHEN VON SEZUAN* folgend kann nach der gemeinsamen Lektüre des Vorspiels und der Klärung der Ausgangssituation sowie der Funktion auffälliger Formelemente des epischen Theaters (Zuschaueranrede, Selbstvorstellung, Song) die Aufteilung der Bearbeitung der Szenen 1 bis 9 an die Gruppen erfolgen mit der Aufgabe die im jeweiligen Bild durchgeführte Experimentalsituation zu erfassen, die daran beteiligten Personen zu beschreiben, ihre Handlung zu bewerten, das Ergebnis des Experiments mit dem *GUTEN MENSCHEN* zu formulieren und in einem Thesenpapier (Einübung der Schreibform Voraussetzung!) vor der Klasse zur Diskussion zu stellen. Die Urteilsbildung in der Gruppe könnte ausgehend von G. Kollers Zuschauerbefragung anlässlich einer Aufführung des Stücks[179] mit Leitfragen wie folgenden angeregt werden:

**Wo würdest du dich gleich oder ähnlich, wo würdest du dich anders als Shen Te verhalten? Wo würdest du ebenso handeln wie Shui Ta? Hältst du es für eine Erfindung des Autors, daß sich Menschen so verhalten wie die achtköpfige Familie, die Witwe Shin, die Hausbesitzerin Mi Tzü oder der Barbier Shu Fu? Hältest du es für eine Erfindung, daß es Menschen gibt, die ihren sozialen Aufstieg so bewerkstelligen wie Sun? Woran liegt es, daß die Figuren des Stücks unterschiedlich handeln, einmal freundlich, einmal rücksichtslos?**

In einem Kurzreferat sollte das Arbeitsergebnis der Gruppe (Inhaltsangabe, Personencharakteristik, Publikumsurteil, Thesenpapier) dann im Plenum vorgestellt und anhand des Textes diskutiert werden. Die Besprechung des 10. Bildes und des Epilogs sowie der Zwischenspiele und einzelner Songs bleibt dem Plenum vorbehalten. Die Zuhilfenahme auditiver Medien bei der Behandlung der Songs und die Demonstration des Theatralischen durch Anspielen einzelner Sequenzen des Stücks ist zu empfehlen. In jedem Falle ist auf dieser Stufe eine eher extensive als intensive Behandlung des Stücks sinnvoll.[180] (Unterrichtszeit: 7/8 Stunden)

Als Klassenaufsatz könnte das zusammenfassende Thema gewählt werden:

Warum scheitert Shen Tes Programm ihren Nachbarn zu helfen, den Geliebten zu lieben und den kleinen Sohn vor dem Mangel zu retten (140)?

Je nach Interessenlage der Klasse könnten die Stücke *Andorra* und *Der gute Mensch von Sezuan* hintereinander behandelt und verglichen werden. Dabei können die unterschiedlichen Positionen der Schriftsteller zu der Frage, was das Theater überhaupt leisten soll, thematisiert werden. Die grundsätzliche Absage an jede Vermittlung einer Ideologie mit ihrem Freund-Feind-Denken und dessen Verfestigung von Stereotypen, für die das Stück *Andorra* steht, stände dann als Position Frischs gegen die Brechts, der gemäß der marxistischen Ideologie Klassenkampftheater macht und mit Stereotypen in seinem Stück arbeitet. Die vergleichende Behandlung des Spiels gegen Klischees (Frisch) und des Spiels mit Klischees (Brecht) vermittelt erste Einsichten in die Intentionen des modernen Theaters im Themenbereich Drama und Gesellschaft, Theater und Politik. Brechts Stück kann in der Sekundarstufe I auch innerhalb aktueller Thematik behandelt werden, z. B. als Beitrag des Dramas zum Thema *Schriftsteller gegen Hunger und Not.* Dabei könnte von Prosatexten der internationalen Gegenwartsliteratur ausgegangen werden, die in vielen Lesebüchern dieser Stufe Standard sind oder anderweitig leicht für den Lehrer zur Vervielfältigung bereitstehen. Im Unterricht erprobte Texte zu diesem Thema sind: Auszüge aus Carolina Maria de Jesus' *Tagebuch der Armut*, Heinrich Bölls *Brot der frühen Jahre*, Alexander Solschenizyns *Ein Tag im Leben des Iwan Denissowitsch*, Marguerite Duras' *Der Schmerz*[181] und Kurzgeschichten wie Wolfgang Borcherts *Das Brot* und Arthur Millers *Kunde bei Nathan.* Gedichttexte wie z. B. Günter Grass' *»Drei Fragen, Zuviel«* (aus *Der Butt*) oder Pablo Nerudas *»Das große Tischtuch«* sind lyrische Beiträge zur Thematik.

### *1.2 Die Behandlung in der Sekundarstufe II*

Für die Sekundarstufe II (Kl. 11,1), in der der Deutschunterricht Eingangskurse mit dem Ziel der Orientierung über die Aufgabe des Deutschunterrichts in der Oberstufe anbieten soll, empfiehlt sich die Lektüre von BRECHTS Stück als Einzelwerk, u. a. unter dem Gesichtspunkt der **Einübung in die Produktion und Rezeption von Texten [...] unter Reflexion über Textproduktion und -rezeption**[182]. Das bedeutet die Diskussion des Stücks in seinem besonderen **Handlungszusammenhang**[183], wie er sich aus dem Vorverständnis des Schülers, den besonderen Textsignalen, dem biografischen, historischen politischen und wirkungsgeschichtlichen Kontext sowie der Bewusstmachung von Fiktion und Exposition von Wirklichkeit ergibt[184]. Die Struktur des Stücks, der offensichtliche Unterschied von sozialer Pädagogik und sozialer Wirklichkeit, die durch den Parabelschluss eng gesetzte Reflexionsgrenze, die Schwäche des Stücks, erweist sich für den in der Dramenlektüre noch weitgehend Unerfahrenen als Stärke. Sie gestattet im Hinblick auf propädeutische Zielvorstellungen des Deutschunterrichts in Klasse 11,1 ohne große Schwierigkeiten die Formulierung individueller Lesarten (subjektiver Aspekt der Texterschließung), die Bewusstmachung der Steuerungsfunktion bestimmter Textsignale (textimmanenter Aspekt, betont durch die didaktischen Mittel des epischen Theaters) und die Überprüfung und Beurteilung der gewonnenen Einsichten im Zusammenhang mit dem historisch-biografischen Kontext (der Aspekt des textübergreifenden historisch-biografischen Hintergrundes). Die Texterschließung unter diesem Aspekt verlangt die Bereitstellung von expositorischem Textmaterial über das Leben BRECHTS, die zeitgenössischen Bezüge des Stücks und die politische Ästhetik des Autors.[185]

Wenn der **Umgang mit Literatur**[186] im Kl. 11 in den Sprachbüchern am Beispiel des 18. Jh.s und am Beispiel des Vergleichs von traditionellem und modernem Drama eingeübt werden soll, dann hat BRECHTS Parabelstück in der Folge der Literatur der Aufklärung eine interessante literarische Brückenfunktion. Einerseits übernimmt BRECHT Marx' Kritik an der bürgerlichen Aufklärung und ihrem *Individualismus,* andererseits bleibt er in der Nachfolge ROUSSEAUS mit dessen Lehre von der guten Natur des Menschen und der KANTS von der Vernunftbegabung des Menschen. Sein Lehrtheater steht in der Tradition des aufklärerischen Erziehungsoptimismus, der sich in KANTS Glauben ausdrückt den Menschen **durch Kunst und Wissenschaft zu moralisieren**[187] und SCHILLERS Forderung nach einem Theater als **moralische Anstalt**. Die Auseinandersetzung BRECHTS mit SCHILLER ist in diesem Zusammenhang aufschlussreich.[188]

Für die Sekundarstufe II ab Kl. 11,2 empfiehlt sich die Behandlung des Stücks innerhalb einer Unterrichtsreihe im Literaturkurs. Folgende Vorschläge können je nach Kurskonzeption (Grund- oder Leistungskurs, 2 oder 3 Kurse im Halbjahr) adaptiert werden. Verschiedene Arbeitsmethoden wie gemeinsame Lektüre und Besprechung einzelner Teile des Dramas, die Behandlung in Gruppenarbeit, Referat und Korreferat im Sinne arbeitsteiliger Teamarbeit sollten zur Anwendung kommen. Dabei kann je nach Zeitplan und Umfang der Themen die intensive oder extensive Behandlung der Texte bevorzugt werden.

## 2 Unterrichtsreihen

Ab Klasse 11,2:

1. Soziale Konflikte im Drama (literarhistorischer Längsschnitt): LESSING, *EMILIA GALOTTI;* SCHILLER, *KABALE UND LIEBE;* BÜCHNER, *WOYZECK;* HAUPTMANN, *DIE RATTEN;* BRECHT, *DER GUTE MENSCH VON SEZUAN;* FRISCH, *ANDORRA;* GRASS, *DIE PLEBEJER PROBEN DEN AUFSTAND.*
2. Das moderne Drama zwischen Ideologie und Ideologieverzicht: BRECHT, *DER GUTE MENSCH VON SEZUAN;* FRISCH, *ANDORRA;* (BRECHT, *MANN IST MANN*); (FRISCH, *BIEDERMANN UND DIE BRANDSTIFTER*). Dazu Texte zur Theorie des Dramas und der Dramaturgie bei BRECHT und FRISCH.
   Der inhaltliche Vergleich könnte auch durch formale Vergleiche ergänzt werden; dann sollten weitere Dramen untersucht werden, z. B. ein Werk von DÜRRENMATT (*DER BESUCH DER ALTEN DAME* oder *ROMULUS DER GROSSE*), WEISS oder HOCHMUTH.
3. Brechts klassische Stücke und die Ethikdiskussion: *MUTTER COURAGE UND IHRE KINDER; DER GUTE MENSCH VON SEZUAN; DER KAUKASISCHE KREIDEKREIS.*
   Der Widerspruch von Figur (Katrin, Shen Te, Grusche) und politischer Ästhetik: Trotz der marxistischen Grundüberzeugung BRECHTS, dass in einer schlechten Welt gute Taten unmöglich sind, werden gute Taten vollbracht. Es steht zur Diskussion: der *Ausweg* in Tod, Verzweiflung, Märchenglück, die Unsicherheit des Autors im Hinblick auf **die moralischen Prästationen** (Mat. 14, Soziale Motivation oder besondere Veranlagung) und die Frage nach der Tragik der vorgeführten Entscheidungen des Menschen, wo er **er selber** ist, **der Lebendige, Unverwechselbare, der nämlich, der mit seinesgleichen nicht ganz gleich ist** (*KLEINES ORGANON*, 39).
   Klasse 12/13: Grundkurs oder Leistungskurs Literatur:
4. Das Problem der Humanität in GOETHES *IPHIGENIE* und BRECHTS *DER GUTE MENSCH VON SEZUAN* (Grundkurs)
   Dem klassischen Begriff der *reinen Menschlichkeit,* des reinen Herzens und der Erziehung des Menschengeschlechts durch die Kunst steht der Begriff BRECHTS von der Nutzlosigkeit der Menschlichkeit in einer inhumanen Gesellschaft gegenüber, der Apotheose des klassischen Dramas die rhetorische Frage des epischen Theaters, der individuellen Lösung des Konflikts die klassenkämpferisch-revolutionäre.
5. Humanität und Weiblichkeit – Die dramatische Gestaltung des Motivs im literarhistorischen Längsschnitt (Leistungskurs)
   SOPHOKLES, *ANTIGONE;* LESSING, *EMILIA GALOTTI;* GOETHE, *IPHIGENIE;*

Brecht, *Die heilige Johanna der Schlachthöfe;* Brecht, *Der gute Mensch von Sezuan;* Anouilh, *Jeanne oder die Lerche;* Helmut Baierl, *Johanna von Döbeln* (1961) (Titel der Umarbeitung 1976: *Die Abenteuer der Johanna von Döbeln*).

6. Utopie und Realitätsverlust des politisch engangierten Dichters im 20. Jahrhundert, dargestellt am Leben und Werk Brechts, Benns und Bechers (Leistungskurs)
   Schwerpunkt Drama: *Die heilige Johanna der Schlachthöfe; Der gute Mensch von Sezuan.*
   Schwerpunkt Prosa: *Der neue Staat und die Intellektuellen; Antwort an die literarischen Emigranten.*
   Schwerpunkt Lyrik: Bechers Gedichte in Auswahl.[189]

## 3 Unterrichtssequenz

Verwendete Abkürzungen

| | | | |
|---|---|---|---|
| GA | = Gruppenarbeit | LK | = Leistungskurs |
| GK | = Grundkurs | LV | = Lehrervortrag |
| KRef | = Kurzreferat | UG | = Unterrichtsgespräch |

| Stunden | Thema | Didaktische Aspekte (Inhalte/Ziele) | Unterrichtsverlauf |
|---|---|---|---|
| 1. oder 1./2. | Ein Götterbesuch auf Erden | Das Motiv der Erprobung des Menschen durch die Götter und seine Umgestaltung bei Brecht | 1. Vergleichende Erarbeitung des Motivs im AT (Abraham, Hiob), in der antiken Sage Ovids (Philemon und Baucis), im Märchen der Brüder Grimm (Schwarze u. weiße Braut), im klassischen Drama (Goethe, Faust-Prolog) (GA, UG)<br>2. Vergleichende Analyse des Verhaltens der Götter, Wangs und Shen Tes (UG) |
| 3./4. | Das menschliche Figurenensemble | Erarbeitung von Kriterien für die Gestaltung und Zuordnung der Figuren des Stücks | 1. Beschreibung der Rolle der verschiedenen Figurengruppen (GA): a) Rolle der Proletarier (Wang, Großfamilie, Shin, Arbeitsloser); b) Rolle der Besitzenden (Shu Fu, Mi Tzü) u. Kleinhändler (Teppichhändlerehepaar); c) Rolle der sozialen Aufsteiger (Shui Ta, Sun); d) Doppelrolle Shen Te/Shui Ta; e) Frauenrolle Shen Tes in einer Männergesellschaft<br>2. Besprechung der Ergebnisse (UG) und Zusammenfassung durch Tafelbild |

| Methodische Hilfen/Impulse | Hausaufgabe |
|---|---|
| 1. Wie verhalten sich die Götter (Gott) in den bisherigen Beispielen zu den Menschen?<br>2. Welches literarische Beispiel steht Brechts Vorspiel am nächsten?<br>3. Ist das Vorspiel die Exposition eines Dramas?<br>4. Soll man das Verhalten der Götter und Menschen im Vorspiel ernsthaft oder komisch auffassen? | Erörterung: Die Götter – Repräsentanten der christlichen Moral, des klassischen Idealismus oder einfach komische Figuren? |
| Kriterien für die Zuordnung der Figuren:<br>– ihr Verhalten untereinander<br>– ihr Verhältnis zur Hauptfigur<br>– ihr sozialer Status<br>– ihre Bedeutung als Repräsentanten der Gesellschaft<br>– ihre stereotype Ausprägung und sozialpolitische Funktionalisierung<br>– der Widerspruch von gesellschaftskritischer Figurenkonzeption und konventionellem Frauenbild in der Gestalt Shen Tes (Shen Te, die Verkörperung des Guten als respektable Dirne, als Wohltäterin der Armen, als treu sorgende Mutter) | Stundenprotokoll |

| Stunden | Thema | Didaktische Aspekte (Inhalte/Ziele) | Unterrichtsverlauf |
|---|---|---|---|
| 5./6. | Shen Tes Programm (140) | Klärung der Begriffe Gut und Böse, Güte und Schlechtigkeit bei Brecht | 1. Auffinden der Begriffe in unterschiedlichem Kontext des Stücks (GA u. UG)<br>2. Die Beurteilung von Gutsein und Güte in motivgleichen Gedichten Brechts (GA u. UG. Vgl. Kap. 2.6)<br>3. Zusammenfassung (LV): Die Interdependenz von Güte und Gesellschaft – Brechts marxistische Moralauffassung |
| 7./8. | Sezuan: Modell einer schlechten Gesellschaft | Die antagonistischen Widersprüche der Klassengesellschaft | 1. Auffinden der Begriffe *Arm: Reich, Gut: Böse, Freundlichkeit: Ausbeutung* (GA u. UG)<br>2. Brechts marxistisches Bild von Klassengesellschaft und Klassenkampf und seine Widerspiegelung im Stück (LV u. UG) |
| 9./10. | Das Verhalten der Deklassierten und der herrschenden Klasse | Die Rolle der Tugenden in einer egoistischen Gesellschaft | 1. Die Verhaltensweisen der Deklassierten (1. u. 4. Bild) (GA u. UG)<br>2. Der Tugendkatalog der Herrschenden (Shu Fu, 74, 77 f.) (8. Bild: Frau Yang berichtet) (GA u. UG)<br>3. Die Sprache als Mittel der Entlarvung der Scheinwerte: Gemeinsame Erarbeitung (UG) |
| 11./12. | Das Stück in seinem biografisch-historischen Kontext | Der Stückeschreiber und die Gesellschaft zwischen 1920 und 1941 | 1. Brechts Biografie auf dem Hintergrund der gesellschaftlich-politischen Entwicklung in Deutschland und als Voraussetzung für sein gesellschaftskritisches Werk:<br>2. Aufteilung der verschiedenen Lebens- und Schaffensperioden in Kurzreferate (KRef): |

| Methodische Hilfen/Impulse | Hausaufgabe |
| --- | --- |
| 1. Warum handelt Shen Te trotz der schlechten Gesellschaft gut?<br>2. Warum braucht sie die Maske des *bösen* Vetters?<br>3. Ist die Konzeption von Shen Tes Doppelrolle glaubhaft? | Erörterung: Warum scheitert Ten Shes Programm? |
| 1. Sind hier die Reichen gut, die Armen böse?<br>2. Sind Shen Te und Sun Opfer des gesellschaftlichen Systems?<br>3. Ist Brechts These akzeptabel, dass Suns Schlechtigkeit nur sozial bedingt ist? (s. Mat. S. 15) | Unterrichtsprotokoll |
| 1. Welche Bedeutung haben die Nebenfiguren im thematischen Zusammenhang?<br>2. Welche Bedeutung hat die Figur Suns in ihrer Zwischenstellung zwischen *Lumpenproletariat* und *Ausbeuterklasse?*<br>3. Inwiefern kann man bei den Deklassierten eher von *Lumpenproletariat* (LV: Kurze Erläuterung des Begriffs) als von Repräsentanten der Arbeiterklasse sprechen? | Interpretation des »Liedes vom Rauch« (27) im Hinblick auf Brechts Aspekt der Nutzlosigkeit der Tugenden |
| A. Eine Zeittafel zu Leben und Werk im Hinblick auf den thematischen Zusammenhang (s. Anhang) sollte den Schülern zur Verfügung stehen.<br>B. Fragen zur Aktualität des Stücks:<br>1. Ist das Stück aufgrund der persönlichen und zeitbedingten Voraussetzungen bloß noch historisch interessant?<br>2. Lassen sich das marxistische Grundmodell und die politische Ausrichtung des Stücks auf die gegenwärtige Situation anwenden (Brecht spricht von keiner Partei oder politisch-sozialen Bewegung!)? | Aufsatz: Brecht beim Wort genommen. Die apokalyptische Rede Shen Tes **Oh ihr Unglücklichen** vor dem Hintergrund des Schweigens Brechts zum Stalin- und Ulbrichtregime |

| Stunden | Thema | Didaktische Aspekte (Inhalte/Ziele) | Unterrichtsverlauf |
|---|---|---|---|
| 11./12. | | | a) Brechts Ablehnung der bürgerlichen Gesellschaft; Nihilismus und Pessimismus;<br>b) Brechts Studium des Marxismus und der chinesischen Philosophie; Hinwendung zum Kommunismus;<br>c) Brechts Kampf gegen den Nationalsozialismus, sein Exil;<br>d) Brechts Faschismustheorie (LV); (LK: ggf. Hinweis auf das Stück *Die Rundköpfe und die Spitzköpfe*);<br>2. Klärung der im Stück gespiegelten sozialhistorischen Voraussetzungen |
| 13./14. | Aufbau und Struktur des Stückes | Erarbeitung der verschiedenen epischen Elemente | 1. Erarbeitung des 8. Bildes als Modellszene des epischen Theaters (UG)<br>2. Die dramaturgische Funktion der epischen Mittel (UG)<br>3. Die politische Funktion des epischen Theaters (LV anhand von Auszügen aus den theoretischen Schriften Brechts zur politischen Ästhetik, die den Schülern an die Hand gegeben werden). |
| 15./16. | Die Songs (Lieder) | Thematik und Funktion der Songs | 1. Analyse der Songs in ihrer Reihenfolge im Stück und ihrem jeweiligen Szenenkontext (GA u. UG)<br>2. Die stückübergreifende Botschaft der Songs (UG) |

| Methodische Hilfen/Impulse | Hausaufgabe |
|---|---|
| | (Dazu sollte den Schülern eine kurze Dokumentation aus M. Kestings Biografie und aus Alfred Kantorowicz' *DEUTSCHES TAGEBUCH* zur Verfügung gestellt werden. |
| 1. Wie kann das 8. Bild inszeniert werden?<br>2. Welche Bedeutung haben die Regieanweisungen?<br>3. Was besagt die Zeitstruktur der Szene?<br>4. In welchem Zusammenhang steht die Szene mit dem Epilog?<br>5. Bewusstmachen des Theatralischen durch Anspielen der Szene am Ende des Unterrichts | Schriftliche Analyse einer selbst gewählten Sequenz als Beispiel für episches Theater und die Wirkungsabsicht Brechts |
| Einsatz von Medien, z. B. Schallplatte: Bertolt Brecht singt (Suhrkamp Verlag) | Interpretation des »Liedes vom achten Elefanten« |

| Stunden | Thema | Didaktische Aspekte (Inhalte/Ziele) | Unterrichtsverlauf |
|---|---|---|---|
| 17./18. | Das Parabelspiel – Möglichkeiten und Grenzen | Wirklichkeit und Utopie, Desillusionierung und Veränderung, negatives Abbild und Provokation positiven Verhaltens, Wirklichkeitsverlust und ästhetische Unterhaltsamkeit | 1. Begriffserklärung des Begriffs *Negative Parabel* anhand des Vergleichs der Parabel vom *Barmherzigen Samariter* und der vom *GUTEN MENSCHEN VON SEZUAN* (GA u. UG)<br>2. Klärung des Begriffs *Politische Parabel* anhand der didaktischen Enunziationen Brechts im Vorspruch von 1953, im Epilog und in der Epilogvariante von 1953 (UG)<br>3. Die ideologische Zielsetzung als Begrenzung der Übertragbarkeit, die relativ klaren Hinweise auf die politische Nutzanwendung der Parabel als Einschränkung ihrer Gültigkeit (UG)<br>4. Die nicht erreichte intendierte gesellschaftliche Wirklichkeit und Wirksamkeit (UG)<br>(LK: Vergleich mit Frischs Parabelspielen, KRef) |
| 19. | Das Stück – eine Komödie | Erkennen der komödienhaften Züge des Stücks | 1. Klärung des Begriffs *Komödie* im traditionellen und Brecht'schen Sinne (G)<br>2. Auffinden von Stilmitteln der Komödie im Stück (GA u. UG)<br>3. Die komischen Figuren im Stück (UG)<br>4. Die Absicht komödienhafter Verfremdung(UG)<br>5. Der Begriff des *Gesellschaftlich-Komischen* (UG) |

Additum für den Leistungskurs

Als Zusätze für einen LK eignen sich folgende Stundenthemen:

1. Das Gottes- und Menschenbild in Brechts *DER GUTE MENSCH VON SEZUAN* und in seiner Lyrik sowie am Beispiel Shen Tes und Wangs (– Erweiterung der 1. Stunde durch Einbezug passender Gedichte (vgl. Kap. 4.3.3))

| Methodische Hilfen/Impulse | Hausaufgabe |
|---|---|
| 1. Welche kritischen Einwände macht der mündige Zuschauer gegen die Engführung des Parabelstücks bei Brecht?<br>2. Was bleibt nach der Lektüre positiv in Erinnerung?<br>3. Worin liegt die Wirksamkeit einzelner Passagen?<br>4. Welche Folgerungen ergeben sich aus der geringen Reflexionsbreite des Textes für die gegenwärtige Theaterpraxis? (Seit 1987 keine nennenswerte Aufführung des Stücks)[190] | Thesenpapier: Grundsätze für eine Aufführung des Stücks an deutschen Bühnen |
| Die Einbeziehung von Berichten über einzelne Inszenierungen (Mat. S. 143 ff.) und das Anspielen einzelner Sequenzen mit Situationskomik können die unmittelbar komische Wirksamkeit des Textes verdeutlichen. | Erörterung: Welche Argumente sprechen für eine Inszenierung des Stücks als Komödie? |

2. Brechts Parabelstück – Ideologisches Tendenztheater oder dichterische Leistung? Zur Wertung des *Guten Menschen von Sezuan* (Zusammenstellung politisch interpretierbarer Stellen – Vergleich mit dem Epilog – Diskussion der Echtheit und Klarheit der Eindrücke – Aufsuchen sprachlicher Leistungen – Diskussion von Wertungskriterien)
3. Das Parabelstück als Komödie (s. 10. Stunde)

## 4 Klausurvorschläge

10. Klasse/Grundkurs 11,1:

1. Warum scheitert Shen Tes Programm den Armen zu helfen, ihren Geliebten zu lieben und ihr Kind vor Mangel zu bewahren?
2. Vergleichen Sie die Kontrastfiguren des Stücks: Shen Te und Shui Ta, das Teppichhändlerpaar und Shu Fu!
3. Interpretieren Sie die Hochzeitsszene (Bild 6) auf dem Hintergrund von Shen Tes und Suns bisherigem Verhalten!

Sek II – Grundkurs:

4. **Hier bin ich, die ihn liebt, und er wartet auf den Vetter.** Liebe und Ehe als Geschäft, der Mensch als Ware. Interpretieren Sie das Motiv anhand der entsprechenden Szenen.
5. Die Entlarvung Suns und des gesellschaftlichen Systems in der 8. Szene.
6. Zeigen Sie die Funktion der Mittel des epischen Theaters anhand einer selbst gewählten Szene und klären Sie deren Bedeutung für ein politisches Theater.
7. Shen Tes und Iphigeniens Verzweiflung – ein Vergleich.

Sek II – Leistungskurs

8. Ist die Güte Shen Tes Tugend oder Dummheit? – Klären Sie bei dieser Erörterung im Sinne Brechts die Fragen: Wem nützt sie? Woran scheitert sie?
9. Interpretieren Sie den offenen Schluss des Stücks anhand einer Analyse des 10. Bildes und des Epilogs.
10. Warum moralisch sein, wenn die Verhältnisse schlecht sind und Gott nicht existiert? Erörtern Sie Brechts Auffassung von der Nutzlosigkeit der Tugenden anhand des Stücks.
11. Nur mit Gewalt ist die tötende Welt zu töten. Diskutieren Sie diese Maxime aus einem anderen Drama Brechts im Zusammenhang mit dem Parabelschluss des Stücks und der Propagierung der Gewalt als Mittel der Gesellschaftsveränderung durch die RAI, die sich bei der Rechtfertigung ihrer Aktionen ausdrücklich auf Brecht beruft.

## 5 Materialien

**»Der Gesang aus der Opiumhöhle«** **Material 1**

1
Das junge Mädchen:
In den frühen Tagen meiner Kindheit
Die, man sagt es, nun vergangen ist
Liebte ich die Welt und wollte Blindheit
Oder Himmel, der am reinsten ist.
Aber früh, am Morgen, ward mir das Verkünden:
Daß erblinden muß, wer jenen reinen
Glanz des Himmels sehen will, erblinden?
Und ich sah ihn. Und ich sah ihn scheinen.
Wozu bettelhäftig sich vor Türen drücken?
Hilft's, wenn karge Jahre niemals enden?
Sollen wir den roten Mohn nicht pflücken
Weil er abends hinwelkt in den Händen?
    Darum sagt ich: laß es!
    Rauch den schwarzen Rauch
    Der in kältre Himmel geht. Ach, sieh ihm
    Nach: so gehst du auch.

2
Der Mann:
Oftmals denk ich, wenn ich Opium koche
Was mein Feind macht, der verfault im Mohn.
Und der Stier? Ich beugte ihn so gut dem Joche
Und vor roten Fahnen schritt ich schon!
Aber schon im Mittag ward mir die Gewißheit:
Was denn sollen mir Kampf und Beschwerden?
Da ihr alle lange doch gewiß seid
Daß sie keinem von uns helfen werden.
Wozu Feinde schlagen? Ach, es traut leicht
Sich ein Stärkrer heute mich zu schlagen!
Wird doch keiner dicker, als die Haut reicht
Und wozu noch Fett zu Grabe tragen?
Darum sagt ich: laß es!
Rauch den schwarzen Rauch
Der in kältre Himmel geht. Ach, sieh ihm
Nach: so gehst du auch.

3
Der Greis:
Seit den Tagen meiner Kindheit lief ich
Säte Hirse, ging die Gräser mähen
Bei den Weibern lag ich, zu den Göttern rief ich
Kinder macht ich, die jetzt Hirse säen.
Aber spät am Abend ward mir die Belehrung:
Daß kein Hahn schreit, wenn ich auch verreckte

Und daß auch die innerste Bekehrung
Keinen Gott aus seinem Schlafe weckte.
Wozu ewig Hirse säen in den
Steinigen Boden, der sich niemals bessert
Wenn doch keiner mehr den Tamarinden-
baum, wenn ich gestorben, weiter wässert?
Darum sagt ich: laß es!
Rauch den schwarzen Rauch
Der in kältre Himmel geht. Ach, sieh ihm
Nach: so gehst du auch.

**Material 2**

**»Matinee in Dresden«**

1
Sie luden aber ein drei Götter
Zu Alibi am Flusse Alibe
Und machten eine große Versprechung
Von 150 Hekatomben für einen jeden von ihnen
Und Ehrung so vieler sie bedürften.

2
Als sie aber ankamen, war nur der Regen da
Sie zu empfangen.
Und als sie kamen zu dem Festhause der Stadt Alibi
Hörten sie mächtig Getöse aus seinem Innern
Denn sie feierten ein Fest zu Ehren des großen Alea.
Und kamen hinein und sahen ihre Stühle stehen
Wo die Mäntel hingen und die faulen Eier gekocht
wurden.
Da weinten die Gottheiten zwischen den Mänteln
Die der Regen empfangen hatte.

3
Es trat aber zu ihnen Sibillus, ein Mann aus der Stadt
Der kannte sie von früher her und tröstete sie:
Und ging umher, Leute zu sammeln, die guten Willens
wären
Die guten Götter zu verehren zu Alibi, der Stadt an dem
Flusse Alibe.

4
Sprach Sibillus, Mann aus der Stadt Alibi:
Laßt uns hingehn zum Tische des dicken Alea
Welcher ein Weltfreund ist, daß wir aufsammeln die
Brosamen
Die von seinem reichen Tische fallen.
Und sie gingen und kamen an vor den Tischen
Es fiel aber da kein Brosamen.

5
Da verzagte Sibillus und sagte zu den drei Gottheiten:
Wollet nicht verzweifeln und euch nicht stürzen
In den Fluß Alibe wegen mangelnder Ehrung
Daß nicht überschwelle der Fluß und
Wegschwemme unsere Stadt Alibi!

**»Die Verwandlung der Götter«** **Material 3**

Die alten heidnischen Götter – das ist ein Geheimnis –
Waren die ersten, die sich zum Christentum bekehrten
Durch die grauen Eichenhaine gingen sie vor allem Volk
Murmelten volkstümliche Gebete und bekreuzigten sich.

Durch das ganze Mittelalter stellten sie sich
Wie zerstreut in die steinernen Nischen der Gotteshäuser
Überall, wo göttliche Gestalten gebraucht wurden.
Und zur Zeit der Französischen Revolution
Legten sie als erste die goldenen Masken der reinen
Vernunft an
Und als mächtige Begriffe
Gingen sie, alte Blutsäufer und Gedankenknebler
Über die gebeugten Rücken der schuftenden Menge.

**»Die Maske des Bösen«** **Material 4**

An meiner Wand hängt ein japanisches Holzwerk
Maske eines bösen Dämons, bemalt mit Goldlack.
Mitfühlend sehe ich
Die geschwollenen Stirnadern, andeutend
Wie anstrengend es ist, böse zu sein.

**»Was nützt die Güte«** **Material 5**

1
Was nützt die Güte
Wenn die Gütigen sogleich erschlagen werden, oder es
werden erschlagen
Die, zu denen sie gütig sind?

Was nützt die Freiheit
Wenn die Freien unter den Unfreien leben müssen?

Was nützt die Vernunft
Wenn die Unvernunft allein das Essen verschafft, das jeder
benötigt?

2
Anstatt nur gütig zu sein, bemüht euch
Einen Zustand zu schaffen, der die Güte ermöglicht, und
besser:
Sie überflüssig macht!

Anstatt nur frei zu sein, bemüht euch
Einen Zustand zu schaffen, der alle befreit
Auch die Liebe zur Freiheit
Überflüssig macht!

Anstatt nur vernünftig zu sein, bemüht euch
Einen Zustand zu schaffen, der die Unvernunft der
einzelnen
Zu einem schlechten Geschäft macht!

**Material 6**

**»Verurteilung antiker Ideale«**

Würde, mit falschen Gewichten gewogen!
Wen läßt du zurück, unerschütterter Greis?
Unzerkrümpelte Falten imperialer Togen
Wer entfernte das Zettelchen mit dem Preis?

O Stumpfsinn der Größe vergangener Zeiten
O steinerne Standbilder der Geduld
Klagloses Ertragen vermeidbarer Leiden
Glaube an unvermeidbare Schuld!

Was mußtet ihr, die euch das Schicksal bereiten
Götter nennen? Zu was war das gut?
O Gelassenheit, idiotisches Schweigen
Zu dem, was euch getan wird, und zu dem, was ihr tut.

Du, der du den Schlag empfingst und nicht schrieest
Du, der du von allen Tischen weggingst
Du, der du verstandest und der du verziehest
Du, der du im Feuer stehst und noch singst

Du, der du da um dein Leben betrogen bist
Und der du nicht kämpfst, bilde dir nichts ein:
Das Todesurteil, das an dir schon vollzogen ist
Soll auch von uns unterschrieben sein.

**Material 7**

**Brecht**

Der Umgang mit Brecht, anstrengend wie wohl jeder Umgang mit einem Überlegenen, dauert nur ein halbes Jahr, und die Versuchung, solchem Umgang einfach auszuweichen, ist manchmal nicht gering. Es ist Brecht, der dann wieder einmal anruft oder auf der Straße, immer freundlich in seiner trockenen und etwas verhaltenen Art, fragt, ob man einen freien Abend habe. Brecht sucht das Gespräch ganz allgemein. Meinerseits habe ich dort, wo Brecht mit seiner Dialektik mattsetzt, am wenigsten von unserem Gespräch; man ist geschlagen, aber nicht überzeugt. Auf dem nächtlichen Heimweg, seine Glossen überdenkend, verliere ich mich nicht selten in einen unwilligen Monolog: Das stimmt ja alles nicht! Erst wenn ich dann ähnliche, ebenso leichtfertige, oft auch gehässige Erledigungen aus dem Mund von Drittpersonen höre, fühle ich mich genötigt, doch wieder nach Herrliberg zu radeln. Die bloße Neugierde, die man einem Berühmten gegenüber empfinden mag, würde auf die Dauer kaum ausreichen, um das Anstrengende dieser Abende, die stets zu einer Begegnung mit den eignen Grenzen führt, auf sich zu nehmen. Die Faszination, die Brecht immer wieder hat, schreibe ich vor allem dem Umstand zu, daß hier ein Leben wirklich vom Denken aus gelebt wird. (Während unser Denken meistens nur eine nachträgliche Rechtfertigung ist; nicht das Lenkende, sondern das Geschleppte.) Einem überragenden Talent gegenüber, was Brecht nebenbei auch ist, im Augenblick wohl das größte in deutscher Sprache, kann man sich durch Bewunderung erwehren; man macht einen Kniefall, wie die Meßknaben vor dem Altar, und die Sache beruht auf sich selbst, man geht weiter. Einer Haltung gegenüber genügt das nicht, und es liegen, gerade weil Brecht in bezug auf seine Person so uneitel ist wie wenige Menschen, ganz andere Ansprüche vor, Ansprüche, die mit Anbiederung nicht zu befriedigen sind; dabei erwartet Brecht wie vielleicht alle, die aus einer selbständigen Haltung leben, gar kein Einverständnis, im Gegenteil, er wartet auf den Widerspruch, ungnädig, wenn der Widerspruch billig ist, und gelangweilt, wenn er gänzlich ausbleibt. Man sieht es dann seinem strengen, bäurisch ruhigen, oft von Schlauheit etwas verschleierten, aber immer wachen Gesicht an, daß er zwar zuhört, auch wenn er es ein Geschwätz findet, sich zum Zuhören nötigt, aber hinter seinen kleinen versteckten Augen wetterleuchtet es von Widersprüchen; sein Blick flackert, die Ungeduld macht ihn eine Weile lang verlegen, dann angriffig, gewitterhaft. Seine Blitze, seine Glossen, gemeint als Herausforderung, die zum wirklichen Gespräch führen soll, zur Entladung und Auseinandersetzung, sind oft schon erschlagend durch die Schärfe des Vortrags; der Partner, besonders der neue und ungewohnte, schweigt dann mit verdutztem Lächeln, und Brecht bleibt nichts anderes übrig, als dass er, sich beherrschend, katechisiert, ernsthaft, etwas mechanisch, im Grunde verärgert, denn das ist nun das Gegenteil eines Gesprächs wie er es erhofft hat, verärgert auch, daß so wenige wirklich durch die Schule des Marxismus gegangen sind, der Hegelschen Dialektik, des historischen Materialismus. Brecht will kein Dozent sein, sieht sich aber in der Lage eines Mannes, der über Dichtung sprechen möchte, und es endet, damit es nicht eine Schwafelei wird, mit einem Unterricht in elementarer Grammatik, wofür seine Zeit in der Tat zu kostbar ist; er tut es immerhin, denn eine bloße Schwafelei wäre ihm noch ärgerlicher, Unterricht ist wenigstens Unterricht, wenigstens nützlich für den andern, möglicherweise nützlich. Im Grunde aber, glaube ich, ist Brecht seinerseits froh, wenn er nicht katechisieren muß. Unser Gespräch wird fruchtbar immer dann, wenn ich ihm die Reflexion überlasse, meinerseits nur das Konkrete liefere, das es allerdings an sich hat, immer Widerspruch zu sein. Seine Haltung, und bei Brecht ist es wirklich eine Haltung, die jede Lebensäußerung umfaßt, ist die tägliche Anwendung jener denkerischen Ergebnisse, die unsere gesellschaftliche Umwelt als überholt in ihrem gewaltsamen Fortdauern als verrucht zeigen, sodaß diese Gesellschaft nur als Hindernis, nicht als Maßstab genommen werden kann; [...]

(aus: Max Frisch, Tagebuch 1946–1949, Frankfurt/M., S. 285 ff.)

**Material 8** Klassenkampf

Ich entdeckte die Prinzipalin vor der Vorstellung, wie sie, schon im Kostüm der Matka, durch das Guckloch im Vorhang auf das zahlreich erschienene Pariser Publikum starrte. Als sie mich ansah, bemerkte ich in ihrem feinnervigen Künstlergesicht erregte Blässe.
›Schau durch›, sagte sie heiser, ›siehst die Kolliers im Parkett, Stücker vierzig, mindestens, Nerze gar nicht zu rechnen.‹
Tatsächlich glitzerte es enorm aus dem Zuschauerraum. Es war etwas eingetreten, das wir zu Hause gar nicht mehr kannten: Im Zuschaueraum saßen echte Ausbeuter.
Natürlich überlegte die Prinzipalin jetzt, was passieren würde, wenn sie ihren berühmten Song darbot, in dem es hieß, daß man den Kommunismus begreifen könne, man sei doch kein Ausbeuter. Und jetzt saßen die Ausbeuter unten! Ob die begreifen würden, daß sie das nicht begreifen könnten? Richtig, Prinzipalin, gib ihnen kein Pardon! Deine Stunde ist da, nun zeige, was es heißt, gegen das Weiße in den Augen des Klassenfeindes zu spielen. Und wenn es Ausbeuter gibt, die da buhen, ja dann, was muß es dann geben? ›No, die Ausgebeuteten, ihr Hornochsen, und die sitzen wo? Auf der Empore, wo die billigsten Plätze san, denn hier in Frankreich hammr zur Zeit noch die klassischen Ausbeuterverhältnisse, studiert sie, ihr Hammeln!‹
Die Prinzipalin spielte ihre Rolle voller harter Behutsamkeit, war zart wie Kristall in ihrem Song.
Es buhte.
Herrlich!
Applaus von den Emporen!
›Religion ist das Opium des Volkes!‹
Buhrufe.
Applaus von den Emporen.
Der Darsteller des Sohnes der Matka hatte einen Song darüber, daß den Ausbeutern alle Brutalität bei der Unterdrückung der Ausgebeuteten nichts nützen würde, eines Tages seien sie dran.
Noch mehr Buhrufe!
Noch mehr Beifall von der Empore!
Ich sehe, an einen Pfeiler am Rande des Zuschauerraumes gelehnt, noch heute vor mir, wie unser junger schauspielerischer Kopf, als das Buhrufen kam, beinahe erschrocken aufzuckte, wie seine Augen aufblitzten, als die Empore losklatschte, und wie er dann, sich gleichsam einen Ruck gebend, zu singen anhob, was heißt hier singen, wie ein siegreiches Fanal erhob sich seine Stimme, füllte das Theater bis in den letzten Säulenwinkel. Ein Lächeln auf dem Gesicht, sang er für die Emporen, die nicht Emporen bleiben sollten, und für die Kolliers gegen die Kolliers.
Er bekam einen frenetischen Beifall.
Die Emporen barsten beinahe.
Aber auch die Kolliers klatschten begeistert.
Oh, mächtige Mutter Kunst, was kannst du, wenn du in den Kampf gehst, den Klassenverändernden, wenn dein Feuer selbst die errötet, die darin umkommen sollen! Und wie nur schön und ein bißchen träge bist du doch denen gegenüber, du Undankbare, die dich befreiten und schon das Leben verändern.

Nichts da, ran hier, Kunst braucht Menschen, Herrschaften, die sich erregen können und die sie erregen kann! […]

(aus: Helmut Baierl, Die Köpfe oder Das noch kleinere Organon, Berlin u. Weimar 1974, S. 44 f.)

**Material 9**

[…] Die gesellschaftliche und politische Wirkung von Drama wurde in der Vergangenheit als Erfahrung einer Gruppe von Menschen betrachtet, die in einem Raum versammelt ist und eine zeitlich begrenzte, kollektive Einheit bildet: einer Menge, eines Publikums.

In einer Epoche, wo die Mehrheit Drama zumeist isoliert oder in kleinen Gruppen vor dem Fernseher erlebt, ist diese Verbindung mit dem Ursprung dramatischen Erlebens in stammesgebundenem oder im religiösen und gesellschaftlichen Ritual weit weniger offensichtlich.

Tatsächlich bleibt es eine ziemlich offene Frage, ob Fernsehen als dramatisches Medium überhaupt in der Lage ist, die intensivsten – anagogischen – Erfahrungen und Aussagen zu produzieren, einfach weil ihm das *Geheimnis* fehlt, durch das auf dem Gipfel künstlerischer, emotionaler und intellektueller Intensität das Kollektiv zu einer höheren Einheit verschmilzt und an einem quasimystischen Moment der Einheit teilhat. Im nüchternen Licht der Reflektion ist dieses Geheimnis einfach ein Aspekt der Massenpsychologie, wie sie von Le Bon oder Freud umrissen wurde, das Ergebnis der erhöhten Konzentration, die für den einzelnen aus dem Bewußtsein der Aufmerksamkeit anderer Zuschauer entsteht, ihrem angehaltenen Atem, ihrer Stille oder umgekehrt ihrem wilden Gelächter und offenkundigen Enthusiasmus.

Es kann kein Zweifel bestehen, daß die am tiefsten gefühlten und am stärksten erinnerten Erlebnisse dramatischer Aufführungen für den einzelnen Zuschauer, der spürt, wie seine oder ihre Persönlichkeit der Menge eins wird, aus diesen massenpsychologischen Situationen hervorgehen. In solchen Momenten, so rar sie auch sein mögen, übt Drama seine größte Wirkung aus und ist fähig, wie Brecht und Artaud es forderten, die Einstellung des einzelnen zum Letzten zu verändern, ihm oder ihr bleibende spirituelle und intellektuelle Einsichten zu vermitteln.

Doch wie tief und intensiv gesteigert die Erfahrung des einzelnen einer höheren, spirituellen, *anagogischen* Aussage des dramatischen Ereignisses auch ist, es kann keine kollektiv wahrgenommene *Aussage* geben, die alle Anwesenden wirklich gemeinsam hätten. Die Intensität von Konzentration, Wahrnehmung, emotionaler Wirkung kann durch ein Bewußtsein gleicher Konzentration und emotionaler Intensität in der Menge sicher erhöht werden; doch der *Gehalt* dessen, was so intensiv erfahren wird […], wird notwendigerweise ausschließlich die des einzelnen bleiben, seine spezifisch private Erfahrung.

Die Erfahrung dieses einzelnen ist im wesentlichen der Punkt, wo alle Anstrengungen der Schöpfer der dramatischen Aufführung, alle Zeichen und Zeichensysteme, die sie eingesetzt haben, ihre Bestimmung und entscheidende Wirkung erreichen müssen.

Auf der höchsten Stufe hängt die Aussage einer solchen dramatischen Aufführung, ihre Wirkung, Botschaft und deren Quintessenz in den Erinnerungen dieses einzelnen und seinen Einstellungen zum Leben genauso, wenn nicht noch

mehr von seiner Persönlichkeit, von seinem Hintergrund, seinem Wissen, seinen Vorurteilen und Vorliegen ab wie von den Absichten des Autors, des Regisseurs, des Bühnen- und Kostümbildners, der Musiker oder Schauspieler, die das Ereignis geschaffen haben.
Was immer sie zu übermitteln beabsichtigen, ist transformiert und übersetzt in den persönlichen Eindruck und die Erfahrung dieses einzelnen. Es kann keine *richtige, letzte, endgültige* oder *wahre* Interpretation geben, keine reine, metaphysische, platonische Idee der endgültigen Aussage eines dramatischen *Textes* und noch weniger der unendlich komplexeren Textur einer dramatischen Aufführung [...]

(aus: Martin Esslin, Die Zeichen des Dramas, Reinbek 1989, S. 178 f.)

# Anhang

## Anmerkungen

[1] Die nachstehenden Angaben stützen sich auf folgende Brecht-Biografien: M. Kesting (1959), M. Esslin (1962); W. Hecht u. a. (1969); F. Ewen (1970); K. Völker 1976.
[2] Gegen monokausale Erklärungen in der Entwicklung Brechts vgl. auch: M. Sauer: Brecht in der Schule. Stuttgart 1984, S. 80 ff.
[4] Vgl. F. Ewen: Bertolt Brecht, S. 228 ff.
[5] Brecht hat sich sowohl in der Presse als auch in Gedichten (Nicht feststellbare Fehler der Kunstkommission; Das Amt für Literatur G 1007) gegen die Zensur seiner Arbeiten gewandt.
[6] Vgl. M. Kesting: Bertolt Brecht 1959, S. 147.
[7] Ebd., S. 139.
[8] Th. Koebner: Das Drama der Neuen Sachlichkeit und die Krise des Liberalismus, in: Wolfgang Rothe (Hg.): Die deutsche Literatur in der Weimarer Republik. Stuttgart 1974, S. 19 ff.
[9] Ebd., S. 27 ff.
[10] Ebd., S. 27.
[11] Vgl. u. a. die Ablehnung der Aufführung durch die Neue Musik Berlin (u. a. m. Paul Hindemith) und den Offenen Brief Brechts und Eislers dagegen, s. Textausgabe der *Massnahme* bei Rowohlt, Reinbek 1966 (rororo 889), S. 45.
[12] Zu Quellen und Hinweisen vgl. außer J. Knopf, Brecht-Handbuch Theater 1980, S. 201 ff., u. J. Knopf (1982), S. 23 ff. auch besonders Mat. 113 ff.
[13] Hans Mayer: Bertolt Brecht u. d. Tradition, 1961.
[14] Zur Herkunft und Bedeutung dieses Topos vgl. die Diskussion bei und zu Pongs (s. u. Anm. 174).
[15] Zu Brechts Bibelzitierung vgl. Volker Klotz (s. Anm. 171).
[16] R. Grimm (s. Lit.Verz.).
[17] Zur Chinciserie bei Brecht vgl. zuletzt: J. Knopf (1982), S. 42 ff.
[18] Vgl. Mat. 116.
[19] Vgl. Mat. 120.
[20] Vgl. Mat. 122.
[21] Vgl. Mat. 122.
[22] S. M. Neumann (Lit.Verz.).
[23] Vgl. Volker Klotz: Geschlossene u. offene Form i. Drama, 1960.
[24] Brecht: Zeitungsbericht, in: GW 7, 1160 u. Mat. 31.
[25] Brecht: AJ in: Mat. 14.
[26] S. 4.4.1.
[27] Brecht: AJ s. Mat. S. 16.
[28] Brecht: *Kleines Organon*, in: Versuche 27/32, S. 137 ff.
[29] Ebd., S. 40.
[30] AJ in Mat. S. 21.
[31] A. Wirth: Über die stereometrische Struktur der Brecht'schen Stücke. In: Sinn und Form. 2. Brecht-Sonderheft, 1957, S. 373 ff.
[32] W. Hinck: Die Dramaturgie des späten Brecht. Göttingen 1959, S. 12.
[33] C. H. Crumbach: Die Struktur des epischen Theaters. Braunschweig 1960.
[34] R. Geißler: Brechts dramat. Intentionen. Wirk. Wort 1961, S. 215.
[35] Ebd., S. 216.
[36] Weitere Aspekte: die Shen Te-Handlung als Antimärchen (Sterntalermärchen, vgl. auch in Büchners *Woyzeck*) und als Anti-Evangelium (vgl. Mk 10,29–30; Mt 10,39).
[37] Brecht, zit. in Schumacher, E.: Es wird bleiben. In: Erinnerungen an Brecht. Leipzig 1966, S. 366.
[38] Ivo Braak: Poetik in Stichworten. Kiel 1965, S. 22.
[39] G. Koller: Parabolischer Realismus. Aus: G. K. Der mitspielende Zuschauer, zit. aus Mat. 237.
[40] Ebd., S. 266.
[41] Hans Mayer: Brecht in der Geschichte. Frankfurt/M. 1971, S. 234.
[42] Claus Hardt zur Münchner Aufführung 1955. In: Mat. 153.
[43] B. Brecht: Brief an Bentley. August 1946. In: Mat. 26.
[44] G. Kunert, zit. n. Jan Knopf (1982), S. 20.
[45] Zum Begriff s. 4.1.
[46] Alfred Kantorowicz: Deutsches Tagebuch. 2. Teil. München 1961, S. 407.
[47] Ebd., S. 337.
[48] Ebd., S. 649.
[49] Vgl. dazu: M. Esslin: Die Zeichen des Dramas. Hamburg 1989.
[50] Zit. n. J. Rühle: Das gefesselte Theater. Köln 1957, S. 239.
[51] Ebd., S. 241.
[52] J. Rühle, a.a.O., S. 247. Brecht handelte dabei getreu der Maxime, die Otto Grotewohl anlässlich der Berufung der Staatlichen Kommission für Kunstangelegenhei-

ten am 31. 8. 1951 verkündete: Die Idee der Kunst muß der Marschrichtung des politischen Kampfes folgen [...] Was sich in der Politik als richtig erweist, ist es auch unbedingt in der Kunst. (Otto Grotewohl: Rede v. 31. 8. 1951, in: O. Grotewohl, Reden Bd. 1. Berlin o. J.).

53 Zur unterschiedlichen Auffassung des Schlusses vgl. G. Koller, in: Mat. S. 242 und V. Klotz: Bertolt Brecht. Versuch über das Werk, S. 21.

54 M. Esslin: Bertolt Brecht ($^{2}$1970) S. 216.

55 B. Brecht: Stücke Bd. 4. Berlin 1956, S. 216.

56 R. Warning: Elemente einer Pragmasemiotik der Komödie. In: Das Komische. Hg. v. W. Preisendanz u. R. Warning. München 1976, S. 285 f. u. 313 f.

57 Vgl. Mat. 121. Zu beachten ist die Änderung der letzten Zeile der 4. Strophe im »Lied vom Rauch«.

58 Vgl. den Zusammenhang m. d. Vanitasmetaphorik vom Rauch, z. B. bei A. Gryphius: »Menschliches Elende«.

59 H. Jendreiek, a.a.O., S. 224.

60 Yun Yeop Song: B. Brecht u. d. chines. Philosophie, S. 222 u. 228.

61 Yun Yeop Song, a.a.O., S. 140 ff.

62 Ebd., S. 141.

63 H. Hendreiek, a.a.O., S. 165.

64 Karl Marx u. Friedrich Engels: Werke. Berlin 1957, 23, S. 675.

65 Zit. n. A. Salzer u. E. v. Tunk: Geschichte d. dt. Literatur. Köln o. J., S. 167.

66 Zum Verhältnis Brecht–Grosz s. Lothar Fischer: George Grosz. Hamburg 1976, S. 102 ff.

67 Odo Marquart: Nachmetaphysisches Denken, in: Philosophisches Forum. Karl-Rahner-Akademie. Köln 1990, S. 11.

68 Ebd.

69 Ebd.

70 Ebd.

71 In Brecht: *Heilige Johanna der Schlachthöfe*, z. B. im Song »Sag nicht, es hilft nichts«, GW 2, 643.

72 Zur Bedeutung des Begriffs und der Funktion der Straßenszene im Epischen Theater s. GW 7, 546 ff.

73 Jan Knopf: Brecht-Handbuch Theater, 1980, S. 208.

74 Gert Ueding: *Der gute Mensch von Sezuan*, S. 182.

75 Zit. n. H. Arntzen: Komödie und Episches Theater, in: DU 21 (1969), S. 74.

76 S. dazu Friedr. Hennenberg: Über die dramatische Funktion der Musik Paul Dessaus. In: Mat. 268 ff.

77 Diederich Diederichsen: Art. Komödie. In: Handlexikon z. Literaturwissenschaft, hg. v. D. Krywalski. München 1974, S. 230.

78 G. v. Wilpert: Sachwörterbuch d. Literatur. Stuttgart $^{5}$1969, S. 401.

79 Metzler-Literatur-Lexikon. Hg. v. Günter u. Irmgard Schweikle. Stuttgart 1984, S. 23.

80 S. dazu Rainer Warning (s. Anm. 56), S. 311 ff.

81 S. dazu: W. Hinck: Dramaturgie d. späten Brecht. $^{6}$1977, bes. S. 67 u. 104 f.

82 S. dazu: Theaterarbeit. Sechs Aufführungen des Berliner Ensembles. Hg. Berliner Ensemble. Berlin 1961, S. 43.

83 K. Bräutigam: *Der gute Mensch von Sezuan*. München $^{6}$1976, S. 11 f.

84 Peter Chr. Giese: Das Gesellschaftlich-Komische. Zu Komik u. Komödie am Beispiel der Stücke u. Bearbeitungen Brechts. Stuttgart 1974, S. 82.

85 Giese, a.a.O., S. 81.

86 S. dazu: Wolfgang Kayser: Das Groteske in Malerei u. Dichtung. Hamburg 1960, bes. S. 29 f. u. Abb. 5.

87 B. Brecht: Über Theater. Zusammengestellt v. Werner Hecht. Leipzig 1966, S. 321 f.

88 Peter Chr. Giese, a.a.O., S. 224.

89 Ebd.

90 M. Wekwerth: Der gute Mensch 1976. In: M. W. Brecht? Berichte, Erfahrungen, Polemik. München 1976, S. 164.

91 Zur Formulierung: Nadjeschda Mandelstam: Das Jahrhundert der Wölfe. Frankfurt/M. 1971 (= über das Privat-Biografische hinaus eine seismographische Aufzeichnung des Lebens in einer sozialistischen Gesellschaft, einer durch Zwang verdorbenen Welt).

92 Peter Handke, Horváth und Brecht. In: Positionen des Dramas. Hg. Heinz L. Arnold u. Th. Buck. Münster 1977, S. 242.

93 Reinhold Grimm: Zwischen Tragik und Ideologie. In: Reinhold Grimm: Strukturen. Göttingen 1963, S. 256 ff.

94 Max Frisch: Tagebuch 1946–1949. Frankfurt/M. 1971, S. 285.

95 Friedrich Dürrenmatt: Theaterschriften und Reden. Zürich 1971, S. 151 f.

96 Walter H. Sokel: Brechts gespaltene Charaktere und ihr Verhältnis zur Tragik. In: Tragik und Tragödie. Hg. Volkmar Sander. Darmstadt 1971, S. 393.

97 Vgl. Materialien zu Brechts *Mutter Courage und ihre Kinder*, Frankfurt/M. 1976.

98 Erich Franzen, zit. n. Siegfried Melchinger: Theater der Gegenwart. Frankfurt/M. 1956, S. 158.

99 Volker Klotz: Bertolt Brecht. Versuch über das Werk. Darmstadt 1957, S. 118.

100 Zum Vergleich von Goethes Iphigenie und Shen Te. H. Jendreiek, a.a.O., S. 246.

101 Georg Lukacs' Meinung, in der klassenlo-

sen Gesellschaft werde es keine Verzweiflung mehr geben, zit. n. S. Melchinger, a.a.O., S. 159.

102 Alexander Solschenizyn, zit. n. Literatur und Repression. Sowjetische Kulturpolitik seit 1965. Hg. Helen von Ssachno u. Manfred Grunert. München 1970, S. 168.

103 Ernst Bloch: Das Prinzip Hoffnung. Bd. 1. Frankfurt/M. 1967, S. 499.

104 Vgl. auch die illusionist. Schlussformulierung im *Kleinen Organon* (77) von der Vorläufigkeit der auf dem Theater gezeigten gesellschaftlichen Verhältnisse.

105 A. Solschenizyn: *Matrjonas Hof*. In: A. S.: *Im Interesse der Sache*. Neuwied 1972, S. 56.

106 Walter Hinck, a.a.O., S. 88.

107 Reinhold Grimm, a.a.O., S. 270.

108 Gert Ueding sieht die Qualität des Stücks gerade in seinen Ungereimtheiten. In: a.a.O., S. 193. – Seine Interpretation, die in Shen Te lediglich ein Idol sieht, das sich eigentlich Shui Ta geschaffen hat, um damit die eigenen Machenschaften zu bemänteln – nicht umgekehrt, wie es das Stück aus didaktischer Verfremdungsabsicht zu suggerieren scheint (a.a.O., S. 182), erscheint nach Brechts Konzeption (Mat. 14) und der Rezeptionsgeschichte des Werks überspitzt.

109 Jan Knopf, a.a.O., S. 209.

110 Ute Wedel: Die Rolle der Frau bei Bertolt Brecht. Frankfurt/M. 1983, S. 162.

111 A.a.O., S. 81 ff. u. S. 88 ff.

112 A.a.O., S. 162.

113 Zit. n. Ute Wedel, a.a.O., S. 84.

114 Hier sei auf die Bedeutung stereotyper geschlechtsspezifischer Verhaltensweisen, wie sie Brecht für den Bereich weiblicher Sexualität übernimmt, hingewiesen. Ein typisches Beispiel ist Shen Tes Selbstcharakteristik (81), die das Stereotyp widerstandsloser Hingabe vielfach variiert.

115 Ute Wedel, a.a.O., S. 159.

116 H. Karasek: Bertolt Brecht 1978, S. 183.

117 Michael Schneider: Bertolt Brecht – Ein abgebrochener Riese. In: Literaturmagazin 10. Hg. Jürgen Manthey. Reinbek 1979, S. 43.

118 John Fuegi: The Alienated Woman: Brecht's The Good Person of Setzuan. In: Essays on Brecht. Edit. Siegfried Mews and Herbert Kunst. University of North Carolina. Studies in the German Languages and Literatures. Bd. 79, Chapell Hill, S. 193 (übersetzt v. Verf.).

119 A.a.O., S. 194 (übersetzt v. Verf.).

120 A.a.O., S. 192 (übersetzt v. Verf.).

121 Vgl. dagegen Brechts Konzeption vom ›sozialen grund der schlechtigkeit Suns‹ (Mat. 15).

122 Brecht GW 20, 22–24: Beziehungen der Menschen untereinander. Zit. n. Ute Wedel, a.a.O., S. 81.

123 Vgl. Ute Wedels Beispielsammlung, a.a.O., S. 61 f. u. S. 80.

124 Zur Klassikerdebatte s. Hellmuth Karasek (s. Anm. 116).

125 Zum Begriff des eingreifenden Denkens vgl. Brecht: über eingreifendes Denken. GW 8, 714 ff.

126 Walter Hinck: Episches Theater. Hg. Reinhold Grimm (= Neue Wissenschaftl. Bibliothek 15). Köln, S. 335.

127 Walter Benjamin: Studien zur Theorie des epischen Theaters. In: Zu Bertolt Brecht. Hg. Theo Buck. Stuttgart 1983, S. 22 f.

128 W. Benjamin, a.a.O., S. 23.

129 Marianne Kesting: Das epische Theater. Stuttgart 1959, S. 85.

130 Jan Knopf: Brecht-Handbuch Theater. Stuttgart 1980, S. 211.

131 Ebd.

132 Ebd., S. 206.

133 Brecht: Der Messingkauf, GW 7, 577 f.

134 S. Anm. 65.

135 Jan Knopf (s. Anm. 130), S. 207 f.

136 Zum Motiv des Elefanten in Brechts Werk vgl. Kurt Bräutigam: Der gute Mensch von Sezuan. München 1966, S. 55 f.

137 Walter Hinck: Dramaturgie, S. 41.

138 S. Einleitung des Stücks in der neuen Gesamtausgabe. Frankfurt/M. 1989, Bd. 6, S. 437.

139 Yun-Yeop Song, a.a.O., S. 232 f.

140 S. dazu: Fritz Hennenberg: Über die dramaturgische Funktion der Musik P. Dessaus. In: Mat. S. 269 f.

141 Jan Knopf, a.a.O., S. 211.

142 Ebd., S. 212.

143 Fritz Hennenberg, a.a.O., S. 272 ff.

144 A. Wirth (s. Anm. 31), s. Kap. 4.1.

145 W. Hinck, a.a.O., S. 64 ff.

146 K. Bräutigam, a.a.O., S. 56.

147 A. Kantorowicz, a.a.O., S. 337, vgl. auch Kap. 4.3.2.

148 S. Kap. 4.3.2.

149 Tschong Dae Kim: Bertolt Brecht und die Geisteswelt des Fernen Ostens. Heidelberg 1969, S. 102 f.

150 Hans Mayer. Brecht in der Geschichte. Drei Versuche. Frankfurt/M., S. 124.

151 W. Hinck, a.a.O., S. 73.

152 Klaus Detlef Müller, in: Bertolt Brecht: Epoche – Werk –Wirkung. Hg. K. D. Müller. München 1985, S. 289.

153 M. Esslin (1962), s. Lit.verz., S. 153.

154 Ebd., S. 155.

155 Bornemann: Epitaph für Bert Brecht. Sinn u. Form. 2. Brecht-Sonderheft 1957, S. 142 ff.

156 Rainer Pohl (1969): Strukturelemente, S. 115 ff.

[157] Zur stilistischen Differenzierung der Bildlichkeit vgl. Bernhard Sowinski: Deutsche Stilistik. Frankfurt/M. 1973, S. 301; ders.: Stilistik, Stiltheorie u. Stilanalyse. Stuttgart 1991, S. 130 ff.

[158] S. Wyss, Monika (Hg.): Brecht in der Kritik. 1977, S. 226 f.

[159] S. Mat. 143 ff.

[160] S. Mat. 152 ff.

[161] Vgl. J. Knopf (1982), S. 53.

[162] S. Mat. 162.

[163] Ebd.

[164] S. Mat. 165.

[165] Vgl. die Kritik Ernst Schumachers (in: Schumacher 1977, S. 65 ff. u. 87 ff.).

[166] Nach E. Fechner, s. Mat. 174.

[167] Vgl. J. Knopf (1982), S. 53.

[168] Ebd., S. 59.

[169] Ebd., S. 60.

[170] Peter Groth (1985), s. Lit.verz.

[171] Volker Klotz (1957), s. Lit.verz.

[172] Ebd., S. 25.

[173] S. Grimm (1979).

[174] H. Pongs, in: Literatur im geteilten Deutschland. 1966, S. 184 ff.

[175] S. Werner Mittenzwei: Der Realismusstreit um Brecht. 1978, S. 48 ff.

[176] S. Jan Knopf, Lit.verz.

[177] Über weitere Forschungen informiert stets das neueste Brecht-Jahrbuch.

[178] Umbach, Klaus: Arbeitsteilige Gruppenarbeit innerhalb einer Unterrichtsreihe über: Soziale Aspekte in Dramen von Lessing bis Grass. DU 23 (1971), H. 4, S. 85 ff.

[179] Koller, Gerold (1979): Parabolischer Realismus. In: Mat. 265 f.

[180] Vgl. Karin Nohr: Einführung in extensive Dramenlektüre (9./10. Kl.). DU 34 (1982), H. 2, S. 6 ff.

[181] Caroline Maria de Jesus (1962): Tagebuch der Armut. Hamburg – Heinrich Böll (1955): Das Brot der frühen Jahre. Köln, S. 20–24 – Alexander Solschenizyn (1968): Ein Tag im Leben des Iwan Denissowitsch. München, S. 123 f. – Marguerite Duras (1968): Der Schmerz. München, S. 72–74.

[182] Kultusminister Nordrhein-Westfalen: Curriculum Gymnasiale Oberstufe, Deutsch Heft 2 II. 2. Ausgabe, Düsseldorf o. J., S. 11 f.

[183] Ebd.

[184] Hildegard Wittenberg: Textlehre als Verstehenslehre. DU 29 (1977), H. 2, S. 104 ff.

[185] Brecht: Kleines Organon, über Politik auf dem Theater (es 465). Über Politik u. Kunst (es 442); Gockel, Heinz: Max Frisch – Drama u. Dramaturgie. München 1989.

[186] Beispiel: Verstehen und Gestalten 7. Deutsches Sprachbuch. Von Bernhard Sowinski u. a., München: Oldenbourg 1976.

[187] Immanuel Kant, Hg. Wilhelm Weischedel: Werke in 6 Bänden. Frankfurt/M. 1964, VI, S. 678.

[188] Friedrich Schiller: Sämtliche Werke, Bd. 5. Hg. Gerhard v. Fricke: München 1960, S. 823 ff. und: Bertolt Brecht: Ist das epische Theater etwa eine moralische Anstalt. In: Über experimentelles Theater, GW 15, S. 86 ff.

[189] Folgende Gedichte J. R. Bechers werden dafür empfohlen: Aus Menschheitsdämmerung. Hg. Kurt Pinthus, Hamburg 1959: Verfall (40), Vorbereitung (213), Mensch stehe auf (253 ff.), Klänge aus Utopia (268), Hymne auf Rosa Luxemburg (285). – Aus: Gedichte von drüben. Hg. Lothar von Ballusek, Bad Godesberg 1963: Stalin (32 f.), Walter Ulbricht zum 65. Geburtstag (39). – Aus: In einem besseren Land: Gedichte der Deutschen Demokratischen Republik seit 1945, ausgew. von A. Endler u. K. Michel, Halle/S. 1966: Absage (42), Den Namenlosen (277), Von den letzten Dingen (375).

[190] Peter Iden zur Aufführung in Darmstadt. In: Theater heute 2, 1987, S. 24 ff.

## Literaturverzeichnis (Auswahl)

### *Primärtexte*

Bertolt Brecht: Der gute Mensch von Sezuan. Parabelstück. Frankfurt/M. $^{46}$1991 (es 73)

Bertolt Brecht: Gesammelte Werke in 20 Bänden. Werkausgabe edition suhrkamp. Hg. Suhrkamp Verlag in Zusammenarbeit mit Elisabeth Hauptmann. Frankfurt/M. 1967 (= GW)

Bertolt Brecht: Arbeitsjournal. 3 Bände. Hg. Werner Hecht. Frankfurt/M. 1973 (= AJ)

Bertolt Brecht: Briefe. 2 Bände. Hg. Günter Glaeser. Frankfurt/M. 1981 (= Br.)

Die Gedichte von Bertolt Brecht in einem Band. Hg. Suhrkamp-Verlag in Zusammenarbeit mit Elisabeth Hauptmann. Frankfurt/M. 1981 (= G)

Materialien zu Brechts Der gute Mensch von Sezuan. Zusammengestellt u. redigiert v. Werner Hecht. Frankfurt/M. 1968 (es 247)

Brechts guter Mensch von Sezuan. Hg. Jan Knopf. suhrkamp taschenbuch materialien. Frankfurt/M. 1982 (st 2021) (= Mat.)

### *Sekundärliteratur*

Aktualisierung Brechts. (1980) Hg. Wolfgang Fritz Haug, Klaus Pierwoß und Karen Ruoff. Berlin

Bräutigam, Kurt (1966): Bertolt Brecht. München (Interpretationen zum Deutschunterricht)

Buck, Theo (Hg.) ($^{2}$1983): Zu Brecht, Parabel und episches Theater. Stuttgart

Esslin, Martin (1962): Brecht. Das Paradox des politischen Dichters. Frankfurt. München 1970 (dtv-Taschenbuch)

Esslin, Martin (1989): Die Zeichen des Dramas. Hamburg

Ewen, Frederic (1970): Bertolt Brecht. Sein Leben, sein Werk, seine Zeit. Deutsch v. Hans Peter Baum u. Klaus-Dietrich Petersen. Hamburg

Geißler, Rolf: Brechts dramatische Intentionen. Wirk. Wort 11/1961, S. 209–218

Giese, Peter Christian (1974): Das Gesellschaftlich-Komische. Zu Komik und Komödie am Beispiel der Stücke und Bearbeitungen Brechts. Stuttgart (Metzler-Studienausgaben), S. 91–99

Goldhahn, Johannes (1984): Brechts Der gute Mensch von Sezuan – eine realistische Parabel. Weim. Beitr. 30, S. 1657–1675

Grimm, Reinhold (1964): Bertolt Brecht: Der gute Mensch von Sezuan, jetzt in: Zu Bertolt Brecht. Parabel und episches Theater. Hg. Theo Buck, Stuttgart 1979 (LGW), S. 161–167

Groth, Peter (1985): Unterhaltsame Kulturkritik. Aspekte einer US-spezifischen Applikation Bert Brechts am Beispiel einer Aufführung des Guten Menschen von Sezuan, im Mittleren Westen. Jahrbuch

Deutsch als Fremdsprache, Jg. 11, S. 60–68
Hecht, Werner/Bunge, Hans-Joachim/Rülicke-Weiler, Käthe (1969): Bertolt Brecht. Sein Leben und Werk. Berlin
Hinck, Walter (1959; [6]1977): Die Dramaturgie des späten Brecht. Göttingen.
Jendreiek, Helmut (1969): Bertolt Brecht. Drama der Veränderung. Düsseldorf.
Karasek, Hellmuth (1978): Bertolt Brecht. Der jüngste Fall eines Theaterklassikers. München
Karnick, Manfred (1979): Brecht und Calderon. Bemerkungen zum Leben des Galilei und zum Guten Menschen von Sezuan. In: Mittelalter-Rezeption. Hg. Jürgen Kühnel. Göppingen, S. 365–379
Kesting, Marianne (1959): Bertolt Brecht in Selbstzeugnissen und Bilddokumenten. Reinbek b. Hamburg (rowohlts monographien 37)
Kesting, Marianne (1959): Das epische Theater. Zur Struktur des modernen Dramas. Stuttgart (Urban-Bücher 36)
Klotz, Volker (1957): Bertolt Brecht. Versuch über das Werk. Bad Homburg v. d. H., S. 15–26, 54–59
Knopf, Jan (1974): Bertolt Brecht. Ein kritischer Forschungsbericht. Fragwürdiges in der Brecht-Forschung. Frankfurt/M. (FAT 2028)
Knopf, Jan (1980): Brecht-Handbuch Theater. Eine Ästhetik der Widersprüche. Stuttgart
Knopf, Jan ((1982): Bertolt Brecht. Der gute Mensch von Sezuan. Frankfurt/M. (Grundlagen und Gedanken z. Verständnis des Dramas)
Koller, Gerold (1979): Der mitspielende Zuschauer. Theorie und Praxis im Schaffen Brechts. Zürich/München (Zürcher Beiträge z. dt. Lit.- u. Geistesgeschichte 50)
Mayer, Hans (1961): Brecht und die Tradition. Pfullingen
Mayer, Hans (1965): Anmerkungen zu Brecht. Frankfurt/M. (es 143)
Mayer, Hans (1971): Brecht in der Geschichte. Frankfurt/M. (Bibliothek Suhrkamp)
Mittenzwei, Werner (1978): Der Realismus-Streit um Brecht. Grundriss der Brecht-Rezeption in der DDR 1945–1975. Berlin/Weimar
Müller, Klaus-Detlef (Hg.) (1985): Joost, Jörg-Wilhelm/Müller, Klaus-Detlef/Voges, Michael: Bertolt Brecht. Epoche – Werk – Wirkung. München (Beck'sche Elementarbücher/Arbeitsbücher zur Literaturgeschichte)
Neumann, Michael (1990): Sherlock Holmes in Sezuan. Eine unbeachtete Quelle zu Brechts Drama. Jahrbuch der Schiller-Gesellschaft 34, S. 343–348
Pohl, Rainer (1969): Strukturelemente und Entwicklung von Pathosformen in der Dramensprache Bertolt Brechts. Bonn (Bonner Arbeiten z. dt. Lit. 20)
Pongs, Hermann (1966): Brechts Der gute Mensch von Sezuan. In: H. P.: Literatur im geteilten Deutschland, S. 184 ff.
Schöne, Albrecht (1975): Bertolt Brecht. Theatertheorie und dramatische Dichtung. In: Keller, Werner (Hg.): Beiträge zur Poetik des Dramas. Darmstadt, S. 405–431
Schumacher, Ernst (1977): Brecht-Kritiken. Berlin
Sokel, Walter H. (1971): Brechts gespaltene Charaktere. In: Tragik u. Tragödie. Hg. Volkmar Sander. Darmstadt (Wege d. Forschung 108), S. 381–396

Völker, Klaus (1976): Bertolt Brecht. Eine Biografie. München
Wedel, Ute (1983): Die Rolle der Frau bei Bertolt Brecht. Frankfurt u. a. (Europ. Hochschulschr./1. Deutsche Sprache u. Lit.)
Wekwerth, Manfred (1976): Brecht, Berichte, Erfahrungen, Polemik. München
Wyss, Monika (Hg.) (1977): Brecht in der Kritik. Rezensionen aller Brecht-Uraufführungen sowie ausgewählter deutsch- und fremdsprachiger Premieren. München (Edition Kindlers Literatur Lexikon)
Yun-Yeop, Song (1978): Bertolt Brecht und die chinesische Philosophie. Bonn

## Zeittafel zu Leben und Werk

1898 geboren am 10. Februar in Augsburg als Sohn eines Prokuristen

1917 Abitur. Studium der Medizin und Philosophie in München

1918 Kriegsdienst in einem Augsburger Lazarett; Mitglied des Augsburger Soldatenrats

1922 Verleihung des Kleistpreises. Heirat mit Marianne Zoff

1919/1923 weiteres Studium; zeitweise Dramaturg und Theaterkritiker in München

1924 Brecht übersiedelt nach Berlin. Zusammen mit Carl Zuckmayer Dramaturg an Reinhardts Deutschem Theater

1927 Scheidung der Ehe mit Marianne Zoff

1928 Eheschließung mit Helene Weigel

1933 Brecht verlässt am Tag nach dem Reichstagsbrand Deutschland und flieht über Prag und Wien nach Zürich. Nach Zwischenaufenthalt in Paris übersiedelt er mit seiner Familie nach Dänemark (Kopenhagen, Svendborg)

1934 Beiträge für die Emigrantenzeitschriften Die Sammlung, Neue Weltbühne, Neue deutsche Blätter, Unsere Zeit

1941–1947 Brecht reist im Sibirienexpress über Moskau nach Wladiwostok, von dort nach Santa Monica (Kalifornien); er bleibt bis 1947 in den USA

1947 Verhör vor dem Committee on Unamerican Activities; Rückkehr nach Europa, zunächst nach Zürich

1948 Übersiedlung nach Ostberlin

1949 Gründung des Berliner Ensembles zusammen mit Helene Weigel

1951 Nationalpreis 1. Klasse der DDR

1953 Zum Aufstand am 17. Juni schickt Brecht einen Brief an Ulbricht, von dem nur der letzte Satz veröffentlicht wird

1956 gestorben am 14. 8. in Berlin; auf dem Dorotheenstädtischen Friedhof beerdigt.

### *Prosa*

1926–1956 *Geschichten von Herrn Keuner*

1933 *Dreigroschenroman*

1934 *Tui-Roman* (bis ca. 1942)

1938 *Die Geschäfte des Herrn Julius Cäsar* (Fragment)

1949 *Kalendergeschichten; Der verwundete Sokrates*

*Theaterstücke*

1919 *Trommeln in der Nacht* (Uraufführung 1922)

1921/1922 *Im Dickicht der Städte* (Uraufführung 1923 im Residenztheater München)

1922 *Baal* (Uraufführung 1923 in Leipzig)

1923/1924 *Leben Eduards des Zweiten von England* nach Marlowe (zusammen mit Lion Feuchtwanger; Uraufführung 1924 unter Brechts Regie in den Münchner Kammerspielen)

1924/1926 *Mann ist Mann* (Uraufführung 1926 in Darmstadt)

1929 *Das Badener Lehrstück vom Einverständnis* (Uraufführung 1929 in Baden-Baden)

1930 *Der Jasager und der Neinsager.*

1929–1931 *Die heilige Johanna der Schlachthöfe* (Uraufführung 1959 im Deutschen Schauspielhaus Hamburg)

1930 *Die Massnahme* (Uraufführung in Berlin)
*Die Ausnahme und die Regel* (Uraufführung 1938 in Palästina)

1931 *Die Mutter* nach Maxim Gorki (Uraufführung 1932 in Berlin)

1933/1934 *Die Rundköpfe und die Spitzköpfe* (Uraufführung 1936 in Kopenhagen)

1933 *Die sieben Todsünden der Kleinbürger* (Uraufführung in Paris)

1935–1938 *Furcht und Elend des Dritten Reiches* (Uraufführung 1938 in Paris)

1937 *Die Gewehre der Frau Carrar* (Uraufführung in Paris)

1938 *Leben des Galilei* (1. Fassung, Uraufführung 1943 am Schauspielhaus Zürich; 2. Fassung 1947)

1939–1941 *Der gute Mensch von Sezuan* (Uraufführung 1943 am Schauspielhaus Zürich1939 *Das Verhör des Lukullus.* Hörspiel (gesendet 1940 von Radio Beromünster)

1939 *Mutter Courage und ihre Kinder* (Uraufführung 1941 am Schauspielhaus Zürich)

1940 *Herr Puntila und sein Knecht Matti* (Uraufführung 1948 am Schauspielhaus Zürich)

1941 *Der aufhaltsame Aufstieg des Arturo Ui* (Uraufführung 1958 in Stuttgart)

1944 *Der kaukasische Kreidekreis* (Uraufführung 1948 in Northfield/Minnesota)

1948/1949 *Die Tage der Commune* (Uraufführung 1956 in Karl-Marx-Stadt)

1949 *Der Hofmeister* nach R. M. Lenz (Uraufführung 1950 in Berlin)

1953 *turandot oder der Konress der Weisswäscher* (Uraufführung 1969 am Schauspielhaus Zürich)

*Lyrik*

1927 *Hauspostille*
1939 *Svendborger Gedichte*
1951 *Hundert Gedichte*
1955 *Die Kriegsfibel*

*Opern*

1928 *Die Dreigroschenoper* (Musik von Kurt Weill; Uraufführung 1928 in Berlin)
1927–1929 *Aufstieg und Fall der Stadt Mahagonny* (Musik von Kurt Weill; Uraufführung 1930 in Leipzig)
1951 *Die Verurteilung des Lukullus* (Musik von Paul Dessau; Uraufführung 1951 in der Berliner Staatsoper)

*Aufsätze*

1935 *Fünf Schwierigkeiten beim Schreiben der Wahrheit*
*Vergnügungstheater oder Lehrtheater*
1938 *Weite und Vielfalt der realistischen Schreibweise*
1939 *Über reimlose Lyrik mit unregelmässigen Rhythmen*
1948 *Kleines Organon für das Theater*

Raum für Notizen

**Raum für Notizen**

**Raum für Notizen**

Raum für Notizen